VIEW From the TOP

顶层视野

塑造我们世界的领导力

[美] D. 迈克尔·林赛　著

谭安奎　译

著作权合同登记号　图字：01-2014-7348

图书在版编目(CIP)数据

顶层视野：塑造我们世界的领导力 / (美) 林赛 (Lindsay, D. M.) 著；谭安奎译. — 北京：北京大学出版社，2015.5

ISBN 978-7-301-25653-4

Ⅰ.①顶… Ⅱ.①林… ②谭… Ⅲ.①领导学 Ⅳ.① C933

中国版本图书馆 CIP 数据核字 (2015) 第 070828 号

D. Michael Lindsay
View From the Top: An Inside Look At How People in Power See and Shape the World
ISBN: 978-1-118-90110-6

书　　名	顶层视野：塑造我们世界的领导力
著作责任者	[美] D. 迈克尔·林赛 著　谭安奎 译
责任编辑	周　彬
标准书号	ISBN 978-7-301-25653-4
出版发行	北京大学出版社
地　　址	北京市海淀区成府路 205 号　100871
网　　址	http://www.pup.cn　新浪微博：@ 北京大学出版社　@ 培文图书
电子信箱	pkupw@qq.com
电　　话	邮购部 62752015　发行部 62750672　编辑部 62750883
印 刷 者	三河市国新印装有限公司
经 销 者	新华书店
	660 毫米 ×960 毫米　16 开本　16.25 印张　260 千字
	2015 年 5 月第 1 版　2015 年 12 月第 2 次印刷
定　　价	42.00 元

感谢 M. G. 黑格（M. G. Hager）

为本项研究和写作所提供的重要帮助。

目录

引 言

“你说什么？‘我**不是**那份工作’，这是啥意思？”在我身后进站的地铁列车一阵嘶鸣，我几乎听不到研究顾问普赖斯（Price）在手机那头说些什么。当时我正在波士顿市区公园街地铁站换乘，前去对沃尔什（Diana Chapman Walsh）进行访谈，她是卫斯理女子学院（Wellesley College）极为成功的院长。我抱着双重目的从休斯敦——我在那里的莱斯大学（Rice University）担任教授——到波士顿。一来我要完成我的研究项目所追加的访谈，二来我自己也是来参加面试的。当时我是波士顿北部一所基督教文理学院即戈登学院（Gordon College）的院长候选人。

普赖斯重复道：“你**得到了**这份工作！”[1] 这次我听明白了。那一刻，在那个地铁站里，周遭都是陌生人，我的生活发生了永久的改变。我答应在对沃尔什的访谈结束后，就在同一家酒店同董事会主席和研究委员会主任见面，然后在一阵幸福的眩晕中挂断了电话。我不知道我是如何找到与沃尔什碰面的 Cleveland Circle 地铁站的，不过我们相互致意之后我立刻就清醒了。多年来我一直对像沃尔什这样的领导

---

[1] 普赖斯说的是“得到了（got）”，而作者听成了“不是（are not）”，二者英文发音略有相近，因此在地铁列车的嘶鸣声中产生了误会。——译注

者们进行访谈，但此时我有一种更为强烈的兴趣向她取经。自始以来对她而言哪些方面进展顺遂，又有什么失误是她恨不能推倒重来的呢？我手头多年来一直在研究的关于领导力和权力的经验教训不再完全是学术性的了，而是猛然出人意表地切己相关。

换句话讲，我的社会－科学研究开始转变为某种更多的东西。我一直在从我所做的访谈中收集、整理和编撰的种种洞见，对我而言已然变成了某种形式的第二次博士教育。在这种教育形式中，教授们不仅分享他们的成就，而且还分享他们的失败；他们个人的和组织机构的生命经历就是教材，而学生的任务是要对这些洞见进行综合，然后得出自己的结论。实质上，从这种无可估价的教育中生成的乃是我的“学位论文”。

这项研究历时十年完成，构成了有史以来基于对美国知名领袖进行深度访谈的最大规模的研究。我所见过的领袖们当中存在着巨大的多样性，他们供职于不同部门，拥有不同的背景，并追求不同的目标。他们包括超过 250 位的 CEO（包含《财富》排行 100 强中 20% 的领导者）、前总统卡特（Jimmy Carter）和老布什（George H. W. Bush），还有数十位内阁部长、国会议员，以及代表了九届白宫行政当局（从约翰逊 [Johnson] 到奥巴马 [Obama]）的联邦机构的头头脑脑们。访谈对象中还有一百多位世界最大的非营利组织——包括美国红十字会、安德森癌症中心（M. D. Anderson Cancer Center），以及哈佛和斯坦福大学——的领导者。在与一支由二十多位研究助理构成的团队一起工作的过程中，我收集了我采访过的所有 550 人的生活及其机构方面的数据材料，然后将数百种分析架构应用于他们的回应以及他们的生命故事当中，探求他们登上权力顶端的模式，以及这一过程中的不一致之处。采访请求的总体回应率为 87%。

这项研究中所涉及的领导者在美国人口中所占比例不到 0.003%，

但他们作为一个如此之小的群体，却发挥着不成比例的影响。他们的影响力根据内在于他们职位中的权力、他们所在组织的支配性及其行业范围而各不相同。虽然地方精英全世界随处可见，但具有全球影响的领袖则聚集于主要城市和商业中心。因此，当我一路为本书进行访谈，从缅因州的巴港（Bar Harbor）到夏威夷的珍珠港，79% 的会面都在人口过百万的城市进行。三分之一的访谈全部在纽约和华盛顿特区进行。我采访的领导者当中，有一半在商业部门，四分之一在政府部门，还有四分之一在非营利领域（包括高等教育）工作。我不仅采访长期在职的 CEO 们，也采访那些最近退休或新近升任现职的人，以便思考那些历时性的变化。我的受访者年龄从二十七岁至九十一岁不等，平均为五十九岁。其中半数为政治上的保守派，41% 为自由派，还有 9% 的人对二者均不认同。在那些与我分享其宗教认同的人当中，大约 76% 的人认同新教，9% 认同天主教，5% 认同犹太教，3% 是另外某种宗教的信徒，而 8% 的人没有宗教信仰。

有人经常问我，我是否与访谈过的那些人维系着一定的关系。我一直以某种方式与其中大约一半的人保持联系。其中有好几位曾到我所在的学院来演讲，我自从担任现职以来，也向许多其他人寻求过建议。当两个人中的一个人分享了他的成功与失败、早期生活所带来的影响以及深层的个人动机时，这两个人之间就形成了一种纽带。而一旦他们建立起这些关系，就有一种超越地位或经历的联系存在着。我也一再发现，在那些看似不会有着什么联系的领袖之间有一些牢固的纽带。

事实上，如果没有人际网络，我就不可能完成这项研究，因为 CEO 们并不总是对社会科学家们为研究而进行访谈的冷静请求进行回应。我首先必须依靠我自己的人际关系获得接触的机会。然后，一旦我手中有了几个受访者，例如卡特总统、国务卿詹姆斯 · 贝克（James

Baker）以及沃尔玛（Walmart）的 CEO，更多的大门就开启了。访谈后，我也会请这些领袖推荐可能值得纳入本项研究的其他人选。我甚至经常在建立恰当联系的过程中求得他们的帮助。这些同行推荐总是给我为安排下一次访谈所需要的那种“身在其中”的感觉。[2]

我跑遍全国进行半结构化访谈（为时 60 至 90 分钟），从访谈获准到最后结束，中间大约有十周左右的时间。在这一段时间当中，我的研究团队对受访人进行背景研究。我们一般为每一小时的访谈进行长达数小时的背景研究。这使我们能够避免提出可以在其他地方得到回答的问题，从而把每一次访谈的含金量最大化。访谈进行了数字化录音和专业化的转录，受访人有机会审查誊本的准确性（虽然仅有 8% 的人选择这样做）。

每次访谈都为了做定性分析而进行了通盘梳理，同时对刻画受访者人口学上的、社会的、职业的和人际网络方面特征的 122 个变量进行了编码。[3] 这些数据中的绝大部分都取自访谈誊本，进一步的数据则取自电子和印刷材料。

在本书中，我尽量据实公平地刻画这些顶级领袖。我利用取自领袖们各自生活的叙事来对一般性原则进行说明，但我承认，本书对任何个人来说，都只是呈现了其故事的一部分。我采用一种被称作批判

[2] 我把这种方法称为“跳蛙法”（我在我早先的作品中提出了这一方法），它是从“滚雪球”法中分离出来的，但前者较后者给我明显更多接触领袖们的机会。这种方法由 John Schmalzbauer 在 *People of Faith: Religious Conviction in American Journalism and Higher Education*（Ithaca，NY：Cornell University Press，2003）一书，以及 Charles Kadushin 在”Friendship Among the French Financial Elite”（*American Sociological Review* 60 [1995]：202—221 一文中得以完善。请领袖们为我相互推荐使得我避免了大量部长门卫们的阻扰以及组织性的壁垒。关于跳蛙法的更详细的描述，可参见 D. Michael Lindsay，*Faith in the Halls of Power*（New York：Oxford University Press，2007），248 页及 299 页注释 1。

[3] 关于这些变量和分析的更多信息，可参见附录。

性移情的分析技术，它是由华盛顿大学圣路易斯分校的历史学家格里菲斯（R. Marie Griffith）提出来的。[4] 批判性移情的意图在于，一方面识别并分享研究参与者们的视角所包含的内容与精神，但同时也承认一种更广的、容许进一步阐释的分析框架。关键点既不是在参与者的故事中戳出漏洞，也不在于相信每一次的夸口和自我辩解。相反，我试图承认每一位领袖的视角的价值，同时也以公开记录为背景去评估他的叙事性描述。毕竟，研究高级领导者的一个好处是，他们自己写过很多，他们也被别人写过很多，这就为每一次访谈提供了背景信息。同时我也意识到，收集和分析访谈资料可能引入许多偏见，当这些任务是由一个团队来完成的时候更是如此，但我们遵循普遍的惯例，以便把这些潜在的问题最小化。[5] 有了这些附加说明之后，我认为此项研究最大的优点在于它有一种独特的能力，即把此前隐藏在表层之下的那些视角揭示和彰显出来。与这些领袖直接交谈，这种方式提供了引人注目的洞见，而这项研究的巨大规模使得我们可以在他们中间进行比较，而此前的研究是不可能以一种系统化的方式来进行的。

白金级领袖

如今，领袖这个词用得比较轻率，既可以指一种理想化的最卓越的人物，也可以是比较随意的。这个名头大量应用于不同的领域和职位。领导力是著述和演讲的主题，是充满抱负的男男女女的梦想，是

---

[4] 参见 R. Marie Griffith, *God's Daughters: Evangelical Women and the Power of Submission* (Berkeley: University of California Press, 1997)。

[5] 为了防止多人访谈导致的偏见，我亲自做了所有的访谈，而且，至少5%的访谈首先是由两位研究助理独立编码的，然后进行测试以确保编码员间的信度。

种种政纲和选举的目标，既是国家和公司的救星，同时也是它们的替罪羔羊。对于领导力，人们已经多有谈论，然而，对于那些位居全世界最有权势的组织性金字塔顶端的人们的生活，我们相对来说所知寥寥。他们是谁？他们是如何达到权力顶峰的？他们又是如何对待他们的权力的呢？

我开展这项研究是为了满足一种欲望，即弄明白权力与领导力究竟是如何运作的，以及它们如何能够被用于追求共同福祉。随着访谈文案越堆越高，我进一步开始鉴别出一类领导者，他们在运用权力方面拥有特别的影响力和技巧。这些个体就是**白金级领袖**。在本书中，我厘定了把这些领导者与其同行区分开来的三个特征：(1) 他们的组织性影响力的范围（他们引领着全世界最重要的机构）；(2) 他们把机遇最大化并促进变革的强烈倾向；(3) 他们赢得信任和好感的才能，这为他们开启了超越其组织边界的影响力的大门。[6] 最终来看，128 位受

---

[6]　确定 550 名领导者中哪些人应当被归为白金级领袖的最初筛选过程使用了传统的职位分析。对于商界领袖，这种分类包括那些在《财富》榜前 1000 名的公民或《福布斯》“最大私营公司”清单中担任董事长、副董事长、总裁、CEO、CIO、CFO、CTO、COO、执行副总裁、高级副总裁、财务官、公司秘书或总顾问的人。对于学界领袖，则包括在全国榜上有名的学院或大学（由《美国新闻与世界报道》[*U.S. News & World Report*] 的排名确定）担任系主任、教务长或校长的那些人。对于政府与法律界的领袖，白金级领袖则包括那些担任美国总统 / 副总统、白宫的委任官员（总统的助理、副助理或特别助理）、总统办事机构的高级官员、部长、副部长、副国务卿、助理国务卿，或者 15 个联邦部门中的总顾问、42 个独立联邦机构中的首脑，或者军队中的文职官员或三军将官。它还包括参众两院的议员、国会图书馆馆长、美国总检察官、美国最高法院法官、被任命代表本国派往他国的大使或首席外交官、美国各州和准州（或与其他国家相类似的区域）的州长，以及全国和全球政策、贸易组织的首席执行官。在非营利部门，白金级领袖则包括高层领薪的官员及其高级执行官（他们是直接下属），还有按年度收入计算的《福布斯》200 家最大慈善机构名单中任何一家机构的组织创建者。至于媒体界的领袖们，我们把在美国 14 家全国性媒体 (ABC, CBS, NBC, Fox, MSNBC, CNN,《纽约时报》《华盛顿邮报》《今日美国》《华尔街日报》、美联社、《时代》《新闻周刊》以及《美国新闻与世界报道》)、全国可收视的有线电视（转下页）

访者（或者 23% 的研究对象）属白金级领袖之列。

你可能还记得，化学课上说过，白金作为贵金属，是化学反应中最常使用的催化剂。汽车行业在生产催化式排气净化系统时使用白金，而白金已被证明在许多不同的应用领域是有用的。例如，它有一种独特的能力，可以促进某些分子的聚合，从而促使原油向石油转化。白金在化疗中也被使用了几十年，它在抗击侵犯性癌细胞方面尤其有效。珠宝商和手表制造商也看重白金，因为与黄金不同，它既不会失去光泽，也不会磨损。

因此，白金因其珍稀、密度、广泛的应用，以及耐久性而得到重视。白金级领袖同样如此。他们在塑造他们所引领的机构的过程中具有催化作用。他们在占据实实在在的权位之前，通常就起到了转化性的作用。这些领袖运用他们的人际网络、机遇乃至挑战去促成他们自己关于公共福祉的愿景，从而超越他们的同行。白金级领袖们从性情上讲就是倾向于变革的能动者。而借助于他们的职位，他们既在他们的组织内部促成了那种变革，同时也通过这些组织把变革效应扩展到更广阔的世界。事实上，白金级领袖让他们的同行相形见绌，而且他们有很强的抗腐蚀性。

本书是为那些有志于登上顶峰的人而写的。正如有希望的篮球

频道或者其他国家的相应机构中担任总裁、副总裁、CEO、编辑、定期进行专题写作的专栏作家、制片人、新闻主播、电视明星的人包括在内。除了这些职位分析以外，白金级领袖还包括其作品在顶级场所（如卡内基音乐厅）得以展示或者在舞蹈、戏剧、音乐（歌剧、管弦乐、声乐表演）、视觉艺术、摄影、绘画和雕塑等其中至少一个领域的高度选择性艺术团体（如纽约大都会歌剧院）中任会员的艺术家和演艺人员。我们把那些作为法国高级时装协会会员的一流的模特和设计师包括在内，还有曾在整个娱乐产业中广泛传播的电影、电视秀或音乐专辑中担任过监制、编剧、导演、演员或美工的人，还有职业运动员、总教练，以及收入最高的七大职业体育联盟（全国足球联盟、NBA、美国职业棒球大联盟、全国运动汽车竞赛协会、职业高尔夫球手协会、女子职业高尔夫协会、全国冰球联盟）的老板。

运动员要研究 NBA 巨星的习惯一样，对那些想要成为伟大领导者的人来讲也是情同此理。我们取法乎上。在我担任学院院长时，我想运用我从研究中得到的洞见，在学生寻求改变我们周遭世界的机会时，更有效地为学生提供教育准备，并令其人生轨道的锋角变得更加锐利。

花了数千个小时对这 550 位领导者的生活和所在机构进行分析之后，我确定我们对权力与影响力的许多基本假定完全不对。我们以为对培育下一代世界领袖来说很重要的东西其实无关紧要，而一些最重要的培育形式却没怎么受到关注。

从根本上讲，**领导力乃是为促进共享的事业而对影响力的运用**。领导力没有任何潜在的状态，唯有采取行动的时候才存在。与此相反，权力常常是潜在的。它可能被某个占据权位的人所激活，但它也可以意味着无为——通过缓慢推进某个议题或阻止一些主题进入讨论而发挥影响力。像福柯（Michel Foucault）和卢克斯（Steven Lukes）这样的社会思想家已经颇具说服力地声称，权力也包含着对欲望和信念的塑造。获得他人的同意可能是权力最无形的方面，然而，它一旦变为理所当然，就是最强有力的。这种思路突出了**权力的关系性本质**。一如福柯所说，“权力的原理更多地不是体现在一个人手上，而是在于机构的某种协调布局之中……在于某种安排之中，这种安排的内部机制生成了个体们深陷其中的那种关系”[7]。

为了最好地理解权力的这种关系性本质，本书第一章探究**权力的矩阵**，也就是一种集中于主要城市和主要机构之中的、全国范围的（最终是全球性的）人际联系的纵横交错之网。我们会看到，权力矩

---

[7] Michel Foucault, *Discipline and Punish: The Birth of the Prison*, trans. Alan Sheridan, 1977 (New York: Vintage, 1995), 202.

阵中的重要领袖们以个人化的方式行动，但他们以组织化的方式[8]思考。没有一个人的梦之队。机构，而非个体，掌握着真实的、改变世界的权力。事实上，每一本关于权力的书籍都聚焦于个体领导者的特征，但我坚持认为，一位领袖最重要的特征就是他的一种能力，即掌好一艘更大的船的舵，而这艘船可以使他自己黯然失色。成功属于这样一些人，他们明智地驾驭他们的组织，从而把权力引向恰当之所。这并不是说个人在既定的系统面前是无助的奴隶。最为确定的是，人们能够，而且也确实由内而外地改变他们的组织机构。

既取法于数据，也求教于故事

在我们这个由数据驱动的时代，我们比此前任何时候都更了解掌权者。只消片刻，我们就可以找到著名人士的薪金、简历、丑闻或政治捐赠。但这样的数据点除了用作闲聊谈资而外几无价值。更为吸引人且更有意义的乃是本书中所揭示的关于这些领袖的方方面面：他们作为组织的首脑与他们作为常人的身份之间的张力，作为常人，他们有自己的癖好、个人的习惯以及独特的经历；那些真正驱使他们前行的计划和活动；他们如何为那些会把绝大多数人推向绝望的众所周知的失败做好准备，并最终挺过去。他们可能被推上高位从而对社会施加巨大影响，但其影响力的实质在相当程度上取决于那些核心的个人

[8] 所谓以组织化的方式，作者使用的是“institutionally”，从字面上讲，“institutional”既可以指“机构的”“带有机构特征的”，也可以指“制度化的”。但从机构的角度来翻译这个词，在这里会显得生硬，而从制度的角度来翻译则又显得牵强。从中文语境来看，译为“组织化的”在这里似乎最恰当，它既可以指向某种形式的机构，同时在这种机构内部也会有复杂的人际关系和制度。——译注

特质。考察他们的生平使我们既能够理解他们在世界上的位置，也能够理解我们自己如何带来相似的有意义的变化。

我们不妨看一下莎拉拉（Donna Shalala）的经历。作为黎巴嫩移民的孙辈，在学界，以及最后在联邦政府步入成功的职业生涯之前，她服务于和平队（the Peace Corps）[9]。她的详细简历可以通过维基百科去了解。但是，如果你不理解莎拉拉如何看待她的生活这一更大的背景，你就无法理解她的影响。她是如何获得她的职位的？她又是如何靠近和经营这些职位的？最重要的是，她一路获得了什么启发，而这种启发可以对那些具备相似愿景和抱负的人提供何种教益？

和大多数青年领袖一样，莎拉拉拥有平凡的童年。与许多人的想法相反，未来的领导者二十岁之前做什么，这其实无关紧要。本科时代，莎拉拉是一位普通的学生（再次强调，这其实是蛮典型的）。在和平队提供志愿服务之后，她进入高校学习，因为一如她所坦陈的那样，那时她找不到一份记者的工作。莎拉拉没有遵循任何明确的路径，但是，就像本书第二章所刻画的其他领袖一样，她知道她最在行的领域是什么，同时围绕那些优势来建构自己的职业生涯。她在新闻界看不到任何机会，因此她基于其文化和国际经验确立了学术这项职业。

所有的领导者至少都是从两样东西入手的：潜能和机遇。领袖们同你我一样，并不能控制发到自己手中的牌。但他们最终巧妙地把自己手中的资源运用到极致。他们利用这种技巧，也就是**把机遇最大化的能力**，营造他们的教育、人际联系和经验，一步一步导向成功。像莎拉拉这样的年轻人，起点在于把一种关键的关系（一位职业导师、

[9] 和平队是由美国政府运作的志愿组织，其使命包括提供技术援助，帮助美国之外的人理解美国文化，也帮助美国人理解其他国家的文化等。——译注

老板、老师）或技能最大化。能够充分利用这些人际联系的年轻人此后就开始了他们的上升之路。

职业生活把我们社会化了，使我们变成了特定领域的专家。但本书第三章表明，白金级领袖们在他们职业生涯的早期是如何培养那种可以称作“通才式思维方式”的。在攀登通往高级职位的阶梯时，广泛的人际网络和宽广的知识比深度专业化让人获益更多。例如，工程公司的经理们不仅要以其技术上的熟练性来发挥引领作用，他们还设定战略、管理预算，并与内部及外部人进行沟通。在人际关系方面让绝大多数选项保持开放（也就是与许多不同类型的人保持联系）的有抱负的领导者最有可能建立起为更快速上升所要求的广泛人脉。这就要求一种**博雅的生活态度**。有志成为领袖的人必须是多面手，他们要熟悉其他事务、知晓当前的事态，并能够建立跨领域的联系。我发现这种生活态度似乎仅仅对某些人而言是自然而然的，但所有白金级领袖们都知道以某种方式去确立这种态度。你可以通过一些简单的事情从其他人那里看到这种态度，例如，他们在晚宴派对上与不同类型的人交流的能力，或者他们堆在床头柜上的书籍所代表的议题范围。

利用机遇和人际联系为成功奠定了基础，但未来的领袖们要进入权力的通道还需要一个最后的推动力。我把这种推动力称作他们的**催化剂**。年轻人需要带有机遇的催化剂，以便直接理解作为高级领导者所需要的那种宽广的、通才式的视角，而且在他们做好准备承担这类角色之前就需要这一点。催化剂也是让年轻领袖们从同行中脱颖而出的东西，它们为他们建立了强有力的基础性人脉，并让他们有信心去冒白金级领导力所必需的那些风险。

莎拉拉的朋友圈对她的上升之路具有根本的重要性。由于她的人际联系，她最终获得了卡特总统任下的住房与城市发展部助理部长的职位。这些人际联系也帮助她获得了下一个职位，即亨特学院（纽约城市大学的一部分）院长。莎拉拉接下来成为威斯康星大学麦迪逊分校校长，从而成为领导一所十大联盟学校的第一位女性。在威斯康星大学麦迪逊分校的第七个年头，她被克林顿的过渡团队看中，担任卫生与人力资源服务部部长。莎拉拉并没有想要回归政治，但她告诉我："你无法回绝一个内阁职位。"确实，抱负是力争上游的推动力。莎拉拉在卫生与人力资源服务部部长任上履职八年。

和许多假装谦卑的领导者不一样，莎拉拉并不羞于畅谈自己的成就。她告诉我："我到任何一个所工作的地方，都会让这个地方比原来更好。"她还说，"你找不到一家我工作过的机构，那里的人们竟然不谈论本人任职时的黄金年代。"她对她在迈阿密大学的工作尤其骄傲，目前她在那里担任校长。

本书第四章描述了领袖们如何面对和处理工作中的挑战，尤其是对生产、人员和机构文化环境的管理。令人惊讶的是，老一套的那类主管并不必然是最佳的领导者。除了授权和提出愿景，做好领导工作要求有关系商（relational intelligence）。如果追随者们享受围绕在领导者周围的过程，领导其他人就会变得容易得多，而具有人际关系天赋的人在获得权力方面拥有显著优势。挑战在于，掌权者鲜有空闲去同内部圈子之外的人发展关系。一旦某个人在一个机构中获得了权势地位，他就有机会得到惊人的资源和机会。但要把事情办好则需要人际关系——既包括与位居你上面的人的关系，也包括与位居你下面的人的关系。

我们考察成功的领导者们的领导力DNA，它不仅包括个人特征，也包括经营管理方法。例如，当莎拉拉赴任新职的时候，她并不带走她的员工，而是宁愿重新开始。她自视为"变色龙"，能够适应任何结构和情势。有些人可能将此视为弱点。但对她而言，适应性是使她得以在不同背景和角色中干得风生水起的原因。她将“Suntan U”[10]改造为一所具有学术竞争力的大学的努力取得了成功——到2009年，迈阿密大学登上了《美国新闻与世界报道》所排列的前50所大学名单。在她的领导下，迈阿密大学进步明显，但该大学中的许多人所忧心的是这种成长不可持续。

当然，莎拉拉（这些领导者中的任何一个人都一样）给自己描绘的这幅肖像并不全面。在她从事领导工作的每一个阶段，她都有批评者。事实上，树大也招风。在本书第五章，我们对一个问题进行深度考察，即白金级领袖们如何努力渡过个人危机与公共危机的考验。2010年，迈阿密大学足球队一位杰出的赞助商夏皮罗（Nevin Shapiro）被判策划了一场9.3亿美元的旁氏骗局。他把迈阿密大学也拖下水了，指控学校在莎拉拉的监管下存在无数违反全国大学体育协会（NCAA）规定的行为。随着越来越多的污点被暴露出来，评论家们预期NCAA会开出很重的罚单，但他们没有考虑到莎拉拉的政治头脑。她迅速实施内部制裁，同时，她既接受了对夏皮罗的**某些**说法所应承担的责任，同时也批评NCAA的调查非常糟糕。2013年秋季的判决相对比较轻，可以说部分得益于莎拉拉对调查过程的机智处理。

我们都读到过报章上的类似丑闻，但一位领导者最重要的行为大多是不见光的。白金级领袖花费大量时间防止坏事为公众所知，或者寻求永不变为现实的机会。他们的绝大多数行为都发生在幕后，而由于外人并不知其全情，那些掌权者承受了最多的责难，且事实上极少获得信任。我们倾向于把危机视作试验场，视作他们发展其道德质素和领导潜力的背景条件。事实上，危机并不锻造品质，而仅仅是揭示

---

[10]　“Suntan U”曾是迈阿密大学的绰号，由于特殊的气候条件及大量的户外活动，在迈阿密生活久了，皮肤会变成棕褐色（suntan），这大概是迈阿密大学得此绰号的原因。——译注

品质。组织成员不会容忍一位领导者的言辞、个人选择与职业行为之间的不一致。在这方面，领导一个机构很像是一位牧师的工作，它是一个需要全心投入而又耗费心力的角色。

我知道我可能不会全天都穿西装，但从没有哪一个时刻我不是戈登学院的院长。我像很多人一样长时间工作，但作为戈登的院长则要求我卷入到夜晚和周末的活动当中，而这些活动远远超出一周 60 小时的工作时间。即使我在休假，我也心系学院。事实上，我意识到，如果我休假时每天能够花一小时处理邮件，我就会更为放松，就会少琢磨一点返校后会发生什么之类的事情，对于回头处理满满的信箱也少一些担心。这就是领导一个机构的悖论：你停不下来，因为即便你离开了，你也一直念兹在兹。这正是本书第六章所考察的现象：这些领袖是如何恰当地保持平衡的？（如果他们做不到这一点又会如何？）那些掌权的人，如果他们在一定的时间内取得成功的话，他们不是通过他们的角色或权威在进行领导，相反，他们是在用他们的整个生命来进行领导。

第七章揭示的问题是，如果领导者们本着最高贵的追求，他们如何能够在公共福祉方面影响我们的国家和全世界。有时候他们是通过对慈善事业的巨额捐赠，有时候则是通过亲身参与而做到这一点的。对许多领导者而言，影响他们所在世界的未来，这种使命乃是他们所感受到的那种驱策性的动机。

从摩根大通（JPMorgan Chase）的戴蒙（Jamie Dimon）到美国癌症研究会的塞夫林（John Seffrin），数百位领导者向我谈到，当年轻的同事们处于职业生涯的起点时，在他们身上投入心力是何等令人满足。我以为，他们这样说是因为它看似是一种不错的情操。但我总是感受到隐藏于表面之下的某种更有意义的东西。现在我确信，领导一个大型机构的最令人满足的方面，与取得组织目标或重塑公司文化没什么关系。相反，权力的红利来自相对较小的行为，其中最常见的例子就是在年轻人身上投入。我担任戈登学院院长第一年结束的时候，一位朋友问我，这份新工作中最好的地方在哪里。几乎没有思考，我就给讲述了我帮助戈登学生会主席申请罗氏奖学金（Rhodes Scholarship）的故事。他最终并未入选，但与他一起工作的经历却极为特别。它在微观层次上代表着我对高等教育的钟爱所在，那就是，帮助学生达到引人注目的里程碑，投入于某种可以改变另一个人生活的东西，强化某种对于变得更加卓越有助益的东西。

在世界之巅

为这项研究在全国各地交叉往返，将我带到许多有趣的地方，包括世界之巅。在洛克菲勒广场 30 号大楼第 62 层，我按下录音机按钮，然后问乔丹（Vernon Jordan），他是否曾经预期攀升到现有的地位。在拉札德（Lazard）（它是一家国际金融集团，有高盛集团 [Goldman Sacks] 的业务网和影响力，但没有后者的那种负面新闻）的高管办公室，从自由女神像到远处的中央公园，我们几乎将曼哈顿尽收眼底。在法律与商业方面取得了长期成功的职业生涯中，乔丹已经没什么遗憾了，他也习惯了权力和特权。但他是如何走到现在的呢？他究竟做过什么，使得他能够跻身于这种高居云端、让人梦寐以求的办公室？乔丹回顾说：“从一开始我就很清楚，我要成为一名领袖。”现在他确实是。但他最为人知的是，他是克林顿总统的亲密朋友、一位“华盛顿特区的政治掮客”“能迅速把事情摆平的人”“第一朋友”。

当然，乔丹得到这种承认并不是与生俱来的，他是从曾经与他权力相像的人当中得到的。他在种族隔离年代成长于亚特兰大，并作为一名民权律师于1960年代开始其职业生涯。他担任全国城市联盟主席近十年，并通过这个职位建立了良好的声望。1992—1993年，他服务于克林顿总统的过渡团队，而且与克林顿保持了几十年的密切关系。乔丹还在十几家公司和非营利机构工作过，其中包括美国运通公司（American Express）、施乐（Xerox）、露华浓（Revlon）、杰西潘尼（JCPenney）以及道琼斯。

在我与乔丹见面之前，有可靠人士告诉我，事实上每一家《财富》500强的CEO都有向乔丹咨询的经历。确实，当我和CEO们谈话的时候，乔丹的名字多次冒出来。但乔丹本人的嘴却很严实，当我询问他曾经做过的决定或为其他公司提供的咨询时，他的说法是，“会议室里的事情就让它留在会议室好了”。

自1957年在芝加哥做公交司机以来，他从来没有主动找过工作，他为此感到骄傲。如果他没有许多跨行业的人际联系，这种职业变动是不可能的。像乔丹这样的高级领导者不仅利用他们超凡的关系网促进自己进阶，而且也用于他人的提升。即便这看似毫不费力，但你仍然可以相信，他们曾经细心地培育他们的人际联系，为获得他们傲人的职位而琢磨有时。乔丹说：“给予是相互的。你给予，但你也索求。每次你提出索求的时候，你也是在让自己负上给予的承诺，因为你对之提出索求的人将来也会向你提出索求。如果你不明此道，你就不应该待在商业圈。”

虽然影响力如此巨大，乔丹仍然只是我们全国范围的权力矩阵中的一个节点。这项研究中所涉及的那些机构及550位高级领袖构成了一个错综复杂的关系、交往和人际联系的结。[11] 然而，正是这个不可

---

[11] 这项研究中的领导者们所提及的具有显著个人影响力的人物中，每九人当中就有一个是本项研究的另一位参与者。

思议的结把整个国家——同样也是整个世界——凝聚在一起。我本人也仅仅是一个节点，试图阐释那些身居要津的人们所领会、改变和展现出来的权力行为，这一事实为本书增添了一点复杂性。

为何心怀信仰，却又研究权力

我对这些东西的兴趣源于内心深处。我通过我的家庭近距离地观察到领导种种机构的负担及福分。我妈妈曾担任杰克逊预科学校校长，这是我家乡密西西比州杰克逊一所极棒的独立中学。我爸爸曾是科洛尼尔乡村俱乐部(Colonial Country Club)的职业高尔夫球手，后来成为高尔夫竞技规则的主要权威之一，并最终担任全美职业高尔夫球协会的主席。跟他们在一起生活，我经历了一位领导者在其团队克服了一个重大挑战时所经历的那种兴奋。我也亲眼见到种种人事决定对最高领导者可能带来的代价。我也曾无意中听到领导者们在试图找出最佳的前行之路时跟自己的对话。因此，当我在普林斯顿读研究生时，我就被一项研究计划所吸引，该研究计划包含着对其他一些像我父母那样的人进行访谈。

有人感到奇怪，觉得我是一位基督徒，怎么会对权力感兴趣。耶稣不是避开了权力的诱骗并颠覆了关于伟大与影响力的时行观念吗？

说基督徒不应当追求权力，这种信念与教会本身一样古老，许多信奉基督教的家庭出身的人仍然对此深以为然。再洗礼派的传统多个世纪以来都在倡导这一信念，而且我所尊重的许多人都相信这一点。在我自己的生活中，我当然通过远离权力的人们见证、理解了上帝的力量，例如，一位缅甸妇女、一位从未进过大学的奶奶，还有一位患有唐氏综合征的孩子。上帝能够，而且也确实通过世上这些纯朴的人而发挥作用，让有学识的人感到羞愧。

但我仍然不相信基督的反文化主张要求基督徒蔑视权力。我用了多年时间思考这个问题，并逐渐形成了一种坚定的信念，即大量的善业来自那些忠实于自己信念的身居要津的人。事实上，大量的善业可以来自那些领导大型机构的有坚定信仰的人，只要他们的动机受到一种祷告的生活和问责的控制。在将这些东西牢记于心的情况下，我用过去十年的时间探究权力与领导力，而现在，我想把我所领会到的东西传递给其他试图促进公共福祉的人。

我下一场迎新讲座中羞涩的新同学，有可能是明天改变游戏规则的下一代 CEO。而如果他确实是，我希望他记得我在我的权力－领导力之旅的开端时所误解过的那句话。无论好歹，我**就是**这份工作。

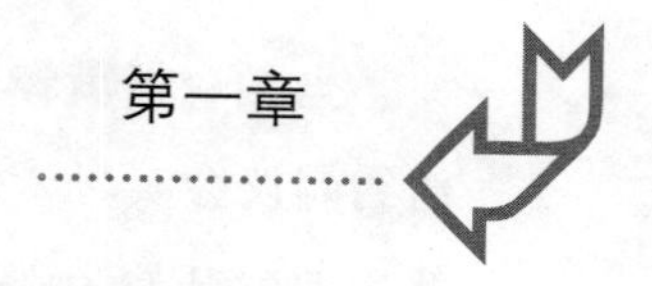

个人化的行动与组织化的思考

我在纽约一个中下阶层，（甚至算）劳动阶层的社区长大。我们都是辛勤劳作者的子女，但他们的关系网基本上限于家人和街坊内的朋友。这个网络不算广，也不算……“等级化”。说到底，如果你想在这世上有点出息的话，那里的生活没多大盼头。你周围都是像你的祖母一样善良的人，他们会给你一些个人层面的忠告，而且他们爱你、养育你。但他们实在无法帮你应对中下阶层之上的世界，因为他们在那个世界里没有任何人际关系。

帕森斯（Richard Parsons）降生于布鲁克林（Brooklyn）的一个贫穷社区，那时他没有任何“关系网”。但他不断前行，最后成了花旗集团（Citigroup）董事长，该集团在《财富》500强名单中位列第12位。这就是所谓的美国梦，也就是白手起家、披荆斩棘登上顶峰的能力。“造就它”有很多方式，但它们都要求有人际网络，而这是帕森斯在其职业生涯的开端处所欠缺的。但全部所需也就是一个改变其生活的人际联系。

当帕森斯就读于阿尔巴尼法学院（Albany Law School）时，他到纽约州议会实习，并引起了州长办公室的注意。他们向他发出了邀请，然后他就开始为那个将最终塑造他的整个职业生涯的人而工作，那就是州长洛克菲勒（Nelson Rockefeller）。帕森斯和洛克菲勒很合得来，帕森斯说他们“很有缘”：

> 进入洛克菲勒的轨道给我带来三样东西：第一个是榜样，他让我看到一个人如何凭其声望和职位来驾驭世界。第二个是他把我引入到他的世界，从而把我带进了他的人际网络，这些人如果愿意的话，凭他们的地位，他们对你在人生阶梯上的攀登将有巨大的帮助。还有第三个是我对自己的自信的感觉。到头来，如果你能够在那个圈子里玩得转，你也就乐此不疲了。

帕森斯最终从事法律实务，而洛克菲勒频繁地给他介绍客户。帕森斯回忆说，当《福布斯》杂志首次发布美国前400位富豪名单时，前10位中有5位是他的私人客户：“这要么是因为我是曾被州长介绍给他们的人，要么是因为他们通常会说，‘噢，我听说您是一位不错的律师。如果您能够为洛克菲勒做代理，您当然也能够为我做代理了’。”他后来利用这些联系建立了他在商界的职业生涯。在一段时间内，这一点对他帮助甚大。但关系网并不能解决所有问题。帕森斯后来成为时代华纳（Time Warner）的董事会主席和CEO，他经历了或许是有史以来最具灾难性的商业交易，那就是时代华纳并购美国在线（AOL）。他的故事提醒我们，人际联系发挥的作用只有那么多，要拥有持久的遗产，领导者们还必须拥有商业头脑和大量的好运气。

洛克菲勒是石油家族的后裔，他运用人际联系和财富同时征战商界和政界。帕森斯是出身贫穷家庭的非裔美国人，他从法律领域步入大公司。虽然前者是我们通常所认为的那种富有权势的领导者，但如今，像后者这样的领导者则在精英圈的最高层较之以往更为常见了。[1]高级领袖们的圈子仍然有排斥性，但它也允许新鲜血液进入。而进入其中的方式就是通过人际联系，就像帕森斯与洛克菲勒的联系，以及我在导论中所描述过的把莎拉拉推入白宫的那种人际联系。

如果说关系网在我获得接触这些杰出领袖的机会时具有根本的重要性，那么它们对于那些在这一领域中生活和闯荡的人来说就更为重要了。社会上层人士利用他们的人际联系确保其影响力并获得地位。我进入的许多办公室里都挂满了领导者与总统打高尔夫或与外国元首握手的照片。对访谈的回答也处处会提到其他上层领导者，有时候这是因为他们对于故事的讲述是必要的，而有时候则纯粹是（我揣测）为了让我印象深刻。

提及大人物以彰显身份，这有可能是多余的。但事实却是，领导者们要做成任何事情的话，一个精英网络是必需的，雄心勃勃的领导者们必须承认这一事实。一个强大的关系网有时候会成为强化一位领导者自身地位的纽带，有时候也可以扶助其他人晋阶。为了有机会进入这个网络，后起之秀努力寻找与广受尊重的领导者们交往的机会。他们找到建立联系的方式，并用非常规的接触方式（例如手写的便条）把他们自己与芸芸众生区隔开来。如此理解关系建构与影响力之间的关联性初看起来可能有点马基雅维利主义的味道，而且有些成功的领导者也确实更多地依赖于野心的激励而不是社交礼仪的推动以成其事功。但在真正上层的权力地带，一位领导者一定不能太过钻营或自我

---

[1] Richard L. Zweigenhaft and G. William Domhoff, *The New CEOs: Women, African American, Latino, and Asian American Leaders of Fortune 500 Companies*（Lanham, MD：Rowman & Littlefield, 2011）.

推销——社会的顶层仍然抵制咄咄逼人的名利追逐者。

当然，领导者们也不能消极以待。如果他们忽视了一个广泛的熟人网络的价值，那么，他们既得不到机会，也得不到关系资源，以达成重要目标，并让自己扬名立万。除此之外，有些人掌握着高度选择性的人际网络的入场券，这些人在一定程度上也必须是追逐的目标。

洛克菲勒（姑且不提其家庭成员约翰 [John] 和戴维 [David]）就是一个人际网络超级明星的范例，作为领导者，他的影响力跨越了不同的部门和数代领导者。这些超级明星有一种把人们吸引到一起的独特能力——我将此称作“汇聚力”。这表现在，他们能够利用他们广泛的人际网络，把本来不会有任何联结点的各不相同的人们联结在一起。领导者们在访谈中一再提到的其他人际网络超级明星还有韦尔奇（Jack Welch）和巴菲特（Warren Buffett）。

特纳（Ted Turner）的办公室就是他在营造人际网络方面出类拔萃的明证。他有一面墙，贴着他 44 张荣誉博士学位证书，他的办公室陈列着五座艾美奖和一座奥斯卡奖，还有一个职业棒球大赛的奖杯放在他的咖啡桌上，格外醒目。其实，本书中所刻画的许多人都可以说在诸多社会领域取得了重大成就。伴随每一种成就而来的，则是进入更广阔进而也更强大的人际网络的机会。

同时，为了有效促进人际联系，你并不需要跟白宫或一位人际网络超级明星扯上关系。有时候，一些最有用的联系乃是一个特定组织内部的东西。一位非营利组织的执行官告诉我，当她准备雇“自作聪明的麦肯锡[2]人”（她就是这样说的），她会让他们坐下来，然后告诉他们权力事实上在什么地方：

---

[2] 全球最著名的管理咨询公司。——译注

你会遇到某个年龄更大的人，直到陷入某种极其糟糕的局面之前，你都会认为他是迟缓而愚笨的。当真正糟糕的局面到来之后，摆脱这种局面的唯一方式就是，他们会叫上某个他们认识的、和他们有关系的人，他们会把问题解决掉。然后你就会意识到，你所有的自作聪明都毫无意义，因为你还没有学会如何建立种种关系。从根本上讲，所有的组织都是关系网，这就是它们的全部实质。

当领导者们不得不在自己的公司或业务领域之外去做成一些事情的时候，人际网络就更为重要了。一位大学校长给我讲述过他与一位政客之间的冲突，这位政客试图削减州的教育资助。这位校长“能够在该州的众多政治大佬面前开足火力”，以避免预算削减。他把他的火力归功于他通过种种正式和非正式纽带形成的忠实朋友，同时还有那些泛泛之交。人际网络是社会上层最强大的力量，这不仅是因为它们所包含的人，而且还因为它们能做成的事。

由于上层人士的人际网络存在重叠，它们就形成了一个复杂的权力矩阵，其中包括个人、机构和种种组织领域，它们最终跨越全国和全球。具有全国和国际影响的那些决定正是通过这一矩阵而做出的，新来的精英是通过这一矩阵而被吸纳的，各种各样的经济、政治、社会和文化资源也是通过这一矩阵而进行分配的。从本质上讲，这一矩阵就是权力在我们社会当中的运行方式。那么，人们如何与这些黄金网络联结起来呢？

良师益友

新来者融入权力矩阵的主要方式就是通过**师徒链**（mentoring chain）。这些链条是人际关系的世系，它们很少被正式承认，但它们把初露头角的或潜在的领导者与业已功成名就的领导者们联结在一起。对引路人而言，这些人际网络给他们以影响未来的机会，因为他们通过那些最终会对他们的遗产进行阐释的人而对他们自己的遗产进行了投资。这些链条同时也有助于确立他们在自己的组织内的领导能力。对青年领袖而言，指导是使其适应新的社会同辈群体网络的最佳方式之一，他们在成长过程中获得了社会资本。一位银行高管告诉我："如果你有一位引路人，你就可以在更年轻一点的时候冒险，因为你的引路人在给你兜着。因此，它使得你……在你的年龄面前变得更加自信。"事实上，在我所访谈过的领袖们的早期生活中，师徒授受乃是一个具有显著一致性的因素。其中 51% 的人提到了一位确定的引路人或襄助者，后者在他们攀上顶峰的过程中帮助过他们。相对于一个人上哪所大学或者他小时候有多富裕，拥有一位好的引路人被证明在预示职业生涯的成功方面要更为重要。

初露头角的领导者们尽可能地从他们的前辈那里学习，但他们同时也把源于自己背景的价值观和创新带入新的社会环境中（这种新鲜血液使得权力矩阵不至于固化）。因此，虽然让莎拉拉获得内阁部长任命的人际联系确实很重要，但她那些其他非精英的人际联系（她在和平队一路服务过的人们、她的家人、师范学院的同事们）对她的发展也很关键。兰格恩（Kenneth Langone），这位在通用电器（General Electric）董事会、家得宝（Home Depot）、百盛（Yum！ Brands）和纽约大学任职的高管说道：

> 根本不存在自我造就的人这回事。完全没有。我不关心谁是这样的人……纵观我们的一生，在我们生命历程的某个时间点上……如果我们平心静气、客观冷静地想一想，我们就会承认，我们那时曾得到过某人的提携、推动或是鼓励。

兰格恩讲了一个关于他大学时代的故事，以便我理解这些想法。他中学从头到尾都荒废了，然后发现自己大学第一年很吃力。感恩节前，他的经济学教授把他拉到一边，说虽然他的文法和写作实在糟糕，但他在经济学方面有实实在在的天赋。兰格恩坦陈，他几乎所有的课程都接近挂科，而这位教授主动说，如果他答应更努力地做好功课，他会与其他的教授们谈谈。兰格恩表态同意了："我全力以赴，热情投入其中，结果真的翻盘了。"回顾过往，兰格恩把他后来的成功归功于这位教授的介入。

人际网络并不仅仅是对有权势者很重要。杰出的领导者们在其登上顶峰的过程中利用他们的人际联系，而社会各阶层的人们通常也采用人际网络去促成事功，道理都是一样的。它们为某个人之上或之下的攀登者们都提供了重要的联动性的枢纽。事实上，让我很意外的是，我所访谈过的领袖们常常依赖于非精英的影响来获得灵感、道德方向和目标感。一些领导者的牧师、孩提时代最好的朋友、最喜欢的叔伯以及中学教练仍然影响着他们的决定，这些人在他们思考重大的生活决定（例如工作变动和家庭变故）时尤其重要。几乎我所访谈过的所有领导者都能够在他们的近亲属之外指出这样一个人。所以，精英网络仅仅是冰山一角，透过表面来看，这些领袖有许多进一步的引路人、人际联系和种种关系在影响着他们的生活。有些人只是善于最大化地利用上层或下层的人际联系。把平凡的领导者与那些真正出类拔萃的领导者区分开来的一个关键特征就是同时利用这两方面的能力。

组织机构

高级领导者的人际网络与普通人的人际网络在构成方式上是一样的。然而，把**这些**网络中的节点区隔开来的，乃是它们与重要机构之间的通道。居于精英网络中的人为主要的政府机构、大公司和声名远播的文化机构工作。与这些人的联系意味着与他们所影响的人和资源的联系。因此，他们为新来者提供了机会，使后者可以接近那些能做出具有全国及国际性影响的决定的地方。我把这一过程叫做“机构联通”(institutional tethering)，它使同特定机构的联系能够作为精英“匝道”，通过这些“匝道”，背景卑微的人可以获得地位和机会方面的提升。受邀在四季酒店与一位 CEO 共进晚餐，较之与家乡友人共进晚餐可以给某个人的生活带来更大的差异，其原因正在于此。在这些精英网络内部，组织既是领袖们**获得**影响力和权力（例如受邀在公司董事会或非营利组织任职）的手段，同时也是他们**运用**影响力和权力（例如利用自己董事身份影响政策）的媒介。

如今，对社会机构的不信任水平比较高。它们被视为不可逾越的官僚制的容器，但事实上，它们对社会的福祉具有根本的重要性。正如一位大学校长所说，“没有组织便没有文明。我认为……如果没有种种组织机构，用长时段的眼光来看，社会不可能把自己组织起来去做绝大多数人类事务，以及那些最重要的事情”。

因特网时代的一个幻觉就是，现在任何有无线网的人都有能力影响数百万人，例如通过推特(tweet)、趣味小视频或轻博客(Tumblr feed)。但这种幻觉就像这些媒体形式本身一样浅薄。社交媒体限于140字的短句和三分钟的短片。这些即时性的交流形式虽然传播广泛，但它们与哈佛大学、宝洁(Procter & Gamble)、《华尔街日报》(*The Wall Street Journal*)以及联邦法院这样的重要机构是无法相提并论的。

2011 年“阿拉伯之春”之类的事件证明社交媒体能够突然引发革命，但它们却不能为长期变革维持或组织那种革命冲动。因此，社会还是要依赖于机构。领袖们为种种组织所吸引，这是他们对社会发挥现实影响的方式。一家财力高达 10 亿美元的非营利组织的首席运营官告诉我：“我真的对规模着迷，这就是我对做一家小得多的组织的 CEO 不感冒的原因，因为我确实钟情于大规模的事务，在这些地方影响是货真价实的。”

一位未来的电信高管早先决定当医生，致力于治病救人，但这位年轻人在其大学时代的某个夏天改变了主意：

> 导致我决定进入商界的原因是，我变得对这种影响力的理念非常着迷。一个医生对社会的贡献限于他个人每天 8 到 10 小时的工作。而我认为，如果你在为一套正确的目标而奋斗，你的贡献因为与你一起为实现那些目标而工作的人的数量而扩大了。这确实就是我进入商界的理由。

他被商界所吸引，因为他认识到，通过领导一个大型组织，他可以对社会发挥最积极的作用。许多在政府和非营利机构中担任领导职务的人同样如此。他们是一些“为规模所吸引”的领导者，而各种机构提供了他们想要的那种优势。另一位高管告诉我，当 CEO 让他最喜欢的事情就是“为一家业已运行 85 年左右的公司建构一种遗产”，并在全国和国际政治中发声。这种追求大规模影响力的倾向在我本项研究所碰到的白金级领袖当中是很典型的。他们想让他们的生活和领导工作举足轻重，而且即便他们不是 CEO，他们也偏爱通过高级职位与大型机构联结在一起而产生的机会。

即使是看起来最难改变的机构也可以因为正确的领导而发生变

化，埃文斯（Marty Evans）深明此理。1991年，埃文斯在海军服务了二十多年。她说："我总认为我是超期服役了……因为海军中我这一代妇女总是相当频繁地被告知，我们是他们不想要的。我们并不是作战军官……而仅仅是辅助性军官。"随着埃文斯的职业生涯向前推进，更多的工作机会向妇女开放，但海军在性别平等方面落后于时代。当尾钩协会（Tailhook Association）年度会议上提出大量针对美国海军人士的性侵指控时，这一点已昭然若揭。许多主管的海军将官似乎知道这些侵犯行为，却无所作为，这一事实让事情变得更为糟糕。当海军展开自己的调查后，该事件仅仅被认定为应召入伍的低级军官的不端行为。事件的发生及其后来被秘密地抹掉让公众看到一种浸入海军组织结构之中的惊人的性别歧视。国防部总检察长继续展开调查，这给整个事件带来更多希望，它最终导致许多海军将领辞职，终止了他们的职业生涯。

然后埃文斯被安排主持一个特别工作组，以扭转海军和陆战队的文化氛围，令其更加重视和尊重妇女。或者用埃文斯的话来说就是，她要"把海军从报纸的头版上拿掉"。对埃文斯来讲，这不仅仅是又一项工作任务，它也是一件个人性的事情。性别公平在商界和其他部门都是基本规范，而她乐见军队中也发生同样的变化。一天下午，埃文斯边喝咖啡边对我说："斯特纳姆（Gloria Steinem）[3]和她的姐妹们忘了我们在孤立无援地苦苦经营。"但她是一位白金级领袖，而这样的人都获得了良好的地位。由于她在海军中的高级职位，她有机会改变一个任何妇女运动的活动家所无法触及的组织机构。埃文斯说，此时此刻，海军正在靠近这样一种理念，即"人们不得不遭受骚扰或性别歧视，这完全是不公平的，就同侮辱黑人或西班牙裔人一样不妥当或

[3] 美国女权运动先锋。——译注

不公平”。但在妇女问题上，对于改变，仍然还存在明显的抵制。

埃文斯明白，为了带来改变，她必须提出一种不仅仅是基于社会平等原则的主张。当时，海军对于招募女兵的比例有一个上限，这意味着他们拒绝了合格的女性而经常招了一些不那么合格的男兵。还有一些法律阻止海军和陆战队中的女性进入战斗序列。这一点成了埃文斯的逻辑支点。如果海军的使命确如其基本职能所言，乃是“在海上从事迅速而持续的战斗”，那么它就有道德上的义务使用那些最能胜任这项工作的人，而不考虑种族、族群或性别。当埃文斯把这个主张提交给海军高层后，他们同意了。她说，

> 他们乐意支持这个主张，这个主张得到了共鸣。这一点成了如何改变文化氛围以重视和尊重女性的基础。我们必须改变法律，以便妇女们能够基于同样的条件服役。我们必须让她们承担责任，一如我们让男人承担责任一样。然后我们必须妥善解决那些妨碍整个团队有效运作的问题。如果你不这样做，你就可能无法完成使命。

埃文斯的特别工作小组让海军走进国会，并改变了阻止妇女在战舰上服役的美国法典第十篇，随后妇女终于开始指挥舰船。她的工作使得海军的领导工作向新一代女性开放了。埃文斯后来成为第二位被任命为舰队司令、第一位领导一个海军基地的女性。从海军退役后，埃文斯领导过美国女童子军组织（the Girl Scouts of the USA）[4]，然后是美国红十字会。再后来她担任女子职业高尔夫球协会的主席，目前

---

[4] 美国女童子军是美国的青少年组织，成立于1912年，志在提升女孩的种种能力和美德，包括公民意识等。——译注

则在多家公司的董事会任职。埃文斯说："我每年或每两年去一次海军学院，并与海军学员谈话。如今，如果你去那里跟女性学员们聊天，你会发现她们完全没有任何她们不能做这不能做那的想法。这一点实在是激动人心。"像美国海军中的这种进步不可能从其等级体制之外去实现。

埃文斯本来也可能只是（对军中的性别歧视）感到愤怒并开始在博客上发发牢骚，但那样做如何能够帮到她未来的军中女性同胞呢？持续的社会变革并不是通过人，而是通过组织机构发生的。像埃文斯这样最有办事效能的领导者认识到，机构的能量远比个人的超凡人格更有力量。他们努力造成小的变革，从而改变机构的行进路线。这些机构就跟航空母舰一样运行迟缓，而且不易改变航向。然而，一旦在恰当的人士手上发生了转变，它们就能改变历史。

人际联系

高级领导者们在社会中行使权力，其最具争议却又一再出现的方式之一便是通过在董事会中交叉任职。学者们称此为"连锁董事"(interlocking directorates)[5]或者就简单地称为"连锁"。这个术语让

---

[5] 讨论连锁董事的文献极为可观，这些文献证明了一小群人是如何通过大量与董事会的隶属关系去行使精英圈中不成比例的权力的。参见 Val Burris, "The Interlock Structure of the Policy-Planning Network and the Rights Turn in U. S. State Policy," *Research in Political Sociology* 17 (2008): 3—42; Clifford Kono, Donald Palmer, Roger Friedland, and Matthew Zafonte, "Lost in Space: The Geography of Corporate Interlocking Directorates," *American Journal of Sociology* 103 (1998): 863—911; William G. Roy, "The Unfolding of the Interlocking Directorate Structure of the United States," *American Sociology Review* 48(1983): 248—257; Mark S. Mizruchi, *The American Corporate Network,* （转下页）

人联想起紧密配合的传动装置，其中一个若有最轻微的转动，都会影响到所有其他的齿轮。逐利的公司、政策小组、非营利机构，甚至大学的董事会的一个倾向就是共享董事。一个 CEO 想把学识渊博、值得依赖的人放入董事会，因此他会选择他所认识的且能力已经得到证明的行业领袖，这就不可避免地会出现重叠。

这些连锁交叉会带来重要的后果。在行业层次上，有人担心竞争性的组织会运用连锁共谋抬高价格。在社会层面上，有人认为，精英阶层的成员利用连锁董事去强化他们对最强大的公司的控制。居心叵测的董事们如何通过多重董事身份寻求这些好处，这一点尚不明朗。但是，内聚甚至共谋的可能性在这种情况下肯定是上升了。连锁交叉也会把新面孔、新视角拒之门外。它们可能成为有害的和组织化的巧妙歧视。

即便隶属于不同的董事会对大多数高管的意义相对很小，但还有一群人，他们是那些位列大量董事会的高管的内部圈子。对他们来讲，

1904–1974（Beverly Hills：Sage Publications，1982）；Beth Mintz and Michael Schwartz，"Interlocking Directorates and Interest Group Formation，" *American Sociological Review* 46（1981）：851—869；Ronald S. Burt，"A Structural Theory of Interlocking Corporate Directorates，" *Social Networks* 1（1979）：415—435；Michael P. Allen，"The Structure of Interorganizational Elite Cooptation：Interlocking Corporate Directorates，" *American Sociological Review* 39（1974）：393—406；Peter C. Dooley，"The Interlocking Directorate，" *American Economic Review* 59（1969）：314—323；Michael Useem，"Corporations and the Corporate Elite，" *Annual Review of Sociology* 6（1980）：41—77；Michael Useem，"Business Segments and Corporate Relations with U. S. Universities，" *Social Problems* 29（1981）：129—141；Michael Useem，*The Inner Circle: Large Corporations and the Rise of Business Political Activity in the U. S. And U. K.*（New York：Oxford University Press，1984）。这些文献证明，在所有它们所考察的人际网络中，都有一个由权势人物所构成的广泛而松散的网络，它由 Useem 称为"内部圈子"的一群人整合在一起。这个内部圈子中的人扮演着网络集线器的角色，他们掌握着整个网络中与其他有影响力的人物之间广泛的正式与非正式联系。

这些人际网络则是权力的集线器，使他们得以发挥极大的影响力，即使与其他白金级领袖相比也是如此。不妨看一下下面这种反讽吧。

过去四十多年来，对连锁董事会的学术研究数以百计。但几乎没有触及的问题是，这些连锁对董事们本身意味着什么。对于本人研究中的那些人来讲，与其他董事们的联系使得他们可以共享信息、彼此征询建议、协力对政治变革施压、找到高级职位的雇员、为慈善事业筹款，以及实现不计其数的其他目标。有人认为，这些人际网络的密切联系促进了高级领导者们的阶层凝聚和集体行动，它把更多的权力集中到那些业已有权有势的人们手中了。[6] 另外有人则认为，虽然通过这些连锁会有一些交往，但其实并没起多大作用。我没有发现从这些连锁董事中出现大量共谋或政治团结的证据。但我确实发现一种情况，即连锁董事们在公司和非营利机构最高层次的对话中限制参与者人数。他们还阻止一些来自不具代表性的群体的人加入全球精英圈。例如，有些黑人妇女也属于担任连锁董事最多的人的行列，她们在大量的董事会任职，例如伯恩斯（Ursula Burns）（施乐公司 CEO）、西蒙斯（Ruth Simmons）（布朗大学前校长）以及杰克逊（Shirley Ann Jackson）（伦斯勒理工学院 [Rensselaer Polytechnic Institute] 院长）。乍一看这似乎很给力，但看一下下面的反讽吧：越是有更多的董事会

[6] 1981 年，70% 的《财富》500 强制造业公司中至少有一位董事同时也在另一家公司董事会任职。参见 Mark S. Mizruchi, "What Do Interlocks Do? An Analysis, Critique, and Assessment of Research on Interlocking Directorates," *Annual Review of Sociology* 22 (1966)：271—298；Val Burris, "Interlocking Directorates and Political Cohesion among Corporate Elites," *American Journal of Sociology* 111 (July 2005)：249—283；Michael C. Dreiling, "The Class Embeddedness of Corporate Political Action: Leadership in Defense of the NAFTA," *Social Problems* 47 (February 2000)：21—48；John P. Heinz, Edward O. Laumann, Robert H. Salisbury, and Robert L. Nelson, "Inner Circles or Hollow Cores? Elite Networks in National Policy Systems," *Journal of Politics* 52 (1990)：356—390.

吹嘘说它们容纳了女性和不具代表性的少数群体成员，但由于连锁任职，反而越是更少的妇女和少数群体成员被接纳到作为整体的精英权力矩阵之中。

团结与张力

当机构的领导者们与强大的组织拴在一起而且彼此通过人际网络相互联结起来，行动和变革的潜力是无可限量的。1960年代后期，弗里斯特（Thomas Frist）与他人联合创立了美国医疗公司（HCA）。这是一家革命性的公司，它在逐利的条件下把医疗保健私有化了。在其巅峰时期，HCA拥有347家医院，雇了17.5万人。

弗里斯特在其从事领导工作的早期曾受到一位退休CEO的指引，让他在杰出的大学和艺术组织中寻求董事会的成员资格，这可以给他带来“一些为将来做更好的准备，而不仅仅是成为一名企业家所需要的经验和种种联系”。因此，弗里斯特很有战略考量，他不仅与声名显赫的组织，而且也同家乡纳什维尔（Nashville）那些他可以对其发挥影响的组织建立联系：“你不能只是摘取看似成功的果实。你如何留下自己的印迹呢？……如果你要进入董事会，你并不只是想当一名董事，还想做点超出这种基本角色的事情出来。”弗里斯特加入的董事会之一是田纳西中部联合劝募协会（United Way of Middle Tennessee）[7]。该组织当时处境艰难，但弗里斯特热情地面对挑战：

[7]　联合劝募协会是一家以社区为基础的组织，它动员社会各领域的地方领袖共同合作，以确认社会的需求并协助解决人类健康与福祉问题。——译注

> 首先，要在纳什维尔使联合劝募协会有所改观，为了纳什维尔的福祉，重建使它成为该社区的主要部分与支撑机构的恰当方式。其次，如果能做到的话……为田纳西中部做一点有些难度或有持久价值的事情。我当时并不知道具体会是什么事情，但我设定目标，一定要想出办法。再次，如果你要为之倾注全部心力，那就做点连续两次再见全垒打[8]式的事情。这就有可能……在全国形成某种涟漪效应。

弗里斯特不仅致力于帮助联合劝募的地方分支机构，而且想要它获得全国性的影响。他想出的点子就是成立后来很有名的托克维尔协会（Tocqueville Society），它是一个培育领导力的计划（以志愿精神的倡导者托克维尔的名字命名），其成员每年向联合劝募捐赠 10000 美元。除纳什维尔之外，弗里斯特成功地说服联合劝募的其他四个分会发起成立了地方性的托克维尔协会。该计划最终遍布全国，现在已是全球认可的慈善领域的成功故事。如今，该协会每年通过这个计划募集资金超过 6 亿美元，而自始算起的话，弗里斯特估计它所募集的资金超过了 70 亿美元。弗里斯特那看似不可能的形成全国性涟漪效应的目标变成了现实。由于这一成功发动，弗里斯特被任命为全国劝募联合会理事会主席。

弗里斯特是在联合劝募 CEO 卷入丑闻和挪用组织资金[9]之后担任理事会主席的。他发现自己面对一个棘手的问题，那就是补上 CEO

---

[8] “再见全垒打”是棒球术语，指进攻球队在平手或落后的情况下反败为胜且结束比赛的全垒打。——译注

[9] Sabra Chartrand, “Head of Peace Corps Named United Way President,” *New York Times*, August 27, 1992, www.nytimes.com/1992/08/27/us/head-of-peace-corps-named-united-way-president.html.

的空缺。通过猎头公司，他雇了一个名叫赵小兰（Elaine Chao）的年轻女性。赵小兰四年后离开联合劝募，成了劳工部长，后来又在HCA任职。

赵小兰正是弗里斯特在与我的访谈中所提到的许多强有力的关系人物之一。他给我讲述了他并非通过处理数字，而是通过撬动人际网络所解决的一场商业危机："我拿起电话，打给韦尔奇（通用电器CEO），我对他说：'杰克，情况是这样的，我觉得这对你来讲会是一次不错的投资。'然后突然之间，6亿美元的缺口就这样被填平了。"除了这些商业联系，弗里斯特的哥哥比尔·弗里斯特是美国参议院多数党的前任领袖。而他还称小布什总统为"好朋友"。这位老兄的人际网络正是令外部人担心精英抱团和控制的那种东西。对像赵小兰这样的新来者来说还存在空间，但是，就算有种种良好的意愿，权力矩阵中仍然是白人和男性占据压倒性的地位。

在联合招募协会的一次会议上，弗里斯特目睹了欧柏（John Opel）（当时在IBM任CEO，而弗里斯特也是该公司董事）与另一位董事玛丽·盖茨（Mary Gates）的一次谈话。玛丽·盖茨告诉欧柏，她如何如何担心她的儿子比尔。此前比尔离开了哈佛，去新墨西哥创办一家"小型软件公司"。弗里斯特与玛丽·盖茨成了好朋友，他们一起看到了微软的崛起。弗里斯特说，

> 当十年后比尔·盖茨开始成为巨星，他将会给我带来的那些关系简直令人陶醉。他会每年给我两天时间到费城、休斯敦或任何其他地方。他还会帮我拉一些人，这些人最终建立了托克维尔协会并将其制度化地运作起来。

比尔·盖茨出于对母亲的忠诚而如此对待弗里斯特，这表明，精

英网络和连锁董事们不仅让掌权者受益，同时也能够促进公共福祉。大量的影响力被包裹在这一矩阵当中，而决定这种权力如何运用的，则是领袖们的意图和情感。

断裂

到此为止，我已经绘出了一幅白金级领袖们的画像，他们每个人都是一个复杂人际联系网络的强大的中心点。这些网络相互重叠、交织，而且像前面所说的那样，常常还连锁式地存在着，从而形成了一个广泛的全国性的精英权力矩阵，它运作起来的有效性可以令人难以置信。然而，这并不是说社会中领袖们构成的整个精英群体是铁板一块的。事实远非如此。有时候，人际网络不足以把完全不同的议程粘到一起。欧文斯 (Jim Owens) 对此有比常人更多的认识。

欧文斯的整个职业生涯都在卡特彼勒公司 (Caterpillar) 度过，该公司是全球建造和开采设备、柴油机和天然气发动机、工业燃气轮机和柴油电动机车的龙头制造商。但他与卡特彼勒的强大联系并没有将他与其他的商业圈分隔开来。他与彼得森 (Peter Peterson，前商业部长及雷曼兄弟公司 [Lehman Brothers] 前 CEO) 及其他高管的关系使他有机会参与许多饭局。他在美国铝业公司 (Alcoa) 和 IBM 担任董事，同时还是美国商业圆桌会议、商业委员会及对外关系委员会的成员。事实上，拥有许多这样松散的隶属关系，或者我们可以称之为“弱联系”，可能比少数“强联系”要更为有用，因为它们使你拥有一个更加弥散性的人际网络。用社会学家格兰诺维特 (Mark Granovetter) 的话来讲就是：“我们与之只有弱联系的人更有可能进入与我们自己的圈子不同的圈子中去，从而有机会接触到与我们所接收到的不同的信息。”[10]

然而，弱联系随之带来的是权力矩阵中发生裂痕的潜力，这些裂痕就是沟通和目标实现可能在此断裂的那些点。2009 年，欧文斯在总统经济复苏咨询委员会（PERAB）任职。由于卡特彼勒总部位于伊利诺伊州的皮奥里亚（Peoria），他与当时来自该州的参议员、现在的总统奥巴马见过面，而且个人很喜欢他。然而，当他被邀请加入 PERAB 时，他仍然很吃惊，因为他与奥巴马存在明显的政治分歧，尤其是在贸易和劳工政策方面。

在欧文斯参加一个商业委员会会议——他被安排为此次会议的主席——的一周之前，他在华盛顿出席了一次 PERAB 会议。在这次会议上，他邀请总统参加商业委员会会议中一个不录音的环节。欧文斯告诉他："这对您来说是一个好机会，您可以卷起袖子与全国最顶尖的百名商业人士握手……在您的政府运作的早期，这对您而言是一个相当不错的交流机会。"总统表示同意，并问欧文斯他能否在同一周到访皮奥里亚的卡特彼勒工厂。欧文斯说，那不是总统到访皮奥里亚的理想时间，因为那里的工厂由于缺少订单很快就会关张，而且预期会解雇大量员工。但总统坚持他的请求。他正在试图使其经济刺激法案获得通过，而且他想在美国心脏地带的制造业工厂发表一次演讲。

就这样，欧文斯与总统一起乘坐空军一号飞往皮奥里亚。他利用这次机会确保总统了解卡特彼勒的用工形势：

> "总统先生……许多产业正在一落千丈，而且形势会变得更加糟糕。不要把您的政治前途拴在改进失业状况上，因为这种改

[10] 参见 Mark S. Granovetter, "The Strength of Weak Ties," *American Journal of Sociology* 78 (May 1973): 1360—1380。

> 进近期内不会发生。”我向他出示了所有的图表，他也在看，然后我接着说，“我知道您在弗吉尼亚讲过，如果我们能够让刺激法案通过，卡特彼勒就不必解雇员工。但您必须明白：您前往访问的两家工厂是我们在伊利诺伊的全部工厂，它们所制造的东西中65%是面向国际市场的。因此，如果刺激法案获得通过，它完全无助于我留用员工。这些工厂正直线下滑。在我们稳定局面并能够开始雇用工人之前，我们会解雇更多的人。您真的需要意识到这一点。”

总统示意他理解这一点，但随后欧文斯非常震惊，因为与他提供的情况简报相反，总统在演讲中说道：

> 如果他们最终通过我们的刺激计划，我相信它将是我们迈向经济复苏的关键一步。而且我不是唯一一个这么想的人。昨天，卡特皮勒的头头吉姆说，如果国会通过了我们的计划，这家公司将能够重新雇用一部分刚刚被解雇的人。

欧文斯对我说：“我吃惊得几乎快从椅子上掉下来……我直白地告诉他，我在飞机上说的不是那么回事。我径直告诉他了。”同一天，欧文斯在一场记者招待会上直接被追问，总统说的究竟是不是真的。欧文斯说：“我必须对我们的社群坦诚以待，我试图总体上支持财政刺激……但同时试图保持礼节，说我们将不得不解雇工人。”欧文斯仍然不是很确定为何总统所言与他告诉总统的东西完全矛盾。他猜测，总统当时专注于读提词器了。

此事成了新闻头条，因为在部分人看来，欧文斯其实把总统称为说谎者了。为了修复这种损害，奥巴马邀请媒体参加他与商业委员会的“不录音”会面。但很不幸的是，这妨碍了现场的坦诚对话，进一步阻塞了沟通渠道。类似这样的断裂因媒体的关注而更加恶化，可能瓦解白金级领袖们的集体行动。人际网络政治意味着，分歧、误会和互不相同的议程可能把看似很简单的伙伴关系复杂化。

行动个人化，但思考组织化

美国一直是个体的国度。去西部吧，年轻人。凭借你自己的力量振作起来。任何人都能实现美国梦。但事实上，这个国度更多依赖的是强大的组织机构。我们需要海军、医疗保健系统，也需要像卡特彼勒这样的公司提供基础设施。如果没有一家角色分化、调协复杂活动、为市场提供物品的公司，商业高管是无法大规模地有所作为的。学者如果没有他所在的大学就缺少资助和正当性。一位呼吁变革的政治家身处主导性的机构之外就影响甚微。即便是在不加选择的因特网时代，一个人可以赢得部分人的关注，但一家媒体机构则可以赢得每一个人的关注。在这个国家，装点着杂志封面的是少数有权有势的人物。但事实上，成为中间插页的应当是他们所在的机构。

个体并不是无灵魂的团体的无助奴隶。最为确定的是，人们能够，而且事实上也确实影响着他们自己的组织机构。个人的关系和原则甚至可以改变组织性庞然大物的进程。像美国海军这样拥有二百多年传统和习俗的机构或许看似不可能加以改变，但像埃文斯这样与它们绑在一起的个人就能够发挥他们的影响力去创造奇迹。他们是通过个人化的行动但组织化的思考而做到这一点的。虽然共谋（例如作为一名参议员的兄弟）和张力（例如不赞成总统的经济政策，却在他的经济委员会中任职）在权力矩阵中不可避免，但成功归于那些明智地驾驭他们的人际网络，从而指引权力去得其所的人。

强联系和弱联系都把这些个体联结在一起，并为他们提供了跨越不同部门的权力的入场券。帕森斯的职业生涯始于州长洛克菲勒的办公室，尔后以在史上最大的媒体公司掌舵而登上巅峰，个中奥妙正在于此。

年到二十始谈领导力

绝大多数人想到有权有势的领导者时，他们想到的是某个像哈斯(Bob Haas)一样的人。他的太祖父是斯特劳斯(Levi Strauss)，也就是第一个制造牛仔裤的传奇商人。当哈斯在公司担任掌门人时，利惠公司(Levi Strauss & Co.)的领导权已经在其家族手中维持了至少四代人。他父亲成人之后担任CEO，而老哈斯夫妇每年夏天与麦克纳马拉(Robert McNamara)的家人一起度假，麦克纳马拉后来成为国防部长。哈斯告诉我，小时候经常接触社会更高层的人物让他在攀登自己的职业顶峰时没有形成明星崇拜的心理。

当然，对我们绝大多数人来讲，这听起来像是一种迷人的生活。毕竟，如果你与国防部长一起度假，那你无疑也会有最好的医疗保健、最棒的教育以及无以匹敌的机遇。但情况往往是，享有优越的童年事实上更难成为高级领导者。哈斯其实是个例外。我发现，领导者们早期生活中影响性格形成的经验，事实上更多的是平凡的，而不是超常的。

当重要的领袖们步入权力的殿堂之前，他们是“初始型领袖”，也就是拥有天赋和机遇，但仍然是未经检验的年轻人。利用他们所拥有的资源做成什么事，这还得取决于他们自己。有些人，例如哈斯，生来就有大量的资源。但是，门德尔松（John Mendelsohn）的生活则更为典型。

登顶之路

门德尔松博士是一位癌症专家，受到良好的教育，精通最新的医学研究。他可以管理一家巨型机构，也可以与皇室成员进餐，还可以和富豪捐赠者们闲谈。但他目前这种万众瞩目的生活与他在俄亥俄的童年相差甚巨。门德尔松的父母是地地道道的中产，爸爸是一位零售商，妈妈是家庭主妇。他早年的抱负很平常——按他自己的描述，他不过是想把学业弄好一点，网球打好一些，做一个“好人”。

当他利用了早早降临的机遇之后，他的视野扩展了。他在中学的表现足够好，被哈佛录取（但他向我坦陈，那个时候选拔没有现在这么严）。他开始学的是物理和化学，但后来转向医学，因为用他自己的话来说，他信奉“一种更加博雅的生活态度”。在医学研究中，他找到了把对科学研究的热情与对人的爱结合在一起的机会。

门德尔松想获得研究经验，而他得知生物系的新教员沃森（James Watson）可能在寻找一名助手。门德尔松照章行事，并得到了这项工作。沃森可不是一般的新雇主。1953 年他和克里克（Francis Crick）绘出了 DNA 的双螺旋模型，而这项发现后来会让他们荣膺诺贝尔奖。对门德尔松的职业生涯来讲，这是一个不错的开端。

在从研究生院毕业到进入医学院这段时间，门德尔松想去旅行，所以他努力得到了富布莱特奖学金并前往苏格兰学习生物化学。他说：“我也做过一些研究和学习方面的事情。但大多数时间我都在旅游和搭顺风车旅行，我阅读《战争与和平》，做种种我在沃森实验室两年期间……没有做过的事情。”医学院毕业后，他在波士顿完成实习，并在圣路易斯华盛顿大学医学院获得研究职位。对于成功的——如果说不是引人注目的话——医学职业来讲，他看起来处境不错。[1]

当他收到一份意料之外的邀请时，如果他不愿意冒险的话，可能就会继续沿着这条轨道走下去。在华盛顿大学期间，他受邀在加州大学圣地亚哥分校帮助新建一所医学院。他还记得当时他的同事们告诉他：“那是一件很恐怖的事情。你将不得不开设新课程，要去教学，你没法做自己的研究。”但这个机会让他很兴奋，所以他冒险一试。他搬到加州，并开始在加州大学圣地亚哥分校建立新的癌症中心。在那里，他提升了他的行政智慧并建立了作为一名学术企业家的声望。在纽约斯隆－凯特林纪念癌症中心（Memorial Sloan-Kettering Cancer Center in New York）工作一段时间之后，门德尔森受邀出任得克萨斯大学M. D. 安德森癌症中心（M. D. Anderson Cancer Center）主任。任职几年之后，安德森就超越了斯隆－凯特林，成为世界顶级的癌症医院，而事实上每个人也都把推动该医院攀至顶峰这件事归因于门德尔松的领导力。

像门德尔松一样，大多数领袖的经历都始于相当普通的童年，他们的种族、社会经济和地域背景存在广泛的差异。出身背景更优越的白人男性确实一开始就比他人占优势，而大学教育则很重要。随着初始型领袖的成长，他们的生命故事开始汇聚在大学这个阶段——本项研究中，只有极个别的领导者没有拿到学士学位。走出大学校门之后，初始型领袖们的道路分散到他们所进入的不同领域，但又在某些地位

[1] 让人惊讶的是，虽然医生常常待遇不错且在社会上享有很高的地位，但他们在美国顶尖机构的掌舵人中却很少见。事实上，我所采访的那些人中只有2%拿过医学学位。

很高的机构周围汇聚起来，例如研究生院、咨询公司、律师事务所以及大公司，在这里，他们建立起表现成功的记录，在人际关系上投入，并准备充分利用降临的机遇。

克服劣势

隐藏在门德尔松看似平常的生命经历背后的，乃是他所享有的一些最早的优势——种族、阶层、性别和得力的家庭所带来的好处。在美国，"不平等"一直以来主要是关于种族的，而统计显示，少数种族和族群的人士在美国的领导岗位上代表名额明显不足——我所采访的领导者中，91% 是白人，这一点与对社会上层的其他量化研究是一致的。然而，人口分布对此有部分的决定作用，记住这一点很重要。本项研究中受访者的平均出生年份为 1950 年，当年出生的小孩子中 87% 是白人，而 13% 属于少数种族和族群。但无论如何，种族包含着大量潜在的机遇和障碍。

身处外部

少数族群背景的领导者们面对大量特有的挑战，尤其是本项研究中的受访者，他们大多成长于民权运动时期。一位非裔美国人向我描述了他称为"黑人税"的东西："黑人税就是，你必须上班更早，待到更晚，为平安无事你得比别人付出双倍的努力。不要抱怨，干就是了，这就是黑人税。"其他人则向我详细讲述了羞耻和丢脸的故事：有些老师认为黑人天生低贱，在开车送货这个层次以外不应当谋求其他职业；有些俱乐部和酒吧白人同事轻易就能进去，而他们却不受欢迎。虽然我们如今很大程度上已经摆脱了这种露骨的歧视，少数种族仍然面对大量的劣势。在领导岗位上要实现平等代表，我们还有很长的路要走。例如，大学校长职位仍然是六十多岁已婚白种男人的地盘，只有13%的大学校长来自少数种族或族群，女性则只占四分之一。

美国生育计划联盟（Planned Parenthood Federation of America）首席运营官艾斯康德尔（Maryana Iskander）小时候从埃及移民美国，她回顾过去的时候，并不认为她的种族是个障碍。对她来说，性别乃是更大的挑战。斩获名副其实的三项学术大奖——杜鲁门奖学金、罗氏奖学金、保罗和戴西·索罗斯美国新人奖学金（Paul and Daisy Soros Fellowship for New Americans）——之后，她被耶鲁大学法学院录取。

刚注册不久，艾斯康德尔就发现，她无法得到教授们的任何注意。她说，刚开始的时候，"我根本没有把这个与性别联系起来。然后（我和我的一位同班同学）就开始研究这个事情，我认识到……是组织机构有问题，不是我有问题……问题在于，教员们欣赏一套与男性相符的行为举止"。为了解释她的意思，她描述了一个场景：

> 一位女生在师生互动时间过来了。就像我一样，她做完了所有的课外作业，她做了充分准备，她把她的五个问题也写下来了，她也不想浪费你的时间……而你……给她答疑，问题一个一个解决了，然后她走了。就这样。这就是互动。一个男生进来，他啥也没读，没做准备。但他在那里胡侃，我对什么东西不明白云云，而你被他吸引住了。然后你问他在哪里上的中学。你接着还问他对什么东西感兴趣……就这样，二十分钟后，他就与你建立了一种关系。还有，他还在你那儿谋了个助教的差事，再然后你就把他推荐到联邦法院去了。

在艾斯康德尔看来，问题的很大一部分在于教师的人口构成。用她的话来说，“有些年长的男性教师……与女学生单独相处感到不自在。因此你无法建立一种跨越这种关系的距离”。女性不仅仅是在法学方面落后。艾斯康德尔是本项研究中许多感受到待遇和机遇不平等的女性之一。事实上，有一位受访者是《财富》500强公司中为数不多的女性CEO，她在关掉录音机后详细讲述了她在这个老男人俱乐部里遭遇的挫折。在这个550位受调查者群体的所有人口学方面的不对称性当中，性别不平衡在比例上最异乎寻常。我所采访的领导者中，仅有12%是女性，虽然她们代表的是一半的人口。[2] 在有些领域，妇女的代表率要更低。我采访过的10%的商业领袖是女性。非营利部门的性别不平衡没那么糟糕（29%的非营利组织高管是女性）。很明显，女性仍然要为在社会顶层获得地位而艰苦努力。

她们面对的挑战是多层面的。有些东西，例如性别之间的薪酬差距已经是公开的事实了。妇女政策研究所研究发现，宣称有薪酬差距的最多的是声望最高的那一类人——CEO们和财务经理们。女性财务经理挣的钱是其男性同僚的66%，而在CEO当中，这个比例仍然只有69%。[3] 更有甚者，升至顶层的人们必须把工作置于优先于家庭的位置上，这种期望对妇女的影响要更为严重。

---

[2] “Too Many Suits,” *Economist*, November 26, 2011, www.economist.com/node/21539924. 这还是在我相当努力地吸纳女性参与本项研究之后的结果。其他的研究（Thomas R. Dye, *Who's Running America? The Bush Restoration*, 7th ed. [Upper Saddle River, NJ: Prentice Hall, 2002]）做过估计，认为美国领导岗位上有10%左右是女性。考虑到这一点，没有迹象表明我的特别努力对数据产生了显著影响——不过它让我得以对妇女在领导工作中的经历有更全面的理解。

[3] Ariane Hegewisch, Claudia Williams, and Vanessa Harbin, “The Gender Wage Gap by Occupation,” fact sheet, the Institute for Women's Policy Research, April 2012, www.iwpr.org/publications/pubs/the-gender-wage-gap-by-occupation-1.

然而，并非女性领导者们遇到的所有问题都得到了像上述那些问题一样多的报道。最近，研究学术机构雇用问题的心理学家们向我们表明，相对更“突显共通感的”形容词，例如“富有同情心的”“乐于助人的”之类的词在给女性的推荐信中要使用得更为频繁，而一些“突显个人能动性的”形容词，例如“自信的”“进取的”之类的词则更频繁地用于男性身上，这使得女性更少可能得到晋升。最终结果就是，更少具有同样资质的女性得到为升至顶层所需要的那些热情洋溢的评价。[4]

不平等的资源

在哈佛教授帕特南（Robert Putnam）这样的学者看来，阶级而非种族才是美国社会不平等的主要分界线。[5] 从比例上讲，这是事实。那些像哈斯一样在接近于社会阶层顶端成长起来的人，相对于他们在总人口中的比例来说，在高级领袖群体中有明显过多的代表。[6] 尽管

---

[4] Juan M. Madera，Michelle R. Hebl，and Randi C. Martin，“Gender and Letters of Recommendation for Academia：Agentic and Communal Differences，” *Journal of Applied Psychology*（November 2009）：1591—1599.

[5] Garance Franke-Ruta，“Robert Putnam：Class Now Trumps Race as the Great Divide in America，” *Atlantic*，June 30，2012，www.theatlantic.com/politics/archive/2012/06/robert-putnam-class-now-trumps-race-as-the-great-divide-in-america/259256/. 还可参见 William Julius Wilson，*The Declining Significance of Race*（Chicago：University of Chicago Press，2012）.

[6] 在谈到其成长史的领袖当中，9% 的人提到了识别其优越出身的地位或财富方面的标志。当我们认识到，上层阶级最多仅仅代表美国人口的大约 1% 时，这就是一个令人印象深刻的数字了。然而，如果你试图把这些统计数据与其他关于阶级的统计数据相比较的话，你就必须记住，试图识别精英人士的阶级背景，这更多的是一种艺术，而不是科学。阶级之间的界线总是有些模糊的，而一如政治科学家戴伊（Thomas Dye）提醒我们的那样，“美国的上层阶级完全避免使用阶级这个概念”。

存在这种比例失调的现象，本项研究中有更多的领导者——其中的59%——却是来自中产阶级，在父母中一位或双亲都是蓝领（28%）或接近贫困（4%）的家庭中长大的，则是明显的少数。[7] 虽然他们只有下层和劳工阶级的背景，但当中有些人在慷慨引路人的帮助下克服了环境的局限，而另一些人则受益于体育或学术奖学金而得以进入大学。事实上，来自恩主和高级学术机构的支持这两项乃是成长于劣势背景的初始型领袖们的关键性均衡器。换言之，个人与机构这两个层次的慷慨带来了重大差别。

对于一些商业巨子和金融大亨，贫穷强化了他们的商业智慧，这些人的数量令人吃惊。私人部门通常是出身贫穷的初始型领袖们的一个合理选择。我所采访过的那些在贫困中成长起来的领导者当中，有一半拿到过商学学位，相比而言，出生于经济状况更加稳定的家庭的受访者中，这个比例只有 21%。

来自家庭的挑战

哈斯、门德尔松和艾斯康德尔与我访谈过的大多数其他领袖有一个共同点，那就是，他们来自父母相爱的双亲家庭。这是一项尤其重要的发现，因为在过去的半个多世纪里，单亲家庭出生的孩子的人数已然飙升。在 1960 至 2000 年间，生活在单亲家庭中的儿童的比例从

---

[7] 相比于戴伊（Thomas Dye）对精英来源的数目估计——30% 来自上层阶级，70% 来自中产阶级——这一点尤其引人注目。虽然戴伊的研究在操作中使用了较本项研究更严格的定义，但他的方法却掩盖了相当一部分从穷人和劳工阶层中升上来的人，因为他用上大学作为中产阶级背景的指标。然而，我们的研究充满着领导者们的阿尔杰（Horatio Alger）（此人乃美国梦的化身。——译注）式的故事，比如约翰逊（Tom Johnson）、格里希（Bill Greehey）和哈克尔（Patrick Harker），他们成长于管道工、杂货店职员和磨膏工人的世界，但在他们出人头地的道路上找到了上大学的机会。

9% 上升至 26%。在 1980 至 2008 年间，单亲母亲生下的孩子的比例从 18% 上升至 41%。同样在这些时期以来，在没有亲生父母俱在的情况下成长起来的孩子中生活贫困、未婚生育、中学不能毕业或者存在行为与心理问题的可能性是原来的两倍。其他研究业已表明，与亲生父母在一起成长起来的孩子在许多指标方面都比没有这一条件的孩子表现得更为出色。未婚生育的孩子表现最差。关键的因素似乎是他们与父母相处的时间，这部分地解释了为何白金级领袖研究的样本群体中头生子的比例（10 人中有 6 人）要高于本来的比例——1950 年代出生的儿童群体中，10 人中只有 4 人是头生子。[8]

---

[8]　更多关于单亲家庭的统计数据，可参见 Federal Interagency Forum on Child and Family Statistics，America's Children：Key National Indicators of Well-Being 2000（Washington，DC：U. S. Government Printing Office，2000）；"Births to Unmarried Women by Country：1980—2008"（Table 1335），Statistical Abstract of the United States：2012（Washington，DC：U. S. Census Bureau，2012），840，www.census.gov/compendia/statab/2012/tables/12s1335.pdf；还有 Sara McLanahan and Gary Sandefur，Growing Up with a Single Parent：What Hurts，What Helps（Cambridge，MA：Harvard University Press，1994）.

更多关于家庭结构的影响的研究，参见 Mary Parke，"Are Married Parents Really Better for Children? What Research Says About the Effects of Family Structure on Child Well-Being，" annotated version of a Couples and Marriage Research and Policy brief，Center for Law and Social Policy，2003.

相比于在双亲家庭中长大的孩子，单亲家庭中成长起来的孩子得到的时间和关注都明显少很多。参见 Jason DeParle，"Two Classes，Divided by 'I Do，'" *New York Times*，July 14，2012，www.nytimes.com/2012/07/15/us/two-classes-in-america-divided-by-i-do.html.

头生子们的出类拔萃与其他研究发现也是一致的，这些研究表明，头生子在全世界的国家元首、美国国会议员、美国各州州长及大量的其他精英领袖群体中有超出其比例的代表。例如，可参见 L. H. Stewart，"Birth Order and Political Leadership，" in *A Psychological Examination of Political Leaders*，ed. Margaret G. Hermann with Thomas W. Milburn（New York：Free Press，1977），205—306；Valerie M. Hudson，"Birth Order of World Leaders：An Exploratory Analysis of Effects on Personality and Behavior，" *Political Psychology* 11（September 1990）：583—601.

早期生活的影响

早期的教养以及由种族、族群和性别所赋予的特征有助于我们理解为何有些人更易于登上职业顶峰，但这远远不是全部所在。领袖是造就的，而不是生就的，虽然许多人都谈到运气或机缘，但他们很快就会补充一下，就像一位石油公司高管所补充的那样，“当然，把我放到这样一个位置上，这真是好运气，它也是我成功的一个重要部分”，但是，“一旦你被给予这种机会……你就必须把它用到极致”。初始型领袖通过利用他们一路以来每一个阶段所碰到的机遇而让自己从同行中脱颖而出。

自我造就的领导者

普朗克（Kevin Plank）很早就表现出企业家特征。仍然有些孩子气的他在巴尔的摩的办公室对我说：“我很早就阅读关于卡内基（Carnegie）、梅隆（Mellon）、范德比尔特（Vanderbilt）以及工业革命的故事，我想成为行业领袖。”他曾想要“建造某种比我自己更大的东西，让自己成为它的一部分”。作为五个孩子中最年轻的一个，同时一开始就是一位喜欢争胜的人，普朗克充满工作热情。正如许多其他白金级领袖一样，普朗克很小的时候就积蓄了大量的能量，他利用这些能量让自己与其同辈群体拉开距离。普朗克第一次发现他的这个特点是在一个冬天的早晨，七岁的他试图联合他的朋友们去铲掉社区公路上的积雪，这样可以赚点钱。他的朋友们不愿意放弃在雪天玩耍的机会，但对普朗克来讲，这是想都不用想的问题。他对小朋友们说：“你们疯了吗？我们可以拿到 15 美元呢！要在平时我们要用两倍的劳动才能拿到这么多钱！”

他的企业家精神持续到中学时代，那时他与他的兄弟们在感恩而死乐队（Grateful Dead）演唱会外面卖手镯。他赚到的钱使他认识到，他“善于把人看明白，摸清他们的想法，知道去哪里（赚钱），而这完全就是对如何卖掉产品很有感觉”。在大学时代，普朗克经营“丘比特的情人”，从他的宿舍房间开展玫瑰递送服务。后来，他房间里装了七条电话线，他有50名送货员，送出了1200打玫瑰花。他存了1.7万美元，这笔钱最后成了创建安德玛（Under Armour）的本钱，而安德玛是他最成功的商业冒险。

不同于门德尔松，他总是位居全班前5%；也不同于艾斯康德尔，她是优等毕业生。普朗克在课堂上从来没有感觉到自在过：“我在教室里从来没有觉得自己像最聪明的孩子，但我总是感觉到，凭我的能力，我可以超越任何人。”他告诉我，他在学校无所用心，十五岁那年一度被踢出校门，因为他花太多时间组织派对，而在学业上花的时间不够。他像是有点叛逆，多次因为不同的原因而被抓住，用他的话来说，这些原因包括“打架斗殴、跳水、无照驾车”。他回忆这些事情的时候说：“我总是像个傻瓜一样。”这些不检点行为似乎没有带来任何严重后果，虽然他告诉我他先后上了三所不同的中学。

在学校里，他真正的热情都挥洒在体育场上了。在中学里，他玩摔跤、打曲棍球、踢橄榄球。他在橄榄球方面的表现最为出众，曾在福克联合军校（Fork Union Military Academy）校队踢球，这是一所培育一流运动员的知名中学。他没有被他向往的大学招录，为此非常失望。他最后在马里兰大学帕克分校当替补球员。他是后卫和中后卫球员，还当过学校特别球队的队长。他特别骄傲的一件事情是，五年里从未缺席过一次训练。

虽然不是球星，但毫无疑问的是，普朗克的橄榄球生涯推进了他后来的职业轨迹。安德玛的市场营销部门很骄傲地讲述公司创建者是如何厌倦踢橄榄球时不断换穿汗濡濡的背心的。他决定发明可以把水分吸走而不仅仅是吸收掉的运动装备。他在他祖母位于乔治城市区的房子的地下室建立了总部，开始创建自己的生意，而这门生意15年后会成长为超过10亿美金的公司，并把生意做到全世界。

相对于普朗克对吸汗衫的灵感，还有一个故事没有得到那么多的关注。公司的成功并不仅仅取决于他作为一名橄榄球运动员的经历或者他冒险的意愿。他也非常明智地利用了他的人际关系网络。他在启动安德玛的时候，找到了以前大学的橄榄球队友（他们后来进了全国橄榄球联盟）寻求帮助和支持。他给大西洋沿岸联盟（Atlantic Coast Conference）的每一位装备经理都打过电话，试图说服他们购买他的点子。在他新的商业冒险中，最初的商业伙伴是他通过中学或大学体育场认识的那些人。他最大限度地利用他的人际网络，不仅用于促进借贷或开办公司，也用于促进整个运动服饰产业的进步。

与绝大多数白金级领袖不一样，普朗克并非通过大型机构而崛起。他没上过研究生院，也不是从底层发迹。相反，他为自己的企业家愿景几乎押上了一切赌注。他把他最后的500美元花在七份原款超细纤维布料上。他在他祖母的沙发椅上睡觉，在家里吃饭，因为用他的话来说，“我身上一个子儿也没了”。然而，通过建立优秀的团队、生产出好的产品，以及策略性地进行市场定位，他便能够建立**自己的**机构，并带领它成为过去二十多年里服装市场上最为成功的公司之一。白金级领袖们明白，他们需要组织机构。有时候，他们干脆就创建自己的机构。

eBay创建者奥米迪亚（Pierre Omidyar）也还记得当他创建eBay的时候，面对母亲要求他去读商学院的巨大压力，因为她母亲认为那才是成功之路：“最后，我记得有一天我说：‘妈妈……我有六个

MBA 为我工作。这就够了。我不想去商学院。’从此以后她再也没有提起过这回事。”有时候，不按常规出牌的人还真登峰造极了。

有些事情，例如早期就业、体育、做校工和学生自治等，在我的讨论中一再出现。虽然年纪还小的时候就做事对于少数族群背景的领导者们来说不那么普遍。仅有 10% 的少数族群领导者提到十八岁之前做事的经历，相比而言，非少数族群领袖的比例是 28%。这就可能意味着，在这些领袖成长的过程中，更少有人愿意雇用少数族群背景的年轻人，或者它也可能仅仅表明，在他们成长的过程中，没有人指望他们会在早年就找一份工作。很多领导者曾经是学校运动队的运动员，这个比例之大有点惊人——中学阶段是 41%，大学阶段是 23%。我们的研究中也有许多雄鹰童子军（Eagle Scouts），还有 58% 的领导者提到在中学或大学参加过学生自治组织。

虽然早期的成就记录是领导者生命故事中的重要部分，但它本身也蕴含风险。如果领导者们在很年轻的时候、在他们的自我认同感充分形成之前似乎就登上巅峰，这也可能导致一种错位和失落的感觉。一些年龄太小就进大学的人有抑郁的经历。有人说他们“太超前了”，缺乏必要的成熟确实会错失最重要的大学经验。[9] 罗氏奖学金从大学选拔出有前途的初始型领袖，仅仅是让他们在牛津有独特的研习经历。然而，这个项目的声望及其给奖学金获得者们提出的极高期望使得许多人（包括艾斯康德尔，她在进入耶鲁法学院之前是罗氏奖学金获得者）在牛津遇到挫折，而且经历了也许是人生中的第一次失败。

---

[9] 这为累积优势理论提供了一点点重要的新东西，因为它表明，万物必有其时，功到自然成。太早或太晚入大学让领导者们很难真正充分利用其中的机遇。从理论上讲，重要的不仅仅是一个人所累积的社会、文化资本的类型或数量，而是这种社会或文化资本由以获得的先后序列。因此，在哈佛拿到学士学位后再去布朗大学拿第二个，这对攀登事业高峰毫无意义，但通过罗氏奖学金从牛津再拿一个学士学位就完全不同了。

大学内外：继续采用博雅的生活态度

虽然我们通常认定，通往全国性影响力的最直接的道路要经过有重要学术地位的大学（例如常春藤联盟高校），但我所访谈过的领袖中三分之二的人就读的学校并不被视为精英机构。进而，新近的研究表明，进入竞争性强的大学并不给将来的赚钱能力带来显著的差别。[10]事实上，本项研究所涉及的每个人都毕业于**某所**大学。我所采访过的领袖中只有 3% 的人没有大学毕业，而在这一小群人中，绝大多数人也在大学念过一段时间。

虽然从一所全国排名最靠前的大学拿到学位并非必不可少，但进这样的大学还是有价值的。在毕业于常春藤联盟高校的 14% 的受访者、毕业于其他精英院校的 22% 的受访者中，许多人对他们在这些学校所接受的智识训练表示赞赏。但精英教育的真正价值在于学生在此

---

[10] Mark Silk 和 Leonard Silk 有一个出了名的论断，即哈佛尤其为他们所称作的“权势集团（establishment）”提供了根基（*Leonard Silk and Mark Silk, The American Establishment* [New York：Basic Books，1980]）。斯托里（Ronald Story）同样声称，从 19 世纪开始，哈佛就为波士顿的上层阶级提供了一个团结一致的据点（Ronald Story，*The Forging of an Aristocracy: Harvard and the Boston Upper Class*，1800—1885 [Middletown，CT：Wesleyan University Press，1980]）。同样，尤西姆（Michael Useem）和卡拉贝尔（Jerome Karabel）也指出，较之于那些没有入读顶尖高校或大学没有毕业的人来讲，那些在一所精英机构（即他们所界定的排名前 11 位的院校）拿到学士学位的人成为 CEO、多机构的董事以及商业团体领袖的可能性要大得多。他们还发现，那些入读较低层次本科院校的人可以通过参与顶尖的法律或 MBA 项目提升他们成为顶级高管的机会，虽然相对于那些入读顶尖本科院校的同辈群体来讲，他们成为高管的可能性仍然要低一些（Micahel Useem and Jerome Karabel，“Pathways to Top Corporate Management，”*American Sociological Review* 51 [1986]：184—200）。在我的研究中，精英本科院校的界定是这样的，它们包括被《美国新闻与世界报道》排在前 25 位的研究性大学或文理学院，还有西点军校、美国海军学院、美国空军学院，或者还有英国的牛津或剑桥。

期间所获得的社会和文化资本。[11] 社会资本关联着个体从他们对某些人际网络的参与中所收获的价值，而文化资本则关乎着装、举止、文化知识和教育之类有价值的东西的习得。这两样东西对于事业进展是根本性的，而大学则是获得这些必要资本的关键场所。[12]

顶级院校让学生接近那种对于精英生活的未经言明的期望，而这种期望对于最有抱负的领袖们来说是隐然于心的。在这方面，这些院校比其他院校一般都更为出色。一位咨询公司的 CEO 告诉我，当他第一次到哈佛的时候感到严重不适："我有些同班同学此前一直在华尔街，而我竟然不知道华尔街在哪里。班上的每个人似乎都知道怎么打领带……他们大多来自东海岸。"有一天课后，一位同班女生把他拉到一边，说同学们在取笑他白袜配黑裤。他迷惑不解，因为他从来不曾想过他的穿着还是个事儿。他从中吸取了教训，而他至今仍然回念他在哈佛的时光，认为那是实现社会化以获得领导素质的重要时期。

精英高校的另一个优势在于，它们拥有大量的捐赠和令人侧目的

---

[11] Pamela Haag, "Are Elite Colleges Worth It?" *Chronicle Review* (October 30, 2011): B11.

[12] 对于理解领导力来说，社会资本和文化资本这两个概念很关键。科尔曼 (James S. Coleman) 把社会资本界定为"社会结构的方方面面对于行为者的价值，它们是可用于实现利益的资源" (James S. Coleman, Foundations of Social Theory [Cambridge, MA: Belknap Press, 1990], 305)。相对于科尔曼，帕特南 (Robert Putnam) 则从一种更具宏观社会学色彩的视角来看待社会资本，他提出，"社会资本指的是个体之间的联系——种种社会网络，以及从中形成的互惠性规范和可信任的品质" (Robert D. Putnam, Bowling Alone: The Collapse and Revival of American Community [New York: Simon & Schuster, 2000], 18—19)。帕特南在其他地方指出，社会资本的运作要素是"社会组织的特征，例如信任、规范和人际网络，它们能够通过简化协作行动而提升社会的效率" (Robert D. Putnam, Making Democracy Work: Civic Traditions in Modern Italy [Princeton NJ: Princeton University Press, 1993], 167)。参见 Coleman, *Foundations of Social Theory*; Putnam, Bowling Alone, Randall Collins, *Interaction Ritual Chains* (Princeton NJ: Princeton University Press, 2004); Putnam, *Making Democracy Work*。

研究捐助，这就给学生们带来了更多的通过做研究学徒而与领军学者们一起工作的机会。哈佛这样的地方在为像门德尔松这样的人创造机会方面表现更佳，当他敲开未来的诺贝尔奖获得者沃森的办公室大门并成为其基因组实验室的本科研究助理时，他才刚刚决定读医学预科。此外，与同班同学们建立的联系也很重要。哈斯的家人与麦克纳马拉部长一起度假的原因在于，麦克纳马拉和哈斯的父亲曾是伯克利和哈佛商学院的同窗。

虽然本项研究中的大多数领导者本科阶段并没有入读顶尖高校，但他们在研究生院的经历却主要集中在为数不多的几家院校。获得研究生学位的领导者当中，几近三分之二的人读的是所在领域排名前十的研究生院。在这些人当中，几乎三成的人拿的是商学学位，这是样本群体中最流行的研究生学位。单单 1980 至 1983 年间，本项研究中就有六位领导者从哈佛商学院毕业，而目前《财富》前 100 名公司的 CEO 当中有八位也读过哈佛商学院，这个数字是任何其他商学院的两倍以上。本项研究的受访者中 22% 的人获得过法学学位，而他们获得的研究生学位中，将近四分之一是博士学位。

虽然研究生院要求高水准的专业化，但对白金级领袖们来讲，过一种博雅的生活方式仍然很重要。例如，虽然四分之一的领导者拿了博士学位，但只有六分之一的人走上传统道路去当教授。许多人都以非常规的方式去利用他们的研究生学位。他们不是窄化他们的专业领域，而是利用他们的文凭去扩展他们的专长。

对绝大多数白金级领袖来讲，这个人生的岔路口在他们攻读研究生期间或者在研究生刚刚毕业的时候就出来了。在继续发展与领域相关的技能的同时保持一种宽广的和博雅的生活方式，由此他们开始与芸芸众生拉开距离。在对特定领域有更好掌握的同时维持一种通识取向的能力，把白金级领袖与纯粹的学者区分开来。所谓通识取向，就是要超出专业主义的狭隘范围看待问题。

我所研究的那些令人印象最为深刻的领袖尝试在不熟悉的领域里工作，获得新的技能，并形成一种文化世界主义的品味。他们对所服务的公司的所有部门都变得越来越了解，而不只是自己的部门。有时候，这是通过一些精心组织的项目来实现的，像管理培训生计划，但通常是源于他们自己智识上的好奇心和尝试新事物的意愿，即便当他们自己也还是相对的新来者时也是如此。通过在各自组织内部的这些跨界经验，初始型领袖们搭起了足够大的表演舞台，并建立了成功表现的记录。他们还可能给一位居于阶梯更高端的未来的引路人留下印象，而这个人不仅会塑造他们的价值观和梦想，而且会塑造他们的机遇和职业生涯。这些老一辈的精英领袖在精力充沛的初始型领袖的新面孔上会看到自己的抱负，并报之以亲自提携的意愿。有时候，一位初始型领袖在阶梯上逐级攀爬，但也有些时候，在追求博雅生活方式的过程中，他们职业生涯的进展显得分散得多。一位高管在讲述自己兜来转去的职业生涯时抱怨道："如果你成功了，人们就说你是多才多艺之人，而如果不成功呢，人们就说你是半吊子。唯一的差别只是结果而已。"

对巴特利（Dan Bartlett）来讲，移居奥斯汀就读得克萨斯大学改变了他的生活。巴特利在得克萨斯一个遥远的小镇长大，"那里的人们对生活的期望不高"。搬到州府意味着在他意识到他有领导才能的过程中，一路上都有从事领导工作的机遇。他开始找工作，最后很意外地在州议会大厦就业。他在那里与一位同事成了朋友，这个人后来辞职去了卡尔·罗夫公司（Karl Rove & Company），这是市里的一家政治咨询公司。他的朋友传话说他们需要更多的帮助，二十岁的巴特利决定要试一把，因为"它给的报酬比我在议会大厦里要多一点"。他在罗夫公司的工作让他更深地卷入到政治当中，并参与到小布什的第一次得州州长竞选活动。最后，他与候选人建立了亲密的关系，这最终使他成了小布什总统在白宫最密切的心腹之一。如果他没有搬到奥斯汀，就不会踏上将其带入白宫的那条上升轨道。

巴特利的经历凸显了来自本项研究的一个更广的启发：地方很重要。相对于边远地区长大的人，那些在大城市长大的人有更多的可能性登上顶峰。我访谈过的人中，57% 的人是在 51 个大都会地区长大的，这些城市的人口按照 2010 年的统计数据都超过 100 万，虽然 1950 年这些城市仅仅容纳了全国人口的 42%。[13] 牌局有利于城里的初始型领袖，居住在文化、政治和商业中心给他们提供了更多出人头地的机会。在边远地区长大的白金级领袖们也倾向于成年后不久就搬到城里。事实上，34% 的受访者搬进了这些大都会之一（他们出生在这些地区之外），只有 5% 的受访者从这个国家的大城市搬走。[14] 对于像巴特利这样的人来说，搬到大城市让他们看到了更多的可能性，这反过来又使他们能够比他们的兄弟姐妹获得更大的成就，后者当中的许多人，就像一位公司高管所说，满足于“结婚、在工厂里找一份工作，还有，赚到买车的钱”。

开阔视野不仅是一个国内的问题。这些领袖中的许多人年轻时就有了国际旅行的经历。其中 65% 的人在十六岁到三十岁之间第一次出

---

[13] 参见美国统计局（Census Bureau），“Number of Inhabitants, United Summary,” *Census of Population: 1950*, Vol. II, Part I, Table 26（拉斯维加斯、内华达州数据缺失，是从第 24 个表格中推出来的）。

[14] 由于我每一次访谈都亲自去，所以我用访谈地代表受访者目前的居住地。55% 的访谈集中在六个城市区域进行：华盛顿特区、纽约、洛杉矶、休斯敦、达拉斯和旧金山湾区。位高权重的人流动水平高且集中于城市，这种模式很久以来就为领导者社会来源方面的研究所注意。参见 Roy Hinman Holmes, “A Study in the Origins of Distinguished Living Americans,” *The American Journal of Sociology* 34:(1929): 670—685; Sanford Winston, “The Mobility of Eminent Americans,” *The American Journal of Sociology* 41(1936): 624—634.

国旅行。[15]哈斯曾在科特迪瓦和平工作队服务过，他告诉我那段经历给他带来了显著的影响："我想说，我经常吸取我在和平工作队的经验，尤其是在一个西非小乡镇观察乡村生活，还有思考如何与那些在做艰难决定的人进行交往。"

相对于普罗大众，受访者也明显更有可能运用第二门语言。这一点彰显了尽早形成全球意识的重要性。[16]一位大学校长与我分享了他年轻时的国际经验是如何扩展他的世界观的：

> 我在中东待过一年半，在那期间，我每天很早就上班工作，大概在凌晨四点半到五点……路上的人都是去上班工作的人。有些卡车载满了（移民），他们通常来自孟加拉、印度和菲律宾。他们做零工……而让我震惊的是……人们为了一份工作会做些什么，还有，人们是如何情愿辛劳地工作。如果你能够理解周遭世界中的人性，那肯定会影响你的领导风格和管理人的方式。[17]

---

[15] 在那些告诉我第一次出国旅行地点的人当中，55% 的人去的是欧洲，21% 去的是墨西哥、中美洲或南美洲，13% 去了亚洲，5% 去了加拿大。第一次旅行经验在十五岁之前的人为数不少（在那些告诉过我他们第一次出国旅行时间的人当中，这个比例达 24%），极少数人甚至在满周岁之前就出过国了。

[16] 我所访谈过的人当中有 33% 的人会说多种语言，相对于普通人的 26%，这一点具有统计上的显著差异。参见 Chris McComb，"About One in Four Americans Can Hold a Conversation in a Second Language，" Gallup，April 6，2001.

[17] 这种全球意识对于一个第三文化熏陶下的孩子（a third-culture kid）是很典型的，波罗克（David Pollock）用这个概念指"一个在其成长年代里，曾在其父母的文化之外度过一个重要时段的人"（David C. Pollock and Ruth E. Van Reken, *Third Culture Kids: Growing Up Among Worlds* [Boston，MA：Nicholas Brealey，2009]，13）。在该书 2009 年修订版导言中，雷肯（Van Reken）指出，奥巴马政府高级职位中有大量的第三文化熏陶下的孩子，包括嘉雷特（Valerie Jarett）（总统公共参与与政府间事务助理）、盖特纳（Timothy Geithner）（财政部长）、格雷申少将（J. Scott Gration）（派苏丹特使，后任肯尼亚大使），还有总统本人。他 2008 年的竞选对手麦凯恩（John McCain）也是一个第三文化熏陶下的孩子，这种令人惊叹的机缘巧合，公众却几乎没有注意到。

组织忠诚

虽然初始型领袖富有雄心并总是寻求新的机遇，但他们也倾向于对他们所服务的组织机构保持忠诚。本项研究的受访者中超过一半的人在同一家公司度过了他们主要的职业生涯，第一次升至高级职位的人当中有 69% 是内部人，这个统计数据完全不同于认为高管一般都是从外部引进的这样一种看法。

但对于大型机构中的**少数族群的**初始型领袖来说，这种倾向则没那么强。72% 的白人第一次获得高级职位时是内部人，但依循此道登顶的少数族群人士则只有 54%，他们似乎更难以沿着组织内部的权力之链被提拔到领导岗位。[18] 同样有趣的是，少数族群和种族人士比白人明显更可能提到曾经拥有一位引路人——受访者提到拥有一位引路人的人士当中，少数族群人士是 71%，而白人则为 49%。对出身少数族群背景的领袖来说，他们在确立声望的过程中面对着克服偏见的挑战，对与一位得力的引路人的关系进行投资，比依赖于组织的阶梯有可能提供更为可靠的登顶之路。

---

[18] 科林斯 (Sharon Collins) 的作品为这种模式提供了一种可能的说明，她指出，就在平权立法之后，许多黑人迅速被提拔到处理平权行动、社区关系或城市事务的部门中那些种族化了的岗位上。虽然这给了他们一种地位上的最初跃升，还有更高的薪水，但这些岗位通常就是工作的终点站，没什么更上一层楼的前景。情况也可能是，黑人是从这些工作岗位上作为外部候选人而被录用的。参见 Sharon M. Collins, "Black Mobility in White Corporations: Up the Corporate Ladder but Out on a Limb," *Social Problems* 44 (February 1977): 55—67.

充分利用年轻的优势

当巴特利作为总统顾问休斯（Karen Hughes）（后来成为公关传媒主任和总统法律顾问）的副助理随小布什总统搬进白宫时，他已经得到了足够的信任。但他告诉我，他面对的一个重要挑战是，"与我一起工作的绝大多数同行比我至少年老一代人，如果不是两代人的话"。他并没有打算有意隐瞒自己的年龄，但同时，"我也不说我有多大，因为我不想他们对我另眼相待"。就像艾斯康德尔一样——她三十一岁就成了生育计划联盟的首席运营官——巴特利很快发现自己在同龄人中遥遥领先，而人们则在琢磨他是否能够胜任挑战。他向我讲起他与比他年长三十九岁的国防部长拉姆斯菲尔德（Donald Rumsfeld）的一次交流：

> 我们都在总统椭圆形办公室门口等候，有一个亟待做出的决定。所以门外有鲍威尔（Powell）、拉姆斯菲尔德、切尼（Cheney）、赖斯（Rice）、哈德利（Hadley）和我，还有卡德（Andy Card）。总统在办公室接电话，门是关着的，因此我们都在尽量冷静地等待。但拉姆斯菲尔德已经做好了功课，他知道我不是他的人。要知道，这个人几十年前就是最年轻的幕僚长，也是曾经最年轻的国防部长。他转身对我说："丹尼，告诉我你多大了？"而我回答说："哦，部长先生，我三十四岁了。"他的反应是："哦，天哪，孩子，我好多件衣服都比你年纪大！"这听起来好像是说"别惹我"。而我也毫不犹豫的回敬道："是的，部长先生，我可能就是那些衣服中的一件。"鲍威尔打趣说："哦，拉米，他回敬你了！"我有点带刺地回击他说："也别惹我。"

领导力并不是传递下来的，也没有一条登峰造极的唯一正确的道路。作为哈佛毕业生的后裔或一位 CEO 的教子（godchild）会有用吗？当然会有些用，但也非必然。在种族、阶级、性别、得力的父母、学术成就和课外参与方面所积累的优势都对初始型领袖有益，但在一位初始型领袖发展过程中，关键时期是他二十多岁的时候。正是在这段时期，初始型领袖所拥有的独一无二的激情、技能或人际联系可以转化为他的职业生涯，就像普朗克把对体育运动的激情转化为一种新产品、门德尔松利用他的训练和冒险精神去创建一所新的医学院。父母能够为孩子的成功做准备的最好方式就是让他们通过儿时正常的挑战和试错去培养他们的激情和毅力。他们并不需要金银财宝，他们需要的是教育、机遇、勇气、运气方面的恰当混合，然后循序渐进地把自己推上顶级领导岗位。

广度胜于深度

约翰逊（Tom Johnson）二十三岁的时候与太太和刚出生的孩子搬到了首都，那时除了刚刚从哈佛商学院拿到的学位而外，他没什么资本。约翰逊来自佐治亚州的梅肯（Macon），出身卑微，他能取得今天的成就主要是通过努力工作，还有《梅肯电讯》总编艾迪逊（Peyton Edison）的善意。当十四岁的约翰逊需要一份工作帮忙养家糊口的时候，艾迪逊就把他招至帐下。他对约翰逊如此有信心，以至于发工资给后者来助他上佐治亚大学——只要这个年轻人不仅夏天而且开学期间（虽然从学校过来要开车两小时）也为《梅肯电讯》工作。约翰逊拿到新闻学学位之后，艾迪逊又帮助他上了哈佛商学院。在波士顿生活一段时间之后，约翰逊的太太并不急于返回梅肯，因此约翰逊申请了一个新项目，即1964年由约翰逊（Lyndon B. Johnson）总统开启的所谓白宫学者项目（White House Fellowship）。该项目会邀请12位左右的年轻专业人士前往白宫待一年，给他们提供白宫辅助性的但很有意义的岗位，以期“强化受资助者为其社群、职业和国家服务的能力和意愿”[1]。约翰逊之所以产生兴趣，首先是因为“我觉得，对于一个想在新闻界成为领袖人物的人来说，没有什么新闻主题像政府那么重要了”。将来会发生什么，他也不清楚。

该项目的遴选专员之一是《纽约时报》编辑欧克斯（John Oakes）。欧克斯一定是在年轻的约翰逊身上看到了希望，因为他告诉他，“约翰逊先生，我认为将来有一天你会成为一家大都市报纸的出版人”。凭着这一推荐，约翰逊入选了该项目，并在新闻局长莫耶斯（Bill Moyers）手下工作。在这一年间，他与约翰逊总统建立了亲密的关系，并在政府不同职位上任职，直到总统离任。[2]

我于 2009 年在约翰逊亚特兰大的家中采访了他，他和夫人艾德维纳（Edwina）跟我谈了好几个小时，他们轮流给我讲述他领导工作中的那些喜与悲。约翰逊确实是在亚特兰大退休的，这里离他的家乡只有 90 英里远。但他的回乡之路却很漫长，中间经历过许多城市，其中一个是洛杉矶，他在那里担任《洛杉矶时报》的出版人和首席执行官。他回到佐治亚是受国之骄子特纳（Ted Turner）的邀请担任 CNN 新闻集团的主席。在这个职位上，约翰逊在整个海湾战争期间引领了美国的报道。CNN 是唯一从巴格达传递直播信息的机构，全世界

---

[1] 这是加德勒（John Gardner）的说法，转引自 Patricia O' Toole, *White House Fellows: A Sense of Involvement, A Vision of Greatness*（Washington，DC：White House Fellows Foundation，1995）. 关于白宫学者项目，包括我的研究发现，参见 Rice University, *Surveying America's Leadership: A Study of the White House Fellows*（Houston，TX：Rice University，2009）.

[2] 约翰逊最初告诉总统，项目结束以后他就不能待下去了，因为他对艾迪逊还有承诺。但约翰逊总统的心愿可不那么容易受阻，他给艾迪逊写了两页纸的信，信的要旨在于，“如果你的总统和国家需要汤姆（Tom Johnson），你能把他让出来吗？”约翰逊总统称年轻的约翰逊为“我的孩子”，而伯德夫人（Lady Bird——当时的第一夫人）则称他为“约翰逊总统非亲生的儿子”。直到约翰逊总统 1973 年去世，他一直与他们在一起，并在其得克萨斯奥斯汀的电台工作。

的人们（包括老布什总统）都依赖CNN新闻网提供即时信息。这一点确立了CNN作为全球性新闻机构的地位。回顾过往，约翰逊把他的全部生活归因于白宫学者项目：

> 我最初看待世界的视角聚焦于梅肯，它是佐治亚正中部的一座城市……通过佐治亚大学的本科学习和哈佛商学院的研究生学习，世界之窗对我进一步打开。但没有任何东西可以为我提供作为一名白宫学者所获得的经验……（如果没有这个项目）我认为我不会有机会后来成为约翰逊总统的行政助理、《洛杉矶时报》的出版人或者CNN的主席与首席执行官。所以说，这是一段令人难以置信的转变命运的经验。

这种催化性的经历正是每一个蒸蒸日上的公司和雄心勃勃的年轻人所试图构造的东西。领导力培育乃是一个火爆的领域，因为各种组织都试图为了迎接将来的挑战而培训它们的下一代。但要准确地厘定培育一位领袖究竟需要些什么却不容易。大多数人都会同意，领导力是天赋与训练的结合。但领导力真的能教会吗？前白宫学者和惠特曼学院（Whitman College）前院长克罗宁（Thomas Cronin）对领导力培训给出了这样的理解："我自己的信念是，学生通常不能被教成领袖。但是，学生，在这方面还有任何其他的人，接触到领导力、对领导技巧和风格的讨论及领导战略和理论，则是很有好处的。"[3]

按照这种理论，任何领导力培育项目的关键乃是要给人们以**体验**成功领导力的机会——也就是要亲密接触。

---

[3] Thomas E. Cronin, "Thinking and Learning about Leadership," in *The Leader's Companion: Insights on Leadership Throughout the Ages*, ed. J. Thomas Wren (New York: Free Press, 1995), 30.

对约翰逊来讲，这种体验是在白宫学者项目中找到的。虽然该项目推动了许多人的上升之路，包括国务卿鲍威尔（Colin Powell）和劳工部长赵小兰，但它并不是唯一可用的弹射器。在我访谈过的那些令人印象最深的领袖当中，许多人都有推进他们早期领导工作的成功并推动他们进入精英圈子的独特经历。对有些人而言，它是获得罗氏奖学金、在达沃斯世界经济论坛上演说，或者为一次成功的总统竞选而工作。这些转折性的领导体验就是我所谓的领导力催化剂。对绝大多数高级领袖来讲，正是催化剂的出现将一位初始型领袖带到他可以设想去领导一个大型机构的地方，而此前初始型领袖仍然是一个拥有系列积累性优势的平凡人物。

领导力催化剂

就本项研究而言，催化剂指的是由一家全国性的机构所支持的项目或一种特别经历，它给初始型领袖们提供一种通才式的思想倾向，而这对于领导力以及为建立与高级（精英）网络的联系来说是根本性的。通过促进他们对于高层次职位的要求的理解并刺激他们的成长，催化剂对领袖们起到了培育作用。在我三分之一的访谈中，领袖们描述了一个显著的转折点，也就是经常发生在这类催化剂中的故事。我还发现，那些提到转折点的人更有可能同时也提到过拥有一位特定的引路人或赞助者，这表明，这些转折点与促成它们发生的指导者之间存在明显的关系。在许多情况下，这位引路人乃是一位领导者在那种催化式经历之外不太可能碰到的某个人物。而且这些转折点一般都发生在相对年轻的时候。研究表明，一个人二十多岁和三十出头的时候所经历的事情和所做的决定对其余生存在深刻的影响。[4]

有许多项目、奖学金和领导力培育团体声称要实现催化式的推进工作。地方政府和其他组织（例如南加州领导力网络或市政学者项目）促进初始型领袖们在不同程度上获得了职业生涯的成功。一种催化剂乃是一个有明确目标定向的项目，其目标焦点就是把年轻人推向领导力的高端领域。让一种催化剂（就我对它的限定来说）能够与众不同的是一种高度竞争性的准入过程、高端人际网络和一种全国范围的公众认可。一种真正的催化剂不是一块职业垫脚石，而是一个职业火箭发射器。

虽然很少有项目能够赢得足够影响而可以被视为催化剂，但这些项目还是有广泛的差异。催化剂掌握在特定的部门（像商业部门、政府或学术部门）手中，但长远来看，接受者们并不必然停留在那个领域之中。例如，罗氏奖学金是一项学术催化剂，因为它意味着要在牛津大学攻读研究生学位。但罗氏学者并不被期待要留在学术界，这项资助通过改变生命的经历提供了一种既广且深的教育。许多人把这个项目的声望作为进入另一个领域的敲门砖，因为在某一个社会部门的催化剂中所赚到的通货在其他地方仍然有诸多价值。

项目

在学术界，一些声望卓著的奖励，像罗氏或马歇尔奖学金、富布莱特项目，或者国家科学基金会的 CAREER 奖，它们就起到催化剂的作用，让一些学者在职业生涯早期就出人头地，并在旅行、学习和研究方面给予他们以令人艳羡的资助。数千名美国青年每年申请仅有

---

[4] Meg Jay，*The Defining Decade*（New York：Hachette Book Group，2012）.

32 个名额的罗氏奖学金项目，该项目把那些二十五岁以下的有前途的年轻人送去牛津大学攻读研究生学位。这样的学者在涉入更大的世界之前就有机会获得无可比拟的教育。罗氏奖学金不仅是简历中的亮点，它还给年轻领袖们提供了一种更宽广的视野。该项目的校友们认为，在牛津，他们学会了如何提出好的论点并戳穿糟糕的论点，而且形成了“对粗糙思想的不宽容”。另一位学者说：“牛津让你能够变得更深刻。”陆军司令克拉克（Wesley Clark）对我说：“一言以蔽之，罗氏奖学金的核心是‘如何尊重来自不同文化的人们’，而白宫学者项目则是，‘如何与政府和专业人士打交道’。”另一位领导者说，在做过罗氏学者之后，“我没有被更大的世界所吓倒”。

绝大多数专业领域也有行之已久的催化剂。这可能是一家顶尖商学院、一个咨询项目或投行发展项目。其他一些人通过志愿参与一次政治竞选或在为青年社会企业家们开办的项目（例如 Ashoka，Echoing Green）中工作而建立了恰当的人际联系。就像一个很有声望的研究生项目或博士后项目一样，这些面向年轻人的项目也给他们提供了在同辈群体中脱颖而出的机会。

但并非所有的催化剂项目都要历时数年、花费良多才能完成。有些催化剂项目总共的时间也不过一个周末。参加一次像阿斯澎研究所（Aspen Institute）、世界经济论坛、文艺复兴周末（Renaissance Weekend）的封闭性会议，则是青年领袖们获得精英网络入场券的另一种方式。这些会议的标志之一是你很难获得它们的邀请，而一旦你受到邀请，就很容易接触到你在会场之外没法接触到的参与者。例如，在文艺复兴周末的会议上，除了国家元首，每一个人的座位牌上有名无姓。即便是首次与会者，也可能在取咖啡的时候碰到他们的偶像，并开启一场对话。

最具封闭性的会议之一是比尔德堡俱乐部（Bilderberg Group），

参会者只有 100 至 140 位来自西欧和北美的受邀嘉宾。1969 年，乔丹（Vernon Jordan）作为第一位非裔美国人参加会议，他从此之后就成了忠实的参与者。当他最初接到哈佛的纽斯塔德（Richard Neustadt）教授邀请时，他在全国有色人种协进会工作，并在南方从事选民教育。乔丹对我讲："我全部的注意力、全部的关注焦点一直都在南方的民权问题上。因此比尔德堡成了我的世界之窗……它让我看到了一个我根本不知其存在的世界。"通过比尔德堡俱乐部，乔丹跻身全球精英之列，而且他凭自身的能力变成了影响精英的人物：

> 1991 年我把克林顿带到了比尔德堡。他从来没去过，那些欧洲人当时还在嘀咕："这家伙是谁啊，阿肯色在哪儿？"我说："他将来是要当总统的。"他们则说："没门儿。"一年半以后的 3 月份，筹划委员会开会，我把克林顿请过去，他们惊呆了。这种事情在行内是很有用的。

当然，不是每个人都赞赏这些会议（事实上还有许多其他的催化剂）的封闭性。像比尔德堡这样的会议给权力掮客们以密室决策的机会，有效地将不那么强势的声音切除在政策过程之外了。

白宫学者项目

2008 年，我在华盛顿特区担任白宫奖学金项目的区域遴选专家组成员，从而开始了解这个项目。由于对申请者的水准印象深刻，我对该项目的范围和影响愈发好奇。作为一名领导力的研究者，我很惊讶自己对它了解得如此之少。这个非党派的一年制项目安排一个小规模的、杰出的初始型领袖群体担任顶级政府官员们的助手，这些官员可能是总统、第一夫人、副总统、国务卿或者一位白宫幕僚。该项目由白宫实施，已经运作了将近 50 年，受其资助者的名单充满着来自美国各领域的显赫人物。但它每年都低调行事，高质量地为美国的领导层训练了一群禀赋卓越的年轻人。

作为诸多雄心勃勃的男男女女的一个工具和目标，联邦政府似乎是**许多**催化式项目的自然装置。但由于官僚制以及美国政治的民主本质，在竞选官职或被任命为更高级政府职位时，并不存在任何通向权力的固定管道。事实上，催化式项目本身在把参与者们推向高级领导职位时的成功率也相对较低。换言之，催化式项目对白金级领袖们的成长具有根本的重要性，但并非任何参与催化式项目的人都可以最终如愿以偿。

但白宫学者项目却是个例外。每年大约有 30 个候选人（他们是从 110 至 150 名区域优胜者中挑出来的）进入最后一轮面试。此时，所有的候选人差不多具备同样的资质，因此非正式的人际联系就占了主导地位。在我访谈过的白宫学者项目的多名委员看来，最后的选拔有些怪异——谁与特定的委员们取得了联系、谁在晚餐时讲了一个有趣的笑话、谁是最健谈的人（30 个人全都很优秀，足以被选中）。在这一群全国的优胜者中，12 至 19 个人最后入选。我对落选者进行研究以后发现，12% 的人继续前行，成了《财富》500 强公司的 CEO，或者升到了另一个部门的类似职位上。这个数字证明了这些申请者的高素质。但令人震惊的是，我对入选白宫学者的优胜者们进行研究后发现，后来登上如此高级领导岗位的比例还要高得多，是 32%。[5] 所

---

[5] 我得承认，有少数白宫学者觉得这次获奖入选的经历对他们的职业轨道没什么用。对这些反应进行分析之后，我发现持有这种观点的人分成两类。一群人是已经有了很高的社会文化资本，从而白宫学者项目对他们的这种资本注入变得无关紧要。（转下页）

以说，一方面，候选人确实难分伯仲，但经过催化式体验之后，白宫学者们到达组织生活之塔尖的可能性则是原来的2.5倍。很明显，这一年当中一定有某种东西帮助这些年轻领袖的职业轨道形成了某种转向。我因此明白了，这确实是一个值得研究的项目。

为了弄明白白宫学者项目如何培育这些领袖，我对其将近50年的历史进行了第一次广泛研究。其中包括对当前的和以前的受资助学者进行的全面调查，与此前的受资助学者、项目主任和与此项目有过关联的遴选委员们进行的100次访谈。[6] 在这一研究过程中，我越发坚信，白宫学者项目是全国首屈一指的领导力培育项目。虽然它在更广的美国文化中并不算知名，但这个项目比任何其他机构或项目都更长久、更有效地塑造着那些领导我们国家的人物。这是一个特别的环境，其中包含着大量的领导工作经验，给精挑细选的少数人（该项目至2013年秋共有683名受资助者）提供机会，使之接近最高级的人际网络并获得广博的视野，而这乃是他们引领一项重要事业时所需要的。

指导和（在理想意义上）辅导受资助学者的政府官员是受资助者的“首长”。受资助者经常和他们的首长一起参加会议、旅行，并在他们所服务的办公室、部门或机构就特别的项目开展工作。受资助者还

这其中的典型是声名显赫的富豪之后以及极富声望的奖学金项目获得者，如罗氏、马歇尔或鲁斯（Luce）奖学金。另一群人则进入了他们觉得白宫学者项目没有为之提供什么准备的领域。

[6] 2008年秋天，我开始对该项目进行系统分析，包括它的参与者以及它对美国民主的影响。该分析包括对在世受资助者进行包含72个问题的问卷调查，它探究三个方面的问题：(1) 参与该项目之前这些受资助者的状况，他们是如何了解这一项目的；(2) 受资助的体验对他们（在个人和职业方面）意味着什么，这种体验从那以后如何影响他们的生活；(3) 受资助者们的背景、态度和经历，在这些方面，他们与全国所有人的情况相比较而言是什么样子。这项调查的回收率是78%，调查对象是该项目627位健在者（N=473）。收集了627位受资助者的进一步的信息之后，我对100位受资助者、白宫学者为之服务的首长、遴选委员和项目主任进行了半结构化访谈。

参加一个由每周两次的研讨班构成的教育项目，包括与高级领导们的闭门会议，以及为期数周的旅行，以探讨国内外的政策问题。

白宫学者项目背后的理念是，领导力最好是被领会的，而不是被教会的。简言之，我的研究发现，这个项目实实在在地促进了已展示出潜能的初始型领袖们的职业生涯。随着领导力培育项目的激增，这个项目脱颖而出，成为成功的典范。我发现有四个根本因素导致它带来了令人难以置信的好处：重要的工作机会、对教育的拓展、多样化的同辈群体，以及公众的承认。在其他催化式项目中，我看到这四个要素在不同程度上得到运用，但白宫学者项目在把它们结合在一起，从而在给初始型领袖们未来的成功提供最佳投资方面做得最好。

重要的工作机会

一位白宫学者把他的工作安排说成是“能够坐在政府的驾驶舱里，但可能并不拉下所有操纵杆”的机会。由于受资助人员被安排为单个的内阁官员或白宫幕僚工作，他们得到的工作的类型或数量可能大相径庭。但我采访过的绝大多数受资助人员都对其工作的挑战性感到满意。波斯提克（Jim Bostick）写每周活动简报，并确实推进了农业部长的工作。埃文斯（Marty Evans）为总统提交财政部长的周报。1966年，普斯泰（John Pustay）在越南待了一个月，研究那里的反美情绪。雷诺克斯（Bill Lennox）协助教育部部长开展反毒活动。摩尔（Wes Moore）与美国国际开发署（USAID）一道工作，以加强美国的对外援助。克劳（Peter Krogh）代表国务卿与越南抗议人士谈判。马拉考斯基（Nicole Malachowski）在总统过渡团队中任职，负责制订一项紧急情况计划，以应对总统奥巴马提名过程中可能出现的危机。

无论一位受资助者具体做什么，这种工作都足够重要，这些初露头角的领袖能够证明他们的才干，甚至在他们专业领域之外的事项中也是如此。换句话说，白宫学者项目给受资助者一个机会，让他们在多年学习如何工作之后去实际地开展工作。一位受资助人士解释说："虽然我此前就在哈佛肯尼迪政府学院学习并拿到了公共政策方面的学位，但我那时真不明白具体该怎么操作。"另一位受资助者说："我逐渐形成了一种看法，即领导力的有效培育必须包括一个实验性的要件……试着去**做**领导，这是无可替代的。你开始试着做领导越早，你就越有可能做得更好。"哈佛商学院组织行为学教授科特尔（John P. Kotter）十分认同如下观点：

> （对一位领导者的职业经验来讲）最典型且最重要的或许就是职业生涯早期面对过的重要挑战。领导者们在其二三十岁的时候几乎总是有机会切实地尝试去做领导、去冒险，并同时从成功与失败中学习。这种学习在培育广泛的领导技巧和视野方面是必不可少的。[7]

对教育的拓展

科特尔还进一步讲，初始型领袖们的视野得到拓展，"要超越绝大多数管理生涯那种典型的狭隘基础"，这一点同样重要。白宫学者项目通过其教育项目做到这一点。一位受资助人士把这个教育项目总结为"具备超常广度、自我展露并播下问题意识的一年"。另一位受资助人士则把这种经历说成是"在迪斯尼乐园中过了一年，你可以自由

[7] John P. Kotter, "What Leaders Really Do," *Harvard Business Review* (December, 2001): 3—12, http://hbr.org/2001/12/what-leaders-really-do/ar/6.

地接触到任何东西”。

受资助者每周两次，与不同领域受到广泛认可的领袖们进行非正式的会面。这些无记录的圆桌对话通常在午餐时间进行，它们涵盖广泛的主题，而且是有意设计出来，以便把白宫学者们引入从建筑学到动物学、从物理学到电影制作等不同领域的议题和辩论之中。他们获得与包括总统、内阁部长、联邦法院法官在内的大量杰出领袖接触的机会，并与全国商业、艺术、科学、传媒和政府等领域的近一百名顶级领袖会面。一位受资助人士指出：“他们是全世界最有名气的人，来自政治、商业和新闻界。与其中的某个人无记录交谈一个半小时实在是一件令人着迷的事情。”另一位受资助者则说，那是“一个机会，你可以在一种非常个人化的基础上参与其中，出席那些午餐会，问问题，倾听他们的故事，听听他们年轻时做过什么，他们是如何迈向联邦法院法官、众议员或参议员的职位的”。

我与之交谈过的每一位白宫学者都能够至少记得某位演讲者的故事，无论他们受资助的时间已过去多久了。一位白宫学者讲述了他们班与一位参议员及其太太之间的一场生动活泼的对话，他们讲述的是他们作为一对职业夫妇以及在华盛顿养育孩子所遭遇的挑战。1982年的那个班与前总统尼克松一起度过了四个小时。一位白宫学者提到与托马斯（Lawrence Thomas）共进午餐的事情，当时托马斯在争议声中被任命到联邦法院。另一位白宫学者回忆起与杰克逊（Jesse Jackson）为时五个小时的会面，当时他正在竞逐总统宝座。塔奇（Deanell Tacha）带着惊讶地回想起纽约州长洛克菲勒如何在阿提卡监狱（Attica Prison）骚乱仅一天之后就与他们班会面，当警察在洛克菲勒的命令下重新控制监狱的时候，骚乱导致了39人死亡：

我看着一个有权、有钱、有影响力的人——各方面都算是一位领袖——事后批评自己，就他在阿提卡本来可以采取的不同行为进行这种令人惊讶的内省……我仍然能够回想起他的脸。他有一张瘦骨嶙峋的大脸庞，但没有打理，他显然没睡觉。我觉得，那天在那个房间里的任何人至今都会被这一点所触动。

这种机会让白宫学者们能够直接观察一位公众领袖的生活是什么样子的。他们以此学会如何取得那种成就、可以期待什么，以及应该提防什么。

随着白宫学者们对杰出领袖们的生活以及复杂的政策情境获得了切近的了解，白宫学者的教育项目（正式的和非正式的）给他们带来对周遭世界的一种更广泛的理解。虽然他们为首长所做的工作给他们带来的是（相对）较小的成就体验，但这种教育则把他们的工作放进了一个更大的背景当中。绝大多数研究生项目都把一个人带入到某个特定领域的细枝末节之中，但一个催化式项目则让领袖们得到关于世界和他们在其中的位置的更宽广的知识。

多样化的同辈群体

领导力不仅是从上级那里，同时也是从同事们那里“被领会”的。白宫学者项目由 12 至 30 名来自不同专业领域的人组成，在一位白宫学者看来，这一点事关重大：“其他人确实是让这个项目出彩的地方。你碰到许多确实蛮有趣的人，他们努力做确实有趣的事情……对你影响最大的确实是你的同辈群体。”

白宫学者项目群体具有独特的活力。它竞争性强且充满多样性——军官、公立学校管理者与投资银行家、律师和艺术家们被放在同一个群体当中。但它也是学院化的，学者们在高强度的一年当中成了知己。事实上，受访的白宫学者当中，91% 的人把他们与小组中其他学者的关系说成是“友谊”，只有 9% 的人称之为职业上的相识。没有人把它说成是竞争关系。一位白宫学者告诉我，她在一年前走完那段“共同的磨炼”之后，仍然与其同班成员保持密切联系。另一位白宫学者则说：“通过其他学者的经验，你可以和他们就他们从经历中正在学习什么以及在成为白宫学者前所学到的东西进行观点交流。”

该项目最初的设想是每年招收几百名学者。它从未达到那种规模，人们会猜想，小规模是否带来了一种有独特好处的亲密环境。一位白宫学者对我说，与来自不同少数种族群体的人近距离相处让她大开眼界。[8] 其他人，尤其是那些早期参加该项目的人则对我提到，他们不仅对种族问题，而且对性别问题都有了更广的视野。一位男性白宫学者入选之前在一家公司做工程师，那里“每个人都（跟他）差不多”。他与其团队中的才女们的新接触对他构成了冲击，他“在那里碰到了他职业生涯中碰到过的最有才干的女性”。

许多白宫学者在进入该项目之前都集中于自己的职业焦点，很少为那些职业道路受到类似的推动但职业轨道不同的人所了解。他们与不相上下的新星们一道工作，项目结束的时候对其他领域抱有更大的尊重。白宫学者项目尤其改变了参与者对军队的观点。所有白宫学者中 37% 的人曾在军中服役过。对许多其他白宫学者而言，这是他们第一次与军方人员进行近距离和实质性的交往。我发现，同班学者群体

[8] 更深入的考虑表明，在社会上拥有较高代表权的阶级当中也有更高程度的冲突，虽然女性和少数族群人士总体上比男性和白人更不太可能把冲突说出来。这似乎表明，哪里女性或少数族群人士多，哪里对他们所面对的独特挑战的意识也就更强。更详细的讨论可参见 D. Michael Lindsay, Ariela Schachter, Jeremy R. Porter, and David C. Sorge, “Parvenus and Diversity in Elite Cohorts,” forthcoming。

中有军方背景的人每增加一个，他们的非军事部门的群体成员对军队的信心就会成倍增长。[9]

1973 年入选白宫学者项目之前，梅斯勒（Doris Meissner）在全国妇女政治促进会（National Women's Political Caucus）工作。她说："那一年当中最有价值的事情之一就是有机会近距离接触军方人士，因为我不得不说，我可能从来没碰到过这样的人。"梅斯勒讲述了她的看法：

> 我并不确信，可以说我在这个问题上的头脑是开放的。我以为其中很大一部分完全是缺乏任何联系，但也确实是一种真正的态度，这种态度在 1960 年代滋长起来，它是越战年代的标志……所以，认识这些人，明白他们被身在其中工作的机构训练得多么有素养，这对我来讲真是大开眼界。我仍然相信，如果你环顾整个社会，在人身上进行人力资本投资，这方面做得最好的唯一机构仍然是军队。

白宫学者项目结束后，梅斯勒留在司法部，最后成了移民归化局专员。她在这个职位上待了七年，处理了数起需要她与国防部合作的移民方面的紧急事件（包括对冈萨雷斯 [Elian Gonzalez] 的安置）。她对白宫学者项目充满感激，它"确实使我具备了关于如何与国防部一道工作、如何对待军事人员特有的能力与思维方式的意识"。

我所交谈过的许多白宫学者都有类似的关于改变观点的故事，这毫不奇怪。大量研究表明，广泛接触跟你不一样的人让你对多样性更

---

[9] D. Michael Lindsay, "U. S. Military and the White House Fellowship: Contact in Shaping Elite Attitudes," *Annual Review of Political and Military Sociology* 38 (2010): 53—76.

为宽容。[10] 虽然白宫学者们来自不同的社会部门，他们在抱负以及工作勤勉方面却很相像。当他们在不同领域、不同背景、不同政党的人身上看到了相同的品质，他们彼此便更多一份尊重。这种尊重和理解有助于他们登上领导岗位后做出更为周全的选择。

公众承认

与白宫学者们从他们的工作、教育项目以及彼此身上所学到的东西同样重要的是他们获得的一种信心，即他们正走在职业成功的快车道上。这个项目的声望给白宫学者们带来了青年领袖们难以企及的尊重和特别的机遇。公众承认这一特别的推动力常常是把初始型领袖们推向更高层次成就的力量。

白宫学者项目的声望不仅给白宫学者们带来了对他们自己能力的更大信心，它还给未来的老板们发出了信号，即白宫学者是出类拔萃的，并让他们对其抱有一种与对具有多年工作表现的人相当的尊重。一位白宫学者对我说，这个项目“把 15 或 20 年的人生经历压缩至一段很短的时间中了”。

例如，在成为白宫学者前，贝里 (David Beré) 是桂格公司船长牌麦片的品牌经理。他形容自己是一个“可靠的执行者”，但还不是一位“超级明星”。贝里第二次申请时被该项目接纳，成功入选后，让他有点惊讶和尴尬的是，桂格公司“有点小题大做”，包括开了一场

---

[10] Samuel Andrew Stouffer, *Communism, Conformity, and Civil Liberties: A Cross-section of the Nation Speaks Its Mind*（Garden City, NY: Doubleday, 1955）; J. Allen Williams Jr., Clyde Z. Nunn, and Louis St. Peter, “Origins of Tolerance: Findings from a Replication of Stouffer's Communism, Conformity, and Civil Liberties,” *Social Forces* 55 (December 1976): 394—408.

新闻发布会。得益于他们的支持，项目结束后他再次回到桂格工作。但现在他受到了上司的关注。贝里说，这个项目“使得我的名字被放在重要人物的面前，更便于被识别出来”。后来，在离开桂格之前，他成了早餐部负责人，最后他做了达乐公司（Dollar General）的总裁和首席运营官。有时候，一个催化式项目正是初始型领袖所需要的、可以抓住老板眼球的东西。

对于该项目史上最年轻的白宫学者纽曼（David Neuman）而言，参与这个项目给他带来的东西是任何其他二十三岁的人所不曾拥有的。项目结束后，纽曼利用他营造的人际联系在全国广播公司管理培训项目部谋得了一个职位。他解释道：“在我寻求工作机会的时候，这个项目把我置于精英之列了。人们对我另眼相待。他们回我的电话和信件。他们以前所未有的态度关注我作为职位候选者的身份。”纽曼后来成了迪斯尼网络电视的总裁、CNN 的首席节目编排师，以及时事媒体（Current Media）的编排部门总裁。

从显微镜到望远镜

当我在亚特兰大 CNN 全球总部同古普塔（Sanjay Gupta）在他的办公室见面时，我很容易就明白了他作为 CNN 首席医疗记者是如何赢得百万美国人的信任的。但如果没有白宫学者项目，如今这张全美家庭所熟悉的很上镜的笑脸有可能还藏在一位外科医生的面具下面。古普塔十六岁进大学，六年内完成了本科并拿到了医学学位。他在神经科实习期间休假一年，参加了白宫学者项目，本来指望将来再回来弥补他丢掉的训练。但他的白宫学者身份，尤其是他对他的首长、第一夫人希拉里（Hillary Rodham Clinton）所做的工作，给了他全新的人际联系，并让他对媒体产生了兴趣：

> 我确实有了一种顿悟……我意识到，无论是在字面上讲，还是从形象上讲，我都一直生活在显微镜之下。在手术室里，我一直在用显微镜，我的世界观相当封闭……我们经常设想自己是更为多才多艺的公民，神经外科医生尤其喜欢这样设想，但反讽之处在于，我们的训练在同等程度上几乎把这种多才多艺的素质剔除了……突然间，我形成了这样一种看法……我们确实能够更加广博多才，能够学习许多不同的东西。所以我从显微镜走向了望远镜。

古普塔后来确实成了神经外科医生，他在亚特兰大格拉迪纪念医院（Grady Memorial Hospital）担任行政副院长，并在埃默里大学（Emory University）医学院教书。但他通过他在手术室外的工作，包括报道美国的医疗状况和国外医疗危机而影响了大量的人。

古普塔肯定不是通过白宫学者项目实现"从显微镜到望远镜"转变的唯一一个人。一个催化式项目所包含的那种扩展视野的教育的主要结果就是，那些一直以来在特定领域或子领域中发展技能的人，现在被教会如何以一种更加博雅的取向来对待他们的工作。一个精心设计的领导力培育项目使人们能够思考和理解他们所领导的组织之外的广泛议题。不妨看看美国－新西兰委员会主席本森（Fred Benson）的如下说法：

> 这个教育项目……（促使我追问）超出我曾经接触的主题的更广范围的问题……它改变了我的世界观。它让我的思维国际化了，让我对国内的情况以及它的主要议题和问题有了更多的认识。坦率地讲，在开始这个项目之前，我还算成功，但也就是一个思维褊狭的步兵上校。这个项目改变了这一切。

许多领导力评论家（包括白宫学者项目创始人盖德勒 [John Gardner]）感叹说，专家的兴起“把我们绝大多数潜在的青年领袖吸引到那些有声望和赚大钱的非领导岗位上去了”[11]。年轻人在学校接受训练，知晓一个领域或子领域的任何东西，但许多人并不是被当成通才来训练的。然而，一种通才式的思维方式对领导力来说必不可少，促进这种思维方式乃是文理学院的使命，它们试图通过跨学科和适应性的学习来教育年轻人。[12]

有位白宫学者把领导者比作玩杂耍的。为了有效领导，你不得不设法把好多个球停在空中。另一位白宫学者则把白宫学者项目智识上的多样性比作“对大脑的举重训练和有氧训练”。

一种真正的催化式项目对博雅的强调让一位领导者以后更容易转向不同的部门。例如，白宫学者当中每五个人就有两个人利用该项目的声望获得了新领域的入场券，在项目结束后改变了工作领域。白宫学者身份就促使于晶纯（Diane Yu）女士实现了这种转向。她是以律师身份参加白宫学者项目的，并被安排与贸易代表尤特（Clay Yeutter）一道工作。于晶纯说：

---

[11] John W. Gardner, *On Leadership*（New York：Free Press，1990），xix.

[12] Thomas E. Cronin, “Thinking and Learning about Leadership,” *Presidential Studies Quarterly* 14（Winter，1984）：22—24，33—34；作者认为，“虽然高校的使命可能是培养‘有教养的人’和社会的未来领袖，而事实上激励体系却调向了培训专家。如今的社会奖赏的是专家或超级专业人士——数据处理人员、飞行员、金融专家，以及外科专家、橄榄球特别组回攻手，等等。然而，领导者们必须学会成为通才，而且他们通常不得不在离开大学、研究生院和职业学院后这样做”（23）。参见 Mark Peltz, “Essay on How Liberal Arts Colleges Promote Leadership,” *Inside Higher Ed*（May 14，2012），www.insidehighered.com/views/2012/05/14/essay-how-liberal-arts-colleges-promote-leadership.

> 当我离开的时候，我有更多的信心，认为自己能够面对新的挑战、新的职位、新的领域、新的行业和新的事务。只要我竭尽全力工作并理解了组织的使命与目标，我就有相当好的机会在新的环境下干得不错。

于晶纯从法律界转向学术界，最后坐上了如今的职位，即纽约大学行政主管。波伊兹勒（Steven Poizner）则离开了技术领域，准备竞选加州州长。许多白宫学者转而从政了，其比例从项目开始时的22%上升到项目结束后的38%，而西点军校的毕业生李（Ron Lee）参加首届白宫学者项目后被留了下来，担任邮政总局局长助理。[13]

高级领导者必须采纳的博雅态度可明显见之于如下事实：本项研究中有51个人有过两个不同的职位，且职位足够高级，从而有资格成为这次研究的对象（也就是《财富》前1000家公司的CEO或者是政府和非营利部门的相当职位），而这些人中有86%的人不仅换了公司，而且在两个完全不同的社会部门之间实现了转换。最有禀赋的领袖们掌握着一种组织和领导能力，也就是一些可塑的天赋和能力，这种可塑性即便当他们从商界步入政界或从政界步入非营利部门时也是适用的。

[13] 白宫学者项目对那些军界人士来说是理解政府运作的绝佳机会。随着这些白宫学者们步入更高职位并与文职人员有更多交往（例如在五角大楼委派的职位或作为西点军校的领导），他们必须学会如何在军队之外把事情办妥。正如一位三星上将所说，“在这些工作中，你随后要成为一位讲究策略的领导者，你的组织成员来源很广泛，你必须明白他们来自哪里，如何对他们讲话并与他们沟通。白宫学者项目对我来讲就是这方面的起点”。

文化和社会资本：黄金般的网络

像白宫学者项目这样的催化式项目扮演着社会文化资本投资公司一样的角色，它们促成初始型领袖与一些现有领袖的联系，也就是那些愿意同其建立关系并助其学习如何在他们的资历层次上进行交往的人。与经济资本不一样，社会文化资本不可能瞬间从一个人转向另一个人。[14] 建立构成社会资本之基础的信任需要时间，如同建立自己的知识、技能和能力基础并熟知有价值的文化产品一样。

克拉克上将记得，他在白宫学者项目资助的一次纽约之行中意识到了这一点："我们在纽约市与纽约市芭蕾舞团的巴兰钦（George Balanchine）[15] 坐在一起。你看啊，像我这样的人，竟然可以到纽约市并见到巴兰钦——我的意思是说，从（我家乡）堪萨斯的雷利堡（Fort Riley）要走到这一步，那是蛮遥远的。"

许多白宫学者在回顾过去的时候，对他们在参加项目早期的社交失礼行为感到好笑。一位白宫学者看到她的首长随行人员的领队车车门是开着的，她以为那是给她留着的。她在里面坐了下来，结果意识到她在首长面前失礼了。1971 年的一位白宫学者希斯尼洛斯（Henry Cisneros）后来成了住房与城市发展部部长，但他入选该项目时在政府

---

[14] 这是布迪厄（Pierre Bourdieu）在其《资本的不同形式》(*Forms of Capital*) 一书中着重谈到的一点。他甚至认为，为获得文化资本所花费的时间与所获得的文化资本之间的关系是如此紧密相关，以至于前者可用来指代后者。然而，这没有考虑到若干个居间性的方面，包括学习项目的质量以及指导者的实际文化资本。白宫学者项目让入选者与高级领导者们保持如此之久的接触，再加上它的一些其他优势，使得白宫学者们很快获得了文化资本。参见 Pierre Bourdieu, *The Forms of Capital* in *Handbook of Theory and Research for the Sociology of Education*, ed. John G. Richardson（New York: Greenwood Press, 1986）, 241—258.

[15] 美国著名芭蕾舞演员、编导。——译注

上层却没什么经验。希斯尼洛斯很懊悔地给我讲起他对规矩的无知：

> 我记得我有一件绿色西装，我认为恰当的做法是配一件浅绿色的衬衣和一条绿色领带。我看起来一定像那个快乐绿巨人（the jolly green giant）[16] 之类的东西。但我当时绝对没得挑。那是一件很便宜的西装，是我买的，我以为我买得很划算……但那都是些穿布鲁克斯兄弟（Brooks Brothers）品牌而且早就位居麻省政治圈——波士顿和纽约——顶层的人士了。（不过）过一段时间，你也就明白该怎么做了。

知道在哪里买西装以及如何谈论芭蕾，这是初始型领袖们为了在上层圈子里如鱼得水所需要汲取的文化资本的两个例子。对于那些在成长过程中没有了解这些精细之处的人来讲，像白宫学者这样的项目为他们提供了一种必不可少的辅导，这种辅导针对的是上层人士精英生活的隐蔽科目。[17]

61% 的白宫学者告诉我，他们通过白宫学者项目所建立的联系促进了他们的职业生涯。有一位白宫学者还十分难得地向我表明，自他完成该项目后，他的首长在确保他获得他所占据过的每一个职位的过程中都起了作用。一位白宫学者告诉我，对催化式项目来讲，关键是“由人际网络带来的累积优势”。一位国会议员还描述了他的同班学员如何不仅在经济上支持他的竞选，而且还“给我引荐他们所认识的有政治能量的人”。就算是那些最初对我说该项目对他们的职业生活影响甚微的白宫学者，在接下来的访谈中也会不经意间讲述他们通过这

---

[16] 在美国家喻户晓的广告形象。——译注

[17] 参见 Pierre Bourdieu, *Distinction: A Social Critique of the Judgment of Taste*（Cambridge, MA：Harvard University Press，1984）。

个项目所建立的关键人脉。

鲍威尔的经历就是一个成功的故事，可以回溯到他作为白宫学者所结识的那些人身上去。他的首长是当时在白宫工作的卡卢奇（Frank Carlucci）。后来，当卡卢奇担任里根总统的国家安全顾问时，他请鲍威尔出任他的副手。当时任国防部长的温伯格（Casper Weinberger）因伊朗门事件[18]而辞职后，卡卢奇顶替了他的职位。用鲍威尔的话来讲，卡卢奇“有一天和里根总统一起进了战情室，后来递给我一张纸条说，‘你是新的国家安全顾问了’”。对鲍威尔来讲，要不是因为作为白宫学者所建立的关系，当上国家安全顾问（随后是参谋长联席会议主席和国务卿）是不可能的。

克劳讲了他谋求乔治城大学涉外事务学院院长时的面试。除了15名选拔委员会成员盯得他局促不安之外，还有挂在乔治城历史名楼希利堂（Healy Hall）主教室墙上的一排阴冷的主教画像也让他浑身不自在。面试进行了很长时间，克劳也无法判断进展是否还不错，而选拔委员们像画像中的主教们一样面色冷峻。然后，面试突然被敲门声打断了。秘书探头进来说：“克劳博士，您的电话。”克劳脸都白了，谁打的电话？他们怎么找到这里来了？他既尴尬又迷惑，试图不接这个电话。但秘书很坚持：“国务卿腊斯克（Dean Rusk）找您。”克劳环视一周，然后说：“女士们先生们，如果你们愿意体谅的话，我想我应该接这个电话。”

这次打断纯属巧合。数年前，腊斯克曾担任克劳的首长，而且他们一直保持密切关系。不用说了，当克劳接了五分钟电话回来面试的

[18] 所谓伊朗门事件，是发生于1980年代中期的一桩政治丑闻。1985年以来，黎巴嫩真主党绑架了多名美国人质，为了通过伊朗促使黎巴嫩真主党释放人质，美国中情局等部门瞒着国会为处于两伊战争而急需武器的敌对国伊朗出卖军火。此事后来被曝光，引起轩然大波，被称为伊朗门事件。——译注

时候，室内气氛就不一样了，他得到了这份工作。

克劳直截了当地对我说："如果我不曾做过白宫学者，我就不可能当上涉外事务学院院长，就这么简单。"

这种社会资本的"终身供给"在我与之交谈过的许多白宫学者当中是常态。首期白宫学者班上的一位成员讲了他如何还能够找到它的影响：

> （白宫学者项目）直到今天都持续产生影响。我是说，它不仅仅是一件发生过的事件，然后你历史性地去回顾它。它完全是持续地影响我昨天的生活、工作、活动，以及我今天要做的事情。这些东西都交织在一起。从这个项目中发展起来的确实是一个黄金般的网络，而不是一个杂乱的网络。因为事情是一环扣一环的。

领袖们通过各种道路登上他们最后的地位，但一个像白宫学者项目这样的催化式项目则是通往这种"黄金网"的关键门径。获得白金级领导地位要求恰当的机会与利用这些机会的恰当的人之间的结合，这个道理从来没有改变。

第四章

领导力的本质

1971年，当处于第一任期的众议员沙班斯（Paul Sarbanes）对他的朋友说他决定加入众议院司法委员会的时候，他的朋友感到难以置信。他告诉沙班斯，那是一个枯燥的委员会，他在那里不会有所作为。但仅仅数年之后，沙班斯就站在国会面前宣读了对尼克松总统的第一条弹劾状，他创造了历史。

这仅仅是沙班斯36年国会生涯的开端，2007年退休之前，他担任了三任众议员和五任参议员。沙班斯在马里兰东部海岸长大，是他家里第一个上大学的人。他对我说："我父母是希腊移民，经营餐馆。他们下定决心，他们的孩子一定要接受良好的教育，我们一定要上大学。但我们所想象的大学完全是地方性的。"为了让录取生源更加多样化，普林斯顿大学向沙班斯所在的公立中学发了招生信息，而他受到鼓励去申请。沙班斯被录取了，从普林斯顿毕业后，他又获得了罗氏奖学金，然后从哈佛法学院毕业。在追寻他最大的激情所在亦即政治事业之前，他在法律界短暂地工作过。1996年，沙班斯竞选马里兰州众议员，从此以后，他从未输过一场竞选，他后来击败了两位在任的众议员、一位在任的参议员和两位前任参议员。

我在国会山他儿子约翰·沙班斯众议员的办公室里采访了他，他儿子于 2007 年在国会中取代了他。沙班斯已经七十七岁，满头凌乱的银发。他是老一代政治家的典型，说起话来语速缓慢但深思熟虑。我们谈了一个半小时，访谈结束后，沙班斯亲自驾车送我回酒店。

虽然长期任职参议院，但在其职业生涯的大多数时间里，在全国层面他并不知名。《华盛顿邮报》上的一篇文章这样描述他的风格："对相机和公众关注几乎心怀厌恶……他乃正直之士，在每次选举之间的六年里，大多隐身幕后，专注履行参议员的职责，让那些斗志更加旺盛的政治家在印第安纳波利斯、巴尔的摩和其他地方争争吵吵。"[1] 沙班斯不能理解那些不能约束自己的冲动、陷入各种丑闻中的政治家。他说："这反映了一种基本的性格缺陷，然后他们就指望获得原谅。"

领导力与权力

伯恩斯（James MacGregor Burns）是威廉斯学院（Williams College）的荣休教授、领导力研究领域中的巨匠。在其影响深远的《领导力》一书中，伯恩斯这样来界定权力，它"不是一种属性、实体或占有物，而是一种**关系**，其中，两个或更多的人开发彼此的动力基础，并把不断变化的资源带入这一过程并令其发挥影响"[2]。通过各种关系，我们所有

---

[1] Charles Babington, "Cerebral Sarbanes Aloof to Limelight," *Washington Post*, March 12, 2005, www.washingtonpost.com/wp-dyn/articles/A28241—2005Mar11.html.

[2] James MacGregor Burns, *Leadership* (New York: Harper & Row, 1978), 15.

人都行使权力，同时也有权力施于我们身上。在法国思想家福柯看来，权力是一种**通过**人们起作用的力量，而不是直接作用于他们的东西。[3]顶级的组织领袖们处于行使这种权力的位置上，不仅是在他们与个人发生关系的时候如此，而且在与整个群体和组织发生关系时也是如此。有鉴于此，在如何行使权力的问题上，他们必须慎重从事。伯恩斯会认为，那些利用其权威控制他人或仅仅是谋求自己利益的人根本不是领袖，而仅仅是玩权术的人。

美国第二大烟草公司雷诺兹公司的艾维（Susan Ivey）在真正的领导力与源于职位的权力之间作了一个有趣的区分："我把权力解释为运用你的职位而不必然是你的性格去影响文化、结果或决定，而领导力要更有塑造力，而且它可以更具有协作性。"她把领导力和权力类比为盐和辣椒，每一位有经验的晚宴宾客都知道，它们不能分开，但也不应当同量使用。用艾维的话来说就是，"盐增加口感……色调，并让食物味道更加丰富……而辣椒则味道重且辛辣刺激"。领导力和权力都是必要的，但需要恰当的平衡——稍微多放一点盐，但少撒一点辣椒粉。换句话说，职位性的权力与良好的领导力相伴相随，但权力应当仅仅在有需要的时候才用。

对沙班斯来讲，最好的调和是一种混合，即知晓其选民们的信念，同时运用自己的判断去驾驭立法系统。他说："立法、整合立法文本并凝聚对立法文本的支持，这里面有一种艺术或者技艺。"他还说，虽然

---

[3]　对权力的大多数社会学界定是从韦伯（Max Weber）开始的，他把权力界定为一个行动者处于即便存在抵制也贯彻自身意志的地位之中的可能性（Max Weber,"Class, Status, Party," *Max Weber: Essays in Sociology*, ed. Hans H. Gerth and C. Wright Mills [London：Routledge, 1946, 1991], 180—195）。福柯把权力理解为一种属性，但不是行使它的人的属性，而是通过占据特定权势地位的人而发挥作用的那种关系网的属性（Michel Foucault and James D. Faubion, *Power* [New York：New Press, 2000]）。

一部法案的整体一般来说并不会在国会中通行无阻，但通常情况下，“你投票支持的东西比替代选项要强一些”。

沙班斯职业生涯的反讽之处在于，虽然他很大程度上保持低调，但现在他作为2002年《沙班斯－奥克斯雷（Oxley）法案》的共同提案人而闻名全球。作为参议院银行、住房和城市事务委员会主席，沙班斯发起并从头至尾推进了这项跨党派的法案，在安然及其他公司的会计丑闻后，该法案提高了公共监管和会计公司的标准。《沙班斯－奥克斯雷法案》2002年生效，这使得“沙班斯”成了我访谈中重复最多的名字之一。虽然广受国际、国内赞誉，但这项立法也有许多批评者，尤其是党派方面。这是一项复杂的遗产。《沙班斯－奥克斯雷法案》颁布不久，沙班斯即宣布退休，“我已经战斗很久了，是时候让某个其他的人加入战斗并带来新鲜的观点了”。

用我采访过的一位商人的话来说，“领导力的最高形式是当你意识到它不是关乎你的时候，它关乎你为之负责的、甚至愿意为之牺牲你自己的那个组织”。不把自己视为其组织机构的服务人员的组织首脑仅仅是在操弄权力，而不是在进行领导。

我通过研究发现，组织机构的领导者们如果要在领导工作中取得成功的话，他们负有三种基本的责任：在时间和精力上做到高效、高产；激发人的动力并对人进行良好的管理；构建一种组织文化，它带有一种关于人的全面成长的愿景。正如一位领导者所说，“它关乎领导力，关乎文化，关乎价值。如果你把这些事情处理妥当，挑选恰当的人，让他们做好自己的事，对他们的成绩提供回报和承认，这事儿确实也没那么难”。

高效

组织的首脑们不仅被要求成为领导者和管理者，还要像一位大学校长在描述她的工作时所说的那样："你必须是市长，你必须是牧师，你必须是学者，你必须是一个守财奴。"所以说，领导工作的斗篷不仅很沉重，它还带有大量的帽子。她解释说："最大的挑战在于，我从来不觉得我有足够的时间去做我明知会有意义的事情。去食堂和学生就餐很重要，和教工们坐下来聊一下很重要，会见校友很重要，和规划师们谈一谈也很重要。每天有 15 件会带来回报的事情…… 而我只能做其中的 7 件事。"调理如此之多不同的责任，这个挑战在我所采访过的领导者当中都是一样的。一位前任州长说他的工作就是"每天的信息风暴、挑战、资讯、问题、决策"。一位电信公司的执行官说："我们都有做不完的工作，我可以每天工作 24 小时但事情还是做不完。"事情如此之多，领导者们需要进行统筹，以便最有效地利用他们有限的时间。

每天都不一样

频繁出差和无尽的责任让顶级领袖们的每一天都各不相同。许多人都深陷目标的多样性之中。一位建筑公司的高管说：

> 这项工作的美妙之处就在于每天都不一样。每天都五花八门…… 一位好的 CEO 要做的事情之一就是学会进入状态，真正聚焦于这一天所带来的机遇。这可能是（例如）去工厂和辛勤劳作的工人聊一下，努力让他们理解我们的愿景，我们作为一个团

队如何协同工作，以及这个过程中我们在整个企业里如何都发挥着某种作用。这可能是在世界上的任何一个国家，或者是在我们拥有强大工会力量的大型传统工厂。

贝恩公司（Bain & Company）的全球总裁艾利斯（Steve Ellis）极少待在办公室，我在办公室见到他也很难得。领袖们的工作在不同部门各有差异，但我发现他对工作的说法可以代表我所采访过的绝大多数其他领导者。

他的一天从早上五点半或六点开始。事实上，我所采访过的领导者中，超过三分之二的人是在早上八点之前开始他们的工作日的，有些人甚至凌晨四点半就开始了。许多人发现，早上的几个小时提供了不受打扰的时间，他们可以在其下属到达之前把事情处理好。例如，一位非营利部门的运营官每天早上六点开始工作，以便在办公室其他人到来之前处理信件。艾利斯以一通电话开始每一天，这通电话通常是在家里接听的，它来自他所管理的全球各种领导群体中的某一个。其他一些领导者以读报开始一天的工作（或者，对那些在政府部门工作的领导者来讲，则是阅读信息简报）。有少数人则是以独处、冥想或祷告开始。其他一些人则进行身体锻炼。进入一种不受他人打搅的节奏有助于这些领导者积累工作能量。[4] 正如我的一位被调查者所说，“我还从未遇到过一位真正杰出但精力不够充沛的领导者”。

---

[4] 这些清早的安排常常包含着科林斯（Randall Collins）所说的自行入轨（self-entrainment）的常规活动。这些活动通过锻炼把一位领导者融入一种身体节奏，通过通信或花时间思考、反思、祷告将其带入对话的节奏，或者通过阅读相关新闻或报告将其带入信息处理的节奏。自我生成的情绪能量的储备让一位领导者全天都有保持精力的情绪资源。参见 Randall Collins，*Interaction Ritual Chains*（Princeton，NJ：Princeton University Press，2004），以及 Randall Collins，*Violence: A Micro-sociological Theory*（Princeton，NJ：Princeton University Press，2008）。

艾利斯说，早上接了两到四个电话之后，“我通常要处理一到两个与客户有关的问题”。这意味着半天的电话会议，或者如果客户就在本地的话，就在旧金山或硅谷与之面谈。至于一天中剩下的时间，“下午一般是与领导团队的成员，或者与公司的关键伙伴们联系”。

一天的各种会见结束之后，艾利斯终于可以回家和家人共进晚餐了。但这一天还没有结束。他仍然从晚上八点到十点处理邮件，“要努力赶在精力耗尽之前结束”（对有些人来讲，这可能意味着每天多达800封邮件，这是本项研究中报告的最高数字。然而，几百封邮件是常态）。有时候，与家人共进晚餐或夜晚工作是不可能的，因为领导者会有与工作有关的接待或晚宴。有些领导者更多的是晚上参加这些活动，所以整个节奏可能是很紧张且不间断的。

对于像艾利斯这样的领导者，事务繁多，但时间就这么多。我发现，最高效的领导者们都形成了节约时间的习惯，他们明智地对会议进行管理，为工作的智力劳动部分留出时间，与直接相关的信息报告保持畅通，并建立一种充满活力的组织文化。

节约时间和会议管理

领导者们运用各种各样的策略，以便不让细枝末节的问题蚕食掉他们的时间。摩根大通公司的戴蒙（Jamie Dimon）努力做到当天回复邮件和电话，以便不被其事后缠绕。另一位雇员近10万人的《财富》100强公司的CEO特别重视回复每一封邮件，无论是谁写来的。另一方面，领导者们对于邮箱超量运转的更常见的反应则是授权他人处理他们的邮件往来，以便他们能够像一位学院院长所说的那样，“有时间集中关注大事”。助手在日程安排方面也很有作用，但一位大学校长则对其日程表保留完全的控制，因为“只有我才知道我认为重要或不重要的事情，以及如何排序”。领导者出行之前，他的助手会把他需要的东西分装在不同颜色的袋子里，然后放进他的车里。一位银行高管有意留出 25% 的时间处理像阅读邮件、打电话和巡视办公室这样的杂务。要不然，这些事务有可能占据他一天更多的时间。白金级领袖设计诸多策略以克服琐事带来的压力。

白金级领袖们一再提到的习惯是他们会把事情记录下来。许多领导者每天开始的时候就会制作一个工作清单。有一位领导者整天手写工作便签，以帮她记住工作事务。一位航空公司的高管随身携带记事卡，以便他可以随时记下他在特定时间想要完成的事情。通过保留自己的便条或清单，领导者们就能够明了和组织每天呈报给他们的海量信息。

领导者们所面对的最占用时间的事情就是会议。现代社会的组织领导工作很多时候就意味着会议。事实上，沃尔玛的杜克（Michael Duke）估计他在会议上花的时间达 80% 之多。所以我碰到的每一位高效的领导者都提出过这个潜在的问题。会议之间预留了一些时间，以确保他们能够专注于每一次会议的内容。有一位领导者说：“我一般都会尽量用足够的时间把会议错开，这样我就可以把最后一条可怕的消息从我头脑中清除出去，或把最后一件事情记录在某个地方，以便我可以转向下一个会议。”在如此繁忙的情况下，一位领导者必须小心，要确保他的时间不是由其他人所支配的。因此，有些会议完全就应该略过。一位学院院长对我说：“我看明白了，我参加每一次会议，这并不是学院的利益所在。真正符合学院利益的事情是，由我来设置会议议程并在我需要的时候召集会议，而不是由会议来召集我。”

高盛集团前联席总裁、前副国务卿怀特海（John Whitehead）对会议问题很有一套。他在高盛、纽约证券交易所和国务院的经历教会他要避免深陷琐碎的话题或无休止的讨论之中。相反，他强调控制和预先计划的重要性：

> 在你开会之前，你最好确信你知道结果会怎样。所以我根本不喜欢冗长、众人讨论的会议。因为我认为它们有时候导致了最糟糕的决定…… 我喜欢的会议是，人人到场的时候都知道要讨论什么…… 我信任的是一开始就宣布何时结束的那些短会。

这倒并不是说怀特海完全不重视会议，他只是让会议简短、有用。他通常连续排四场为时 15 分钟的会议，以这种最高效的方式与四波同事会面。下属们知道这种时间约束之后，就会控制自己把纯粹打趣或无关的话题放在一边。同样，我采访过的另一个人谈到，让每一个人站着开会如何有助于防止不必要的讨论。这样的聚会也提供了在同事们中间形成积极的情绪性能量的常规机会。它们既做出了重要决策，同时也加强了工作场所的关系。美国富国银行（Wells Fargo）前任 CEO 科瓦塞维奇（Dick Kovacevich）也确证，在需要做出决定或改变的时候，这种面对面的会见是有效的短时性投入，"为什么要花掉这些时间呢？…… 因为最后的结果更容易被员工们接受"，这些员工设想的是"一个公平的过程，而不是在人们认为过程不妥的情况下达到更好的结果"。对人际间的时间和精力的明智利用可以以最高效的方式显著增加领导者的社会资本。

留出思考的时间

面对这么多会议和需要投入的事务，领导者们没什么时间去完成另一个必要的任务，即厘清他们所做决定的投入与产出，并反思他们行为的后果。许多领导者留出时间在办公室不受打扰地专注于这些事情。南达科他州参议员达施勒（Tom Daschle）每天留出一小时的"桌边时间"，以便有机会把需要集中关注的所有重要材料都过一遍。繁忙的出差日程其实可以派上用场，用作实质性思考。一位领导者告诉我："我利用坐飞机的时间，把所有需要做的阅读、信件和任何文书都赶出来，还要去想是否有一场演讲在等着我，或者是否还有一次关键的沟通。"对许多领导者来说，"那些12小时飞行的避难所"是他们完成工作的最佳机会。

有些领导者认识到，有必要周期性地从工作琐事中抽身并重温其组织机构的广阔愿景，或者对其领域的新近发展状况彻底梳理一下。哈佛大学前任校长博克（Derek Bok）对我讲，在学术界，大学校长极少有自我修炼的时间，他说："（新校长们）对学术生涯有所了解，他们对学生也有些认识。但他们不太懂得，关于大学各个不同部分的信息如何变成了一个巨大而复杂的信息体。"要驾驭一所巨型大学，校长们需要具备关于他们所掌管的许多领域的多种多样的知识。为了自我培养，博克每年为学校一个不同的学院写一份报告，这通常是在他不得不为那个学院选择新院长之前。在花时间写这些报告的时候，博克提醒自己要注意哈佛更宽广的使命，并促使自己理解如何在特定院系的背景下实现这种使命。同样，MIT的维斯特（Charles Vest）在其校长任期内每年都写一篇关于MIT面对的问题或一般性的高等教育方面的文章，以此分享他对大学的一些想法。

舒尔茨（George Shultz）在里根总统手下当了七年国务卿，这是最重要同时也是最费心力的一项工作。在接收信息风暴和做出决定之间，他有意停下来做一些不受干扰的脑力劳动：

> 很容易就完全被事件所支配，因为事情总是在发生着。所以我会尝试给自己45分钟的闲散时间，至少每周两次，选择我一天中仍然精神焕发的时候（不是一天结束的时候）。我告诉自己："如果是总统或我太太打电话我就接，但任何其他的电话就算了。"

> 我和自己约法三章，这个时候不要查阅信箱，而是去找一把舒适的椅子坐下来，带上便签本和纸，做一下深呼吸，问问自己："我在这里做什么？我在努力实现什么东西？主要的问题何在？"这样的话你就努力把自己从日复一日的事务细节中摆脱出来，并努力让自己的视野变得稍微宽广一点。

通过常规性地花时间就所面对的主要问题进行个人性的思考，舒尔茨就能够在一片混乱中保持敏锐并专注于重要的议题。另外还有一位高管利用每天跑 10 英里的机会进行思考。

管理与鞭策

领导者们需要懂得如何以鞭策其员工的方式行使他们的权力。用一位商人的话来讲就是："作为一位领导者，你必须在人际关系方面变得有实效，否则你不可能在技术上变得有实效，因为我们实在是太过相互依赖了。"一位华府人士告诉我，在领导工作中，人，而不是事，才是真正的挑战，"软问题见硬功夫"。要完成任何事情，领导者都需要让组织的人员跟他站在一起，这远远不是受欢迎就能做到的。在小布什总统广遭诟病的任期中出任国防部副部长并两度出任海军部长的英格兰（Gordon England），有一次提醒饱受困扰的小布什：

> 总统先生，您也知道的，要记住做领导工作并不是要受人欢迎，而是要受人尊重……华盛顿有一个趋向，那就是把关于总统做得如何的民意测验的结果等同为他作为总统干得如何的标准，但他当下受欢迎的程度仅仅是其领导工作中很小的一个方面。

虽然受欢迎仅仅是被喜欢的一种特质而已，但情商则是理解和有效管理本人及其他人情绪的一种能力。在对数百位领导者进行研究之后，我确认这一点乃是领导力的关键所在。一位领导者对我说："你总是可以找到聪明人。我想知道的是，谁真正懂得如何与人共事并把事情办妥，你就是要尽力发现人们身上的那些无形的品质……那就是情商。"

1995年，戈尔曼（Daniel Goleman）让"情商"一词流行开来，它指的是"认识我们自己和他人的感受，以便鞭策我们自己，并对我们自己及我们所处关系中的情绪进行良好管理的能力"。戈尔曼对早期心理学家们的作品进行了调整并提出了五项基本能力：意识到自己的情绪、调节自己的情绪、能够鞭策自己、理解他人的感受，并在人际关系中把情绪处理好。[5] 在其《情商》（*Working with Emotional Intelligence*）一书中，戈尔曼声称："在工作表现方面，

---

[5] Daniel Goleman, *Working with Emotional Intelligence* (New York: Bantam Dell, 1998), 317. 其他几位学者对情商的界定要更为宽泛，将其视为"一套识别、处理和管理情绪的核心能力"(Gerald Matthews, Moshe Zeidner, and Richard D. Roberts, *The Science of Emotional Intelligence: Knowns and Unkowns* [New York: Oxford University Press, 2007],3)。关于这个问题的更多讨论可参见 Peter Salovey and John D. Mayer, "Emotional Intelligence," *Imagination, Cognition, and Personality* 9 (1999): 185—211. 然而，戈尔曼的热销作品背后的理念受到了科学界的大力批判，尤其是来自人格与智力心理学家们的批评。有些甚至很激进，把戈尔曼1995年的定义称作"除认知能力之外的所有积极品质的一串清单"(Matthews, Zeindner, and Roberts, *The Science of Emotional Intelligence*, 5)。情商事实上可能是什么，是一种能力还是一种特征，还有它是否确实可用于预测成功，对于这些问题没什么学术共识。另一方面，心理学家们对成就与所谓的五大人格变量中的每一种之间的相关性做了研究，这五大变量是：神经质、外向性、对经验的开放性、亲和力和责任心。他们发现，外向性与领导力的相关性最强，接下来是责任心和对经验的开放性。参见 Timothy A. Judge, Joyce E. Bono, Remus Illies, and Megan W. Gerhardt, "Personality and Leadership: A Qualitative and Quantitative Review," *Journal of Applied Psychology* 87 (2002): 765—780。

智商的作用在情商之后，排第二位。”在比较了181家组织的能力模式之后，戈尔曼得出结论说，被视为对成功表现而言必不可少的能力中，67%是情绪性的能力。基于对美国政府职位的能力要求所进行的类似分析及对行政部门领导职位的研究，戈尔曼观察到，“工作的层次越高，技术性技能和认知能力的重要性就越低，而情商则变成了更重要的能力”。

高情商意味着知道如何与工作伙伴们建立关系却不疏离任何人，包括主管。一位商人对我说：“如果你在自己和其他人之间竖起一堵一堵的墙，那些墙会反过来困扰你。在我的工作中，我最不需要的就是一些仅仅告诉我他们想让我听到什么或仅仅只告诉我好消息的人。我需要让人们相信，我是可以接近的。”另一位领导者注意到，当你成了CEO之后，电话少了很多。高管们在漏斗的尖端，信息仅仅来自为数不多的渠道。让人可以接近的一个方面就是做到更为平衡。许多领导者对我讲起以前老板们的坏脾气和胡乱发飙，但这一代领袖中的绝大多数人都努力以更绅士的方式就负面问题进行沟通。一位教授谈了他的观点：“作为教员，我很早就认识到，不管一个学生的评论有多笨，无论他的问题多么具有攻击性，如果你打击了他，你就把整个班级的氛围搞僵了，因为他们担心有一天你也这样对待他们。”这种事情在办公室也是一样。

当然，知道如何与某个人建立关系也意味着对他个人逐渐有了一定程度的了解。例如，虽然美国参议员在自己的州拥有独一无二的领导地位，但他们发现自己在参议院议事厅里却泯然众人矣，他们都是平等的，指望着在日常工作的基础上说服彼此。一位参议员说，要成功地做到彼此说服，他必须对同僚们有充分的了解，并采用恰当的策略以取得他们的同意：“如果你不得不了解一些人，以便通过他们把事情办妥，这种方式确实可以让你对他们有很好的认识。”这位参议员讲了一件事情，他在一次重要的投票中坐在一位同僚旁边，虽然那是一次秘密投票，但他的在场仍然构成了一种微妙的压力，并保证了最后的成功。

像这位参议员和那位高管所说的，运用关系性的影响力而不仅仅是职位性的权力，可以让领导者通过运用他对每一位工作伙伴和下属的独特了解而获得所需要的东西。

不与权力阶梯脱节

高级领袖们都面对一种倾向，即越来越远离组织的日常运作，而他们的职位让公司中的其他人要接近他们成了一件令人恐惧的事情。这是造成混乱与挫折的一个根源。他们必须采取行动克服这个困难，既要通过与直接下属之间的正式的、确定的机制，也要通过与权力阶梯下端的人们之间的不那么正式的联系。一位高效领导者的工作日的节奏是由与其下属常规性的每天、每周或每月的会面来确定的。

与下属进行良性互动首要的是用对人。海岸警卫队的前司令官艾伦（Thad Allen）告诉我他在选择直接下属时的第一规则，“第一条就是他们不应当是跟我一样的人”。他讲了他所谓的“认知上的多样性”的必要性，他的团队要有一些拥有不同观点和来自组织当中不同部门的人。他把一个海岸警卫队的隐喻用到这种情境上。他解释说：“如果你要去确定你的位置，你就要确定一个灯塔的方位，然后是另外一个灯塔，接下来是另一个。各条线相交之处就是你的位置。这就叫定位。角度越宽，你掌握的角度越多，你在你的职位上就可以拥有更多真实的东西。”

与下属之间的这种联系，还有对种种不同观点的重视，对领导者获得做决定所需要的信息来说是必不可少的。赖斯（Condoleezza

Rice）就此分享了她的做法：“我每周至少开两次员工会议，我希望他们能在此就他们正在做的事情给我一个快速的集中冲击。”就像我们此前所说的那种与同事和下属的碰头一样，这种常规性的接触机会建立了信任、信心、社会资本，最终还有工作效率。

曾任总统人事办公室主任、后来担任美国驻卡塔尔大使的安特梅耶（Chase Untermeyer）职业生涯早期有一次经历，它改变了他后来管理下属的方式。安特梅耶在白宫担任部门副手时，发现很难找到与部长相处的时间。当他对部长提出这个问题后，部长笑着答道：“如果你认为你见我需要预约的话，那你就总是需要预约才能见到我。”安特梅耶最终弄明白了，见到部长的最佳方式就是在每天下班时在他办公室门口附近等着：

> 部长在办公室里接待一些与他关系密切的人……然后行政助理对他说……“您想见见安特梅耶吗？”……然后我就可以进去，集中讨论某个问题或拿到所需要的某个有价值的信息并得到答案，然后走人。

安特梅耶觉得这种方法“极其糟糕”且没有实效。他说：“我决定……所有向我汇报的主要人员每周在我的日程表上总是有一个常规的时间点。”这种方式给了安特梅耶一个向他们表达想法的机会，也给了他的下属与他分享必要信息的机会。这也是安特梅耶告诉他们“我确实很关心你做的事情”的方式。安特梅耶认识到，对员工的需要保持开放并避免他原来的老板的任人唯亲作风，这一点是很必要的。他说：“我真的认为，那些让自己与信息源分隔开来的高管如果因为某些事情很惊诧，或者某些原本可预见或可防止的事情发生了，那只有他们自己应该受责备。”

另一位政府高级官员也跟我分享了她类似的做法。每天晚上六点半，想与她交谈的任何一位副手都可以去她办公室。这是一个非正式的时间，它可以让她的下属们给她带来新信息，“并感觉到我们在携手向同样的方向迈进”。许多其他领导者也给我讲述了他们的员工能够方便接近他们的重要性，有些人甚至用更为聪明的方式做到这一点。为了把接触机会纳入其行政管理，一位大学校长邀请任何有兴趣的学生和教员参加他的双周四英里小跑。任何可以跑完这段距离的人不仅有机会把他们的点子或关切传递给校长，而且也能够跟他在一个轻松的环境下互动。

另一位大学校长通过走出她的办公室去表达她对同事们的尊重：“我最受称赞的事情之一是，当我要认识一些人的时候，我去他们的办公室拜访他们。”这是因为，下属们通常是在他们的老板有空的时候被叫过去，而且是叫到老板的地盘上。通过到院长们自己的办公室里去拜访他们，她表达的不仅是谦卑，而且还有对他们的工作环境的兴趣。一位能源公司的高管讲了他是如何常规性地造访他的 18 家炼油厂的，在此期间，他会与地方管理者共进晚餐，用一次野炊招待所有雇员，分发公司的帽子，以及巡视炼油厂。他说：“要让他们看到你关心他们正在做的事情，这一点很重要。”每一位领导者必须弄清楚什么对他来讲是有用的。在我完成的数百次访谈中，事实上每个人都找到了某种与下属保持常规联系的方式，而且令人惊讶的是，这常常发生在他们进行正式会面的办公室以外的地方。

培育共享的愿景

通过与组织中的人们协同工作，领导者——尤其是该组织的新任领导者——就能够培育一种从当前的共同体中自然生长出来的愿景。

有些与我交谈过的领导者通过有意识地进行横向式领导，也就是确保其他人发挥重要作用而培育出共享的愿景。正如一位CEO所说："你是在驾驶航母，而不是快艇。"一位非营利组织的领导者描述了对形成战略计划极为关键的那种长期煎熬和不间断的协作：

> 来自全国的1500名志愿者和员工在那项计划上都留下了印迹：小型会议，还有时间。这项工作缓慢而又艰难。但到最后关头，如果利益相关者感觉到他们是计划的所有者——而这正是非营利的慈善事业必须的运作方式——（事情就搞定了）。

领导力在营利部门也是可以共享的。奥兰德（Steve Odland）曾任欧迪办公（Office Depot）和汽车地带（AutoZone）的CEO，但他在桂格公司度过了职业生活的很大一部分，他在那里学到了如今在付诸实施的领导艺术。其中有些东西涉及人际间的关系——奥兰德学会了在群体面前讲好话，但私下对个人提出批评。他还提出："如果人们信任你，你犯错的空间也就要多很多。"奥兰德谨慎地在其同伴中聚积信任，当碰到要求所有部门领导形成一致意见的跨品牌推广计划时，奥兰德就会准备好开展横向工作以获得共识：

> 它的要求很像是要当驻外大使。你是带着主意去的，但你要开放地倾听、修正你的想法，要实实在在地工作。这是很残酷的工作，为时漫长，达不到本来可能达到的效率。但最终结果不错。你只能通过影响力和让步的意愿而做这样的工作——这本质上就是外交……但有趣的是，即便每个人都向你汇报工作，这种技巧仍然很有效，而且这种过程事实上也是领导工作中最佳的过程。

奥兰德把这个过程称为“吸引注册”。他不仅想要向其同伴们兜售自己的点子，而且要他们都完全投身于这个点子当中。这里面的“注册”跟学生注册参加大学课程是一样的。他承认，这个过程很耗时间，但相比于自上而下的简单指令，它带来了更强的工作凝聚力。奥兰德把这个对横向领导力的信念带到了欧迪办公，在那里，他与一个排名前 100 位的副总裁的高管联盟一道进行领导工作。

另一方面，对征询意见的投入也可能过犹不及。一位大学校长向我提示了这种风险：“我们追求的是咨询型决策过程，而不是共识型决策过程，因为后者你永远没法实现。那就永远无法做出决策……我以为这是让许多大学陷入瘫痪的原因所在。”前参议员和美国司法部长阿什克罗夫特（John Ashcroft）对我说：

> 共识是领导工作的天敌。如果你只是把人们带向他们已经准备要去的地方，那你可能跟个公交司机差不多……领导者不仅仅是把人们带向他们业已为之迈进的某个目的地……领导者要么是把你带到一个你不在其中的地方，也就是你根本没想过要去的地方，要么是以某种步调把你带到此前已经认识到的高贵的目的地，而如果没有他，这种步调是不可能的。

我与之交谈过的许多其他领导者也在共识与自上而下的命令之间采取了某种中间立场。

建立一种欣欣向荣的文化

沈达理（Shane Tedjarati）1990 年代早期和家人搬去北京。他在那里创办的咨询公司非常成功，很快就被基地在美国的优利（Unisys）技术公司买下。优利公司对沈达理印象很好，邀请他领衔公司在中国的办公室，那时他才三十一岁：

> 一个星期五的下午，一个人来到我办公室……扔下12份合同。你晓得的，这差不多有三四英尺高吧。他说："我们对之出售信息系统的所有银行都在这儿，现在该你来管了。"此时我如梦初醒。我意识到，他们出售信息系统，但他们没做任何其他附带的工作。我去长沙造访第一家银行，我被非常客气地逮捕了。公安人员拿过我的护照……他们说："银行已经给了钱了，但14个月过去了，没有人上门安装。我们付了所有的钱，数百万美金。结果什么动静都没有，所以，我们要你待在这儿，直到（我们）可以找到人来解决这个问题。"所以，我就出去转悠了一天，又在那儿待了两个星期。

由于优利是一家国际公司，它在中国的大多数高管都是像沈达理一样移居国外的人，"他们就像寄生虫一样，只把中国看成一个他们可以在那里迅速赚钱的地方，而没有真正理解这个国家中所发生的事情"。沈达理有在伊朗、加拿大、英国和美国生活的背景，他习惯于与各种各样的人共事，"因此我下定决心，'我要理解各个地方上的事情'"。和其他人自己买自己的食物不一样，他在自助餐厅与工人们一起吃饭。他学习普通话的态度和意愿使他很快交到一些朋友。沈达理的行为不仅在优利公司内部创造了轻松的人际关系，而且也改变了他的雇员们看待他们在其中工作的那个国家的观点。他改变了这个地方的文化。对于沈达理这样的领导者来讲，这种文化变革不像是给修剪过的草坪放一点新鲜的肥料，而更像是去培育土壤以求得最旺盛的生长。相对于装装门面，它花的时间要长一些，但这是对未来繁荣的一种投资。有时候，要促成这样的繁荣意味着以令人惊讶的方式转变文化规范。

奥尼尔(Paul O'Neill)曾在小布什政府任职，并担任世界最大的制铝商之一美铝公司(Alcoa)的CEO。当他接管苦苦挣扎中的美铝公司时，人人都指望他会专注于提高生产力以增加利润。但他们没有想到，他的第一个优先事项是工人的安全。这个反文化的步骤结果证明恰恰是美铝所需要的。公司利润第二年如火箭般飞升，震惊了业界领袖们。这二者之间的联系在哪里呢？正如奥尼尔上任伊始时所说："安全将是一个标志，它表明我们正在着力改变整个组织机构中的习惯。"[6]集中关注某种看似任意的东西，例如工作场所的安全，这改变了工人的习惯，培育了能够带来利润增长的有所作为的态度。奥尼尔知道，感受到被重视的工人们自然可以为一个组织带来价值。我采访他的时候，他已离开美铝多年，但他仍然对他创造的安全记录极为骄傲，好几次提到它。他给我讲了一个故事，从中可以看出对安全的强调在当时是多么流行：

> 《华尔街日报》派出一位记者到爱荷华达文波特(Davenport)，美铝公司在这里有为波音公司以及其他拥有飞机的人制造机翼板的大型设备。记者到达的时候在下雨，所以他从车里跳下来，开始从停车场往办公楼跑。但有一个声音对他喊道："不许动！"这声音很权威，他就停下来了。一个刚下班还穿着工作服的大块头拿着雨伞走过来对他说："我们这里是很关心安全的，你从车上跳

[6] 转引自 Charles Duhigg, *The Power of Habit: Why We Do What We Do in Life and Business* (New York: Random House, 2012), 99。

下来，在这片水泥地上猛冲，你会滑倒的。我撑着伞带你走过去吧，免得滑倒。”这人就是一位钟点工，他根本不知道来者是《华尔街日报》记者，但这个故事比我在全世界所有的演讲都更好地描绘了一群信奉安全至上理念的人。（自上而下来看）一个那么底层的人不仅理解这个理念，而且有勇气甚至与一位陌生人一道按照这个理念去行动，这简直太棒了！

虽然每一位员工在形成积极的公司文化时都有一定的作用，但最终来讲，还是领导者要为发起和引导这些努力负责。有时候，为了履行这一责任，领导者需要退一步，斯坦福大学校长肯尼迪（Donald Kennedy）就属于这种情况。由于公众期望排在工作责任的最高位，工作与个人之间的分界线可能很难识别，这对领导者很不利。肯尼迪在斯坦福大学担任了十年校长，但 1992 年败走麦城，这缘于学校花费联邦研究经费方面的一桩丑闻。在讲到当时的状况时，一位斯坦福内部人士说：

那些组织听证的人并不是要寻求真相。他们组织听证完全是为了证明他们有办法让高大上的人或组织难堪，而斯坦福就是这样的机构。我认为，肯尼迪校长和他身边的一些人卷入其中了，而且我认为他们制造了一种纠葛，他个人与他试图辩解的东西关联在一起了……政府最终确认我们履行了合同，但那是四五年之后了，那时候没有人还记得那件事情。事情继续发酵，责任人也找出来了，那么唯一的解决问题的方式就是从干净的记录开始，而唯一可以拥有干净记录的方式就是换一位新的领导者。

斯坦福很快恢复了元气，但有些敌意却是针对肯尼迪个人的，甚至针对他的太太。他告诉我：“我们遭遇一些极其糟糕的负面宣传，这对一对夫妇来说当然完全是不愿面对的。《圣荷西水星报》(*San Jose Mercury News*)刊出了一幅卡通，意思是我们两个人掉进了甜饼罐。”诚然，争议中的有些经费花在校长房子的装修上面了，这一点可能激起了针对个人的攻击。但肯尼迪认为这些开销是正当的，因为学校有些活动就是在校长住所举行的，但旁观者们则把这种行为视为放纵。肯尼迪处于无望之境，一方面他无法凭借与斯坦福足够近的依属关系去解释他的个人花销，另一方面又与该机构绑定在一起，从而无法避免承担罪责。最后他辞职了。他认识到，斯坦福最快的复苏之路对他来讲就是放弃权力。他的牺牲使得斯坦福得以继续前行，并重建其组织的声誉。

对机构进行勘测

在改变文化之前，领导者们必须收集关于其组织状况的信息。其中有两种有效的方式，一个是通过“乘船旅行”技术，还有一个是“特殊操作”技术。运用第一种方法的大师是沃顿(Clifton Wharton)，他曾在政府、商界和学术界担任领导职务，这使得他即便在一个不熟悉的组织中重新开始，也完全不是生手。在商业起飞之前，年轻的沃顿和他的家人乘船旅游。他对轮船的复杂操作十分着迷，想要仔细查看整个船只。他获准在里面进进出出，这有可能是因为他是一个小家伙，而且船长开始有点喜欢他了。

长大以后，沃顿把这种早期经验转变成了“乘船旅行”技术。每当他在一个新的机构里开始工作，他都会以对机构进行全方位勘测作为第一步。他解释说：“我想知道每样东西在什么地方、正在发生什么、每样东西是什么，以便我能够有效地对机构进行掌控。”因此，当选密歇根州立大学校长后，沃顿在开始履职之前便与所有高管和大多数理事见面。后来，作为纽约州立大学校长，沃顿在前 10 个月内造访了该大学全部 64 个校区。做完这些，“我对于我要履行的议事项目便了然于心了。我知道什么事情是需要做的，我了解了所有的校区”。他担任养老金与金融服务巨头——美国教师退休基金会 CEO——之后，他采取了同样的思路。他走遍了基金会三栋楼的每一层楼，两天之内与每一位雇员见了面。沃顿说，对基金会进行这种“乘船旅行”之后，他能够正确地猜想出正在给公司带来最大麻烦的部门，并可以进行改革，把基金会的人事变动率从 26% 下降到 5%。

“乘船旅行”在理想的意义上仅仅适合一位领导者就职之初，但领导者们需要在整个任职期间了解组织的运作状况。反讽的是，一个人职位越高，他越难以把握组织的真实脉搏。因此有些领导者以更隐秘的方式来对组织进行勘测，也就是实施“特殊操作”。任何一位海豹突击队或绿色贝雷帽突击队员都会给你讲，为收集到最佳信息，你必须首先渗透进去。作为 AT&T 总裁、CEO 和董事长，斯蒂芬森(Randall Stephenson) 明白，他已经远离了与其员工和客户们的日常互动。因此，他私下要求取消了高管的电信通话套餐，变成另一位公司客户。他说：“我一开始收到一个账单，而如果我想改变服务，或者遇到服务方面的问题，我会打电话给我们的某个呼叫中心……若干年后，议论就传开了，事情变得更难弄了。”但斯蒂芬森仍然努力获得正常的客户体验。他讲了他如何戴着帽子和太阳镜走进一家 AT&T 店给他的 iPhone 买辅助线：“我观察他们如何照顾客户，然后你就跟员工攀谈，你可以以他们不知道自己在跟谁说话的方式做到这一点。”有一次，斯蒂芬森代表他的母亲给 AT&T 服务中心打电话，他对处理他的请求的代表印象特别深刻，以至于驱车去了她的办公室，作了自我介绍，并跟她面谈，以便了解她是如何如此出色地完成工作的。

对客户日常体验的兴趣甚至让斯蒂芬森推翻了一项政策决定。为降低成本，他最初决定不再为在客户家中安装宽带的AT&T员工分发名片。但他的弟弟也是宽带安装工，他说名片事实上是他们生意中的一个重要部分。如果没有名片，安装后遇到麻烦的客户就不得不拨打自动系统求助，而他们在联系上安装者之前可能要等很久或被转接许多次。如果安装工人留下名片，客户们要联系上他们就容易多了。斯蒂芬森的弟弟给他解释说："他们绝大多数人从来没打过电话给我，只有那些碰到问题的人才给我打电话，电话一通，我可以立即到位确定问题所在，这可是蛮大的事情。"就这样，斯蒂文森重新执行名片分发制度。

部分领导者在不熟悉的领域里走得更远，甚至涉足一点点谍报活动。这种机构勘测形式以商业化的形式出现在2012年的真人秀节目《卧底老板》（*Undercover Boss*）之中。哥伦比亚广播公司（CBS）把CEO们乔装打扮一番，然后把他们送到入门级的雇员当中，看他们在远离高管办公区之后如何应对（以及他们能够学到什么）。对高管们来说，这个节目很大程度上是一个宣传工具，平均每集观众达1770万人。[7] 但它也给参与者带来了对于其公司内部底层生活的新鲜看法。本项研究中的两位领导者参加了这个节目，一个是贺森家庭主题游乐园（Herschend Family Entertainment）的曼拜（Joel Manby），另一个是联合搬运公司（United Van Lines）的麦克卢尔（Rich McClure）。作为麦克卢尔的朋友，曼拜参加完节目之后，建议他利用这个机会形成对其生意的全新观点。所以，在为期九天的录制过程中，麦克卢尔潜伏进去了。他在一个仓库里当家具搬运工，与他公司最高

---

[7] 参见CBS2010年7月28日的新闻稿，*The Futon Critic*，www.the futoncritic.com/news/2010/07/28/cbs-announces-four-companies-participating-in-the-second-season-of-the-emmy-award-nominated-series-undercover-boss/20100728cbs02。

效的包装团队一起工作。麦克卢尔在一线工作的体验促使他采用了一项新的以网状织物为基础的工具，以便满足家具搬运工们的需要。他提供经济激励和培训，以帮助一些与他一道工作过的人获得晋升，对于似乎工作不够认真的员工，他还安排了再培训项目。他的太太与一位来自理赔部门的女性培训师聊天，发现后者觉得整个公司——尤其理赔部门——是一个“老男人俱乐部”，妇女在这里没有多少获得进步的机会。

领导者们其实并不需要电视摄像机或假胡子才能找到创造性的方式去跨越他们组织中的鸿沟。但这确实要花一些时间，要有一点创意。惠特克（Ed Whitacre）曾经是AT&T和通用汽车公司的总裁兼CEO，这两家公司的员工加入工会的人数非常高。他领导这两家公司取得了多年辉煌，这部分要归结于他与工会领导建立联系的能力。他说：“我在一个工会家庭中长大，所以，相对于跟管理层在一起，我跟工会工人们及所谓的蓝领工人们在一起如果不是更自在的话，至少也是同样自在的。”惠特克向我谈到他当上通用CEO的第二天，也就是刚好在美国政府对汽车工人的救助计划出台之后，他拜访了汽车工人联合会的领导。工会主席很是吃惊，因为从来没有汽车公司的CEO去过他的办公室。通过优先与工会建立这种联系，惠特克把他天性中的友好转化成了通用的一项重要资产。白金级领袖总是为其组织的利益而利用他们的个人背景和力量。

对整个公司的勘测和检查、用人、投下愿景、协调日程、旅行等，这当然都意味着要处理大量的事情。但白金级领袖们喜欢其工作的多样性和高风险性。一位领袖的行事当然要超出一个人的范围。他的激情和习惯会渗透到整个组织当中，并形成巨大影响。这是白金级领袖的挑战，同时也是优势所在：你所做的每一件事情都被放大了。阿什克罗夫特向我描述了组织领导工作的独特挑战与潜力：

操纵一艘巨轮的航向比操纵一个小划艇的方向可能更为困难，但我以为你必须决定你到底想去哪儿。如果你只是想随波逐流，那这两件事都不难。如果你想逆流而上或者改变航向，它们又都不容易。如果你身在小划艇，你有可能自己就完成转向了，但这是一场独角戏而不是领导工作。它可能很了不起，但毕竟是单打独斗。如果你身处一艘更大的轮船，你就不得不需要帮助，此时人们需要确信，你的目标是了不起的，你的行动是有力度的。

第五章

面对危机考验的力量

对麦克法兰（Bud McFarlane）而言，1986年可谓五雷轰顶的一年。

当年10月12日，《纽约时报》刊载了一条简短的报道，言之凿凿地说一架声称载有武器的飞机在尼加拉瓜上空被击毁。报道说，这架飞机把武器运给正在对尼加拉瓜当权的共产党政府进行游击战的反桑地诺主义的叛军。要不是几周之后发生的事情，这则报道本来可能就烟消云散了。但几周以后，一家黎巴嫩报纸 *Al-Shiraa* 基于一个伊朗线人提供的证据刊发了一篇文章，详细披露了美国给伊朗出售反坦克及防空导弹用于对伊拉克战争的计划。这项由国家安全事务顾问麦克法兰批准的计划，本来是希望将来可以使伊朗扣压的美国人质得到释放。随着时间的推进，情势恶化成了一桩丑陋的、完全以秘密方式操作的武器换人质的交易。进一步的调查表明，这笔军事交易拿到的钱计划用于支持尼加拉瓜反政府武装。对伊朗的武器销售是秘密进行的，对尼加拉瓜反政府武装的支持也非法地绕过了国会的相关禁令。所谓的伊朗门事件由此变成了里根政府最大的政治丑闻。

丢脸之余，麦克法兰因为让里根总统难堪、让国家蒙羞深感愧疚，因此患上抑郁症。1987 年 2 月 9 日早晨，麦克法兰按计划要接受丑闻调查小组的质询，他试图超服安定片了却此生。他被紧急送往医院，医生把他救了过来。一年多以后，他接受妨碍国会调查的四项不法行为指控，认罪求情。他和其他 13 个因该事件受到控告的人为这桩从西亚延伸至拉丁美洲的丑闻承担了罪责。

在此之前，麦克法兰的生活看起来光鲜迷人。在美国海军学院结束学业之后，他在海军中待了 20 年，在日内瓦高等学院取得硕士学位，后来成为白宫学者，然后作为国务卿基辛格的军事助理工作了三年半。他是帮助形成战略防御计划——也就是媒体所谓的“星球大战”——的团队中的一员。

跟其他公共领袖一样，麦克法兰充当其下属们的避雷针，在组织处境不错的时候受到美好赞誉，当他和他的下属们违背了国家的信任时则承受公众愤怒的攻击。我们期待我们的领导者们不仅对他们自己的行为，而且也为他们所领导的机构的行为承担责任。即便让事情发生（或阻止其发生）并非其力所能及，责任的斗篷也总是与领袖们所享有的特权地位相伴相随。[1] 我所采访的男男女女都对领导工作所伴随的好处与负担有所思考。

[1]　戈夫曼 (Erving Goffman) 有一个很有名的说法，即既有真诚的表演者，也有玩世不恭的表演者——有些人入戏了，有些人则不然。对许多人来讲，甚至在戈夫曼的用语选择中也很重视的自然的假定是，相对于玩世不恭的表演者，一位真诚的表演者总是有某种优点的，对领袖们来讲尤其如此。一种玩世不恭的表现一旦被发现，就可能招来指责，说领导者是伪君子，他们完全是想赢得公众的信任或同情，心里想的却是恶劣的目的。高级领袖们必须完成戈夫曼式的表演，要与公众对其被认定的能动性的期待相符合。参见 Erving Goffman，*The Presentation of Self in Everyday Life* (New York：Anchor Books，1959)。

战胜挫折和徒劳无功

我们希望我们的领导者像避雷针一样，坚定地应对组织所遭遇的任何打击，他们既是这些组织的长官，同时也是卫兵。而且我们还期待他们毫发无损。要不然的话，我们就希望他们被取而代之。一根在恶劣天气中立不住的避雷针有什么用？还有，公众以为领袖们确实能把事情搞定，他们就是行动的代名词。可是，对他们自己拥有战无不胜的能力的这种文化描述，领袖们真的相信吗？

麦克法兰是信了，而这几乎让他丢了性命。他早前一环一环的成功把他带向了成就之巅。然而，正如他自己所说，他对其能力的自我感受超出了他实际的力量：

> 即使（尼加拉瓜）政府活该被搞垮，但考虑到你没有人力或资源真正做到这一点，搞垮这个政府的想法就太野心勃勃而且是不恰当的。以为我们能够做得到，这是一种盲动之举，它最终给我们国家带来难堪，更不用提我个人了。

当麦克法兰所有的努力，甚至他试图终结自己生命的努力都显得越来越劳而无功时，他体认到一种无能为力的感觉，而他辉煌的过去没有让他为应对这种无力感做好充分准备："自杀未遂，这个新的失败让人愈发郁闷。"

对个人能力的良好感觉不限于那些在政府部门工作的人。一位CEO也对我讲了他在这个问题上长期持有的信念："如果你在某件事情上勤勉而为，你就能够劳而有功……运气掌握在你自己手上。"虽然他承认其他人对他的成功是有帮助的，但他没怎么谈起他们的作用，他似乎觉得，他对他们一路以来的帮助已经全部清偿了。他对我说，

“肯定有许多人帮过我……我帮他们，他们帮我”。

当麦克法兰在医院病床上康复的时候，有一位来访者让他没有想到，那就是前总统尼克松。尼克松健康状况不佳，但他耐心地坐下来鼓励麦克法兰。他对他说：

> “你禀赋高，机遇也好，而且你已经证明了很多东西，但你还可以做更多的事情……给予你这位智慧超群者的信任，这份特别的信任，一定要得到证明。你拥有这样的福佑，你不可忽视它，忽视它就是罪过。”然后他显得特别冷峻。他说：“你现在仍然福佑在身。你享有他人的爱、你父母的爱，有经验、有学识，这都会让你有能力去成就大业。”最后，他几乎是一字一顿地说：“你给我从床上起来，重回主流生活，想办法去做值得一做的事情。”

在一位领袖因其领导一个机构这一独特角色而能达到的深度和广度方面，麦克法兰都是一个典范。就像飞得离太阳太近的伊卡洛斯(Icarus)[2]一样，危机中的领袖们可能迅速陨落。这些危机可能来自他们自己的骄傲和不当行为，也可能完全是源于周遭世界不可避免的事件。但危机带来的严峻考验并不总是导致毁灭。它也提供一种机遇，领袖们可以证明他们的勇气，并展示比以前更强大的力量。

领导者最清楚

很多时候，最艰难的决定和危机完全在无法掌控的情况下发生。2000年，华纳音乐集团出价收购百代。它的前CEO帕森斯对我说，

[2] 伊卡洛斯是古希腊神话中的人物，他带着父亲用蜡制成的翅膀高飞，但忘了父亲的警告，飞得离太阳太近，因翅膀熔化而坠落。——译注

这本来是会“催生出世界历史上最好的音乐公司的”。拟议中的并购与美国在线的并购同时发生，这就完全超出掌控范围了，虽然它本来会根本性地改变音乐产业。这笔生意没获得通过，因为欧盟委员会出于对市场垄断的关切而否定了这项并购。帕森斯花了大量的时间和精力试图安抚欧盟委员会，以便让该项并购得以实施，但最终只能眼看它不了了之。这次失败在唱片业史上不会被提及，但对帕森斯来讲，它实在是一条漏网的大鱼。

事实上，我发现白金级领袖们如果不是花费其绝大多数时间，也是花了大量的时间去琢磨那些完全不为公众所注意的项目。有时候，他们加班加点，是为了防止一些坏消息变成公开的丑闻。从不满的员工所带来的法律挑战到高管们的重大失误，这种情况的范围很广。顶层领袖们常常不得不调动他们所有的政治和人际关系资源去捂盖子。耗掉他们时间的另一类工作是那些从未实现的好事情。领袖们可能为得到某个东西花费数月之久，但它却在最后一刻烟消云散，就像帕森斯所遇到的那样。或者，他们的工作可能包含着大量的重构，但最终却出于这样或那样的原因而不可行。他们从不宣告他们一直在为之努力的事情，何必说呢？毕竟它最终失败了。这是高级领导工作最大的负担之一——你为某件事情倾尽心力，却得不到任何欣赏。

爱默生 (Ralph Waldo Emerson) [3] 说过，“伟大意味着被误解” [4]。领袖们可以感受到自己与普罗大众之间有一条巨大的沟通上的鸿沟。普罗大众没有领袖们的那种知识基础、经验或内部信息，他们是被媒体所引导的。进入领导者决策过程的许多因素都无法轻易地用只言片语向大众做出说明。我与之交谈过的几十位领导者都渴望有机会就影

---

[3] 爱默生 (1803—1882) 是美国伟大的文学家、诗人和思想家。——译注

[4] Ralph Waldo Emerson, *Self Reliance* (New York: Empire, 2011).

响他们声誉的特定问题进行澄清，但因为保密性的要求，他们无法自由言说。这是领导工作的另一种代价——知道的多于能分享的，同时要忍受自认为更知情的不知情者。

例如，1980 年代中期，许多大学校园里的一个重要话题就是学生要求终结南非种族隔离制度的压力。基欧汉（Nannerl Keohane）那时是她母校卫斯理学院的院长。在南非问题上，卫斯理采取的是苏利文原则（Sullivan Principles），即一套针对公司的人权标准，这些原则清单包括对雇员采取非隔离政策。但这对卫斯理的学生们来说是不够的，她们想要的是，如果南非的种族隔离仍然很活跃，那就要从这样的地方完全撤资。在由卫斯理教工们举办了一场“非常愉快且有积极意义的辩论会”之后，基欧汉个人确信完全撤资是正确选择。但拥有决定权的是理事会成员们而不是她。在一次理事会会议上，基欧汉试图扭转理事会的态度：

> 不少理事转向接受这种看法，但人数不够。我们以一票之差败北。学生们全部聚集在我们开会的图书馆前面等待消息，因为她们都希望撤资，但好像又预期到我们不会那样做。因此，当我宣布我们要继续坚持苏利文原则时，学生们马上怨声四起，她们按计划全部散去……她们立即散去了，（躺在马路上）把校园的两条出口堵住了。

与此同时，理事们从院长室的人行桥上逃离了校园，然后被车接走了。虽然基欧汉同情学生们的想法，但她不能让她们以这种方式封堵校园。校警和当地警察跟她一起，试图说服学生们从马路上撤走，但遭到拒绝。在别无选择的情况下，警察逮捕了学生。要是学生们予以合作并告知她们的姓名，她们是可以被释放的，但学生们都声称自己名叫“曼德拉”。

基欧汉说：“真正的挑战在于，如果我们逮捕她们，而她们又不会说出她们的名字，按照法律，她们就要被扣留一通宵。”卫斯理没有足够的监舍容纳几十名被捕的学生，而基欧汉认为女学生将不得不被送往弗雷明汉（Framingham）女子监狱，她说：“这听起来要多可怕有多可怕……把56名卫斯理本科生关进那座监狱，这是我所想过的最恐怖的事情之一。”学校警察局长安排学生在马萨诸塞州国民警卫队的军械库待了一个晚上，卫斯理学院为她们提供了小床、毯子、汉堡和第二天的早餐。

基欧汉告诉我：“回想起来，我认为我每一步的决定都是明智的。”但是，由于她事实上确实是赞同学生的主张的，这就使得这场危机变得特别复杂，而且特别折磨人。她既是她们的支持者，又是她们的关押者，最终她要受制于理事会。理事们做了决定，然后避开了学生们的抗议，留下基欧汉负责收拾这个烂摊子。有时候，领导者们迫于外部情势，行事违背其个人判断，但由于其象征性的角色所带来的责任，他们又不能让他们的真实情感为人所知。

艰难困苦，玉汝于成

一次戏剧性的、意料之外的把组织置于混乱之中的事件，要么会证实领导者的能力，要么会否定它。高级领袖们不断地努力维持其组织的价值体系，提出应对不确定性的策略，并找到将其决策程序的效率最大化的方式。相比于领导者的日常事务，一场危机的区别主要是程度上的，而不是性质上的，因此，它是对这些领导者业已确立的体系的一种高强度的检验。

海菲茨（Ronald Heifetz）和林斯基（Marty Linsky）用三个阶段来概括一场危机的生命周期：准备阶段、浮现阶段和调适阶段。[5] 准备阶段是危机之前的时段，此时领导者有机会为自己的反应打下基础，并预期为应对前方若隐若现的事情所需要的东西。在浮现阶段，领导者们通过短时段的办法应对当下的问题，聚焦于组织暂时的生存。在调适阶段，领导者为组织绘制长时段的行动路线以将其带回到稳定状态。

在我们的一生当中，没有哪场危机像“911”那样戏剧性地影响了美国人的生活。事件所关涉的领导者们的故事向我们表明了，政府部门的习惯及其所建立的组织文化在危机期间是如何发挥关键作用的。

作为 2001 年安全、基础设施保护和反恐事务的全国协调人，克拉克（Richard Clarke）私下被称为反恐沙皇。此前，他在白宫不同的高级领导岗位上工作了 16 年之久，经历了四届政府。预见并为恐怖袭击的可能性做好准备是其责任所在。克拉克后来声称，他曾经表达了对基地组织恐怖袭击的担忧，但他的警告被小布什当局当成了耳边风。在准备阶段，他无法防止危机发生，但正如人们后来会看到的那样，他在浮现阶段肯定是不辱使命的。

当第一架飞机撞向世贸中心时，克拉克不在白宫，但通过电话得知事件之后，在快速返回白宫的路上，他让他的助理召集了一次与各部门的紧急视频会议。他赶到的时候，国家安全委员会的头头脑脑们已经聚在战情室，国家安全事务副助理哈德利（Steve Hadley）已经开始主持会议。但是，克拉克一进门，“外套都没脱掉”（当时一位在场的人士如是说），副总统切尼（Cheney）和国家安全事务助理赖斯（Condoleezza Rice）就授权让他掌控整个进程：“没有任何异议，也没有任何争斗。就因为克拉克在这里待了将近 12 年，他经历了许多不

---

[5] Ronald A. Heifetz and Marty Linsky, *Leadership on the Line: Staying Alive through the Dangers of Leading*（Boston：Harvard Business School，2002）.

同的危机，因此每个人都毫无疑义地听从他的意见。”切尼和赖斯匆匆穿过白宫走廊，到位于白宫东翼地堡中的总统紧急指挥中心参加另一个高层次团队会议。与此同时，克拉克则带领国安会团队在战情室中收集信息。

国安会预测另一架飞机会撞击白宫。现在我们知道，这次撞击最终被美联航 93 次航班上乘客的勇敢行为预先制止了，但当时的这一预测却给国安会的工作增加了一层额外的紧张感。在采访中，克拉克对我说，他们“异乎寻常地紧张”，因为没有任何东西能够让他们为这样的经历作准备。他说，“无论你把那些演练弄得多么有现实感，你知道它们毕竟不是现实的。这是要死人的，我认识的人会死去，有的已经死了。（我们在白宫里面的人）认为我们也会死去。但这事让人聚精会神”。

在领导国安会，事实上是领导白宫为需要做出的决策收集信息这项重要工作方面，克拉克有经验、有技巧。在危机期间，像克拉克这样的领导者，以其毕生的准备，通过运用必要的权威控制着局势并保持着团队的凝聚力。在那个时刻，他们的绝大多数影响力已经通过他们经年累月的艰苦工作和辛勤准备所赢得的道德权威而得到了保证。

悲剧发生后几个小时内，克拉克轻松享有的那种权威并没有延伸到危机的调适阶段。虽然他继续在小布什的白宫团队里工作了两年，在后“911”时期的谈论中，他却是一个有争议的人物。2003 年，克拉克从小布什政府辞职，出书详述了他的观点，并到“911”公众委员会的听证会中作证。在他看来，总统对他先前的一再警告无动于衷，他就此提出谴责，同时批评政府向伊拉克开战的决定。许多共和党人和小布什政府成员以攻击克拉克的诚信予以回应。虽然克拉克显然是全国恐怖主义危机期间的领导者，但危机一过，这种耀眼的权威不再被需要（或者没人想要），而克拉克则变成了一个形象更加含糊的人物，从英雄沦为替罪羔羊。他没能把他的权威从一个阶段过渡到另一个阶段。最有实效的领导者是这样一些人，他们超越一场危机的单一阶段，而在多个阶段里从头到尾发挥领导作用。

危机浮现阶段

克拉克只是9月11日白宫当中做出响应的许多人中的一个。陆军少校芬茨尔（Mike Fenzel）2000至2001年作为白宫学者在克拉克手下工作。虽然三十二岁的他并不拥有克拉克那种备受瞩目的地位，但角色仍算吃重。他跟克拉克和其他国家安全委员会团队成员在战情室开始他一天的工作，协助管理各方情报。他可以通过视频会议的一个屏幕看到总统紧急作战中心的副总统切尼，但最终，他意识到切尼没有获得为他履职所要求的情报：

> 我明白我需要找一个位置，让我可以更有效地建立一条开放的沟通渠道，或许还扮演为副总统及国家安全顾问转译亚团队（被称为反恐安全小组）会议情况的角色。全部决策所需的所有情报都出自亚团队，迪克（克拉克）将其从团队中提取出来，他提出情报方面的要求，并要团队成员就他的问题给出答案。他获取情报的效率是十分惊人的。我的意思是，这个过程组织得十分流畅高效。在这个地方，你可以得到所有重要的情报，而且它不会流失到其他地方。

芬茨尔离开了战情室，经过一番周折进入到了总统紧急作战中心：“我来到一扇巨大的安全门前，那里有四个壮汉，都配有冲锋枪，身着制服。那严肃庄重的情形对你构成极大的震撼。”一到紧急作战中心，芬茨尔就打开了反恐安全小组会议频道，关掉了 CNN 频道。他还在切尼与战情室之间建立了专线电话。芬茨尔向切尼作自我介绍，并说明他会做好笔录并帮副总统提供他所需要的相关信息。芬茨尔觉得自己在扮演一种独一无二同时又十分必要的角色。他说："这里全是重要人物，他们有令人惊叹的才能，他们是杰出的领袖，这一点对我构成很大的冲击。但如果没有情报，他们就无法决策。所以我认识到，我的工作就是要为他们提供他们所需要的情报。"那时候，从为总统国情咨文撰写相关内容到钻到桌子下面给马特琳（Mary Matalin）找回眼镜，芬茨尔一天忙于各种事情。他不是坐等命令，而是积极主动地改善自己身处其中的状况。

另一个在"911"危机的浮现阶段挺身而出的人是纽约市消防员贝克曼（Brenda Berkman）。1977 年，也就是 24 年前，贝克曼是首次试图通过考试成为纽约市消防员的数百名女性中的一位。跟所有其他女性一样，她没通过体能测试。她那时刚刚通过了律师资格考试，她对纽约州提起了一场诉讼，声称那种考试对女性构成歧视，因为它要求参与者展现实际消防过程中并不需要的那些体能。贝克曼赢了官司，成为纽约州首批 41 名女性消防员中的一员。正如我们刚落座访谈时她对我所说的那样，她的生活由这一次成就所定义了：

> 我成年生活的绝大部分都在围绕那件事情打转，由于一直有一种强烈而持久的反对——对纽约市消防部门的女性消防员的反对一直持续至今——所以我做的事情不是只管两三年，似乎接下来它就成了一个慢慢自我消解的议题，而我则继续前行，干点别的。事实不是这样。它一直就在背景当中，同时也在最显眼的前台，无论我的职业生涯在如何推进。所以我愿意认为，那件事情确实是最令我骄傲的成就。

虽然贝克曼因其投身消防系统中的性别平等而广受关注，但她投身于这个领域远不只是要选择一种立场。她说：“我倒不认为自己特别英勇。我只是觉得我是一个很固执的人，我有……我所确信的理念，因此在得到答案之前我不会罢休。”对她而言，这不仅是另一个向妇女们打开的职业领域，而且是实现其生命召唤的机会。这场诉讼之后的25年里，她继续担任纽约市消防员，而老早之前，当初那个女性群体中的大多数人要么退休，要么离职了。她一路升至纽约市消防部门首长，但她热爱作为一名单纯的消防员的工作，尽量避免担任那些会让她免受这项工作的体力挑战和日常劳动的角色。

因此，当“911”那天双子塔坍塌时，贝克曼以她作为一名消防员的本能做出反应。在那个历史性的早晨，她不当值，但她借了另一位消防员——这个人本来有可能在那一天死去——多余的服装，赶往熊熊燃烧的世贸中心，加入了战斗。当她看到从双塔冒出的浓烟时，她没有对种种可能的反应及其不同的影响进行筛选评估。她只是做她25年来每天都在做的事情。像把人们从燃烧的建筑物中拉出来这类自我牺牲的行为，如果日复一日，它们就变成自动反应了。它们促使一位消防员——无论男女——奔向浓烟滚滚的塔楼，而不是跑开。

在危机时刻，组织的领导者们对其社群需要的关注必须同样胜过对他们自己需要的关注。而一旦对共同福祉的强调根深蒂固，这种反应就会像是自动生成的，而不是来自外部的力量。

但是，当一场危机从浮现阶段转向调适阶段后，领导者们必须确保他们在对社群的关怀和对自己的关怀之间维持合理的平衡，以便可以长期应对。贝克曼向我讲述了一个情况，许多消防员从来没有因为由这一事件带来的情感和心理挣扎寻求帮助。她说：“我们这个组织对于应对这一事件及后续事项完全没有准备好，因此这种伤害可以说是在继续发生，而并未得到有效的帮助。”

调适阶段

当贝克曼在“911”之后的日子里清理废墟时，罗森塔尔（Andy Rosenthal）在离现场10个街区之外的时报广场大厦工作。如今，罗森塔尔是《纽约时报》社论版编辑。他不仅为《纽约时报》工作了超过20年，而且用他自己的话来说，“我生来就在《纽约时报》”。他的父亲曾是执行编辑，这让他与这份报纸有了一段长期的、个人性的历史。

2001年，罗森塔尔在《纽约时报》任助理主编，负责头版。他说，“911”之后，“我工作的最大一部分就是编辑我们特别创设的一个板块，叫‘一个受到挑战的民族’……而这是我曾参与其中的最棒且最有意义的新闻工作”。“911”之后的几个月里，“一个受到挑战的民族”涵盖了这场悲剧的方方面面，刻画了每一位受害者。他讲述说，“几乎每个晚上我都工作到9点、10点、11点，非常耗费精力”。他要决定版面的内容，他如此严肃地对待这份责任，以至于他待在远离爆炸现场的地方，以免他的情感影响他的判断。

那段时期工作艰辛，时间也特别漫长，但它也给罗森塔尔揭示了他在《纽约时报》的整个服务历程中不曾认识到的东西：

> 在我的职业生涯中，我第一次找到这种感觉。人们每天早上都在等待这份报纸出炉。他们需要我们。他们需要消息，需要安慰……这是新闻工作所提供的东西……我做的是一项至关重要的工作，这一点令人振奋。

《纽约时报》团队因其为“一个受到挑战的民族”提供的公共服务而赢得了2002年的普利策奖，而纽约大学卡特（Arthur L. Carter）新闻研究所把这个版块选为2000至2009年间的顶级新闻作品。[6] 虽然罗森塔尔早已献身于新闻工作，但一场危机（尤其是它的调适阶段）才让他认识到他终生工作的真实意义。

就像罗森塔尔一样，阿佩（Gerard Arpey）把整个职业生涯都奉献给了一家公司。不过阿佩主要的时间都花在旅游业务上，在美国航空公司一步一步往上爬。在公司服务20年后，他于2001年成了运营部的执行副总裁。他的升迁比较缓慢，但他却毫不在意：

> 我一直是一位勤勉的工人，一直尽我所能，因此，我觉得我的职业进展并不是一条野心的轨迹……我不过是一个……运用其天赋才能做到最好的人，而这一路以来也为我带来了更高的工作岗位。

9月11日一大早，阿佩在达拉斯－沃尔斯堡机场附近的美国航空公司总部，此时他接到来自运行控制室的呼叫，说一个自称是机组成员的人呼叫过他们，声称从波士顿起飞的11号航班被劫持了。阿佩一开始不相信，在航空业界，这类虚假报告是很常见的，何况呼叫者的身份还没得到确认。但就在他挂断电话之前，他的同事们提醒他，呼叫者说过“一群坏蛋”控制了驾驶舱。阿佩从来没有听到人们在这

---

[6] 这是自1972年以来《纽约时报》首次获得普利策公共服务奖。参见 Editors, “About ‘A Nation Challenged,’” *New York Times*, editor’s note, January 6, 2002, www.nytimes.com/2002/01/06/world/a-nation-challenged-editors-note-about-a-nation-challenged.html; “The 2002 Pulitzer Prize Winners: Public Service,” The Pulitzer Prize, www.pulitzer.org/citation/2002—Public-Service; New York University, “NYU’s Carter Journalism Institute Names Five Newspaper Series, Four Books, and a Radio Program Decade’s Top 10 Works of U.S. Journalism,” press release, April 5, 2010, www.nyu.edu/about/news-publications/news/2010/04/05/nyu_s_carter_journal.html。

种情况下使用这个说法，他立即感受到一种莫名的战栗。这种不祥的预感促使他直接赶到运行控制室，在那里，他的担心得到了确证：航班确实被劫持了。当时，美国航空公司听到一架飞机撞向世贸中心的报告后，正在向 FBI 报告这个事件。

从那一刻开始，情势发展很迅速：美国航空公司证实第一架飞机已经撞击了世贸中心一号楼，而美联航则与两架飞机失去了联系。

阿佩对我说："我本能地觉得我开始像一个飞行员一样思考问题。"他本人也是一个有飞行执照的飞行员，他想到，如果是他那天早上被安排值飞，"我不会想上天的"。他没有等待政府或是公司 CEO 卡蒂(Don Carty)的指令，而是打电话让所有在飞的航班都转向，整个航空公司的航班全都着陆。他如此回忆那个紧张的时刻："真的，那一刻我第一次问我自己，'我究竟在干什么？'但卡蒂在我们刚做完决定就来到了运行控制室，而且立马表示同意。"然后他们接到消息，美国航空公司 77 号航班被劫持，世贸中心的另一座塔楼也被撞了。

我们讨论那天的事情的时候，阿佩显得格外低调，坚持说他并没有扮演特别英勇的角色，并声称他不想基于那天的悲剧而把他的经历戏剧化。他说："我不过是做了任何一个具备常识的人都会做的事情而已。在那种情况下，那样做是明智而又自然的，我不觉得这事有任何特别了不得的地方。"

无论是否特别，对于职业道路缓慢而又稳健的阿佩来说，那天的事情都引起了变化。接下来两年内，他成了美国航空公司总裁兼 CEO，他的见解也发生了根本性的转变：

> ("911"之前)我也有做事的动力，但我觉得，"911"之后，伴随这种动力的是惊人的激情。我变得更加坚定，坚信我想以个人的努力竭尽所能帮助这家公司，还有，那些谋杀者无法毁灭我

们的公司……这件事给了我职业生涯之外的某种东西，从此我不仅仅是做好我的本职。它给了我一种激情和动力，努力去做点什么，以帮助这个机构，还有它的雇员们和股东们。

一场危机可能在精神上或者存在论的意义上伤害一些领导者，因为他们要与认同和目的之类的问题进行斗争。[7] 但最好的领导者，就像罗森塔尔和阿佩那样，艰难困苦、玉汝于成，并在个人和组织层面上都能以更大的力量去控制危机。

在严峻考验中做决策

卡德（Andy Card）是美国历史上担任白宫幕僚长时间最长的人之一，他是这样对我概括他的职位的："绝大部分工作就是灭火。"他将其首要的作用说成是确保总统绝不"挨饿、愤怒、孤独或者疲倦"。作为这个世界上最有权势者的看门人，卡德严格地保护总统的时间。他说："我相信总统从来没有轻松的决定。如果总统在做一项轻松的决定，那说明幕僚长不称职。总统只做艰难的决定。"

不仅对美国总统来讲是这样。领导者就是艰难决策的承担者。虽然一个组织中人人都有重要责任，但领导者必须聚焦于最困难的决定，而把不那么困难的决定交给他人去处理。事实上，做决策（以及知道什么时候不做决定）乃是领导者最关键的行为。

当然，在严峻考验面前，获得正确的信息对于做出正确的决定来说是根本性的。一位美国海军舰队司令告诉我："领导职位越高，盲点

---

[7] Ian I. Mitroff, *Why Some Companies Emerge Stronger and Better from a Crisis: 7 Essential Lessons for Surviving Disaster*（New York：American Management Association，2005）.

也越多。因此，相对于你做下属的时候来说，你获取信息以及寻求答案的方式都要多一些原创性和别出心裁之处。”他认为，领导者们必须“分别出噪音和真实问题的指示器，而这常常意味着你在判断中要依赖于本能”。

在这个直觉层次上，判断与领导者本身有很大关系——他天生是一个冒险家吗？他是不是倾向于回避冲突？普渡大学（Purdue University）前校长吉士柯（Martin Jischke）最初是一位物理学家和工程师，由于这种背景，“我倾向于从技术和量化的角度来思考问题”。但他认识到，管理层次上的决策极少是技术性的或确定的事情，“聪明而又勤奋的人们常常不得不做价值判断或实现信念的跳跃。也就是说，在某个点上，你不能把它还原为计算”。当吉士柯同华盛顿的助理交通部长康奈尔（Judith Connor）一起准备一份关于辐射和噪音问题的报告时，他认识到做这些管理决策的挑战。这份报告要交给国务卿，后者要决定恰当的行动路线。康奈尔教给他一点，即当高级领导者们需要做出决定时，什么是帮助他们的最佳方式：

> 她说，在策略上，她是从国务卿的角度来看待这个问题的。她问她自己：“如果我是要做这个决定的国务卿，我想要知道什么？在撰写这份报告的时候，我们该如何打磨它，以便他能得到他可能不得不实施的真实选项？”对我这位年轻的工程学教授来说，这真是富有启发，因为我想的是，你写出所有事实并进行分析，然后信息将会把你指向正确的方向。我以为我们要做的事情是帮助国务卿得出正确的决定，也就是发现这个决定，而康奈尔说的却是：“不对，我们必须给他提供选项。不存在（正确的）决定或单一的答案；有的是多种多样的答案。而他或许不得不考虑一些我们或者不知道或者不能充分理解的因素。”

当他作为大学校长回顾那次经历的时候，吉士柯对我说，康奈尔完全正确。领导者核心圈子的人的工作就是提供他们所拥有的信息，并提出种种选择，而决定做什么，那是领导者的责任。高效的高级领导者们不是训练他们的下属做出困难的决定，而是在需要做出困难的决定时给他们提供可靠的选项。

克林顿政府财长鲁宾（Robert Rubin）的工作广受敬仰。[8] 在谈到他的决策方法时，他对我说：

> 你在从他人那里获得信息、分析、观点等东西上面所花的时间越多越好。但到了某个点上，你必须做出决定……真正的诀窍是明白你何时到达了这样一个点，此时推迟决策边际负效用比效用还多。

当我问及领导者们工作期间最困难的决定时，41% 的人——这是一个相对多数的比例——告诉我，这些决定涉及人事问题。这个回答几乎是每一种其他决定类型的两倍。无论一位下属的成绩证明或过错是多么黑白分明，每一次解聘或雇用的决定都不仅具有主观性，而且是个人化的。纽约公共图书馆馆长马克斯（Tony Marx）说，他任阿姆赫斯特学院（Amherst College）院长时，最令他苦恼的决定都涉及拒绝教工的终身教职申请。在那个很小的机构里，马克斯与每一位终身教职申请者都相识。但就像他解释的那样，“为了让学院持续地走上坡路，它的标准即使不提高，也必须得到坚持。而这就意味着，在一些边缘情形中，我的工作就要对他们造成不利”。马克斯把学院的长远

---

[8] 在 1999 年 2 月 15 日的《时代》杂志上，鲁宾和格林斯潘（Alan Greenspan）、萨默斯（Larry Summers）一起登上了封面，报道标题为“挽救世界的委员会（The Committee to Save the World）”。

发展置于个人的人际关系之上，但有这么多高水平的教授，临界情形从来都不是完全清晰的。他因此说："你并不是基于前景，而是基于成就获取终身教职的。但当你从一个人身上看到极大的希望时，这个时候就困难了。"

一位参议员承认，在面对重大决定时失眠过，而我采访过的一半以上的领导者都有这样的经历。其他许多人则会食欲不佳。但这样的时段通常都很短，因为领导者们知道，焦虑给不了他们方向。一旦决定已经做出，我所采访过的领导者们就倾向于不再回头。绝大多数人告诉我，他们并不把事后诸葛的方式用于自己的决策。一位大学校长说得很直接："我不回头。如果事情出了差错，或者没有达到我预期的结果，我就努力从错误中学习，并思考下次如何可以做得不一样。但我不会花很多时间对自己进行事后预测。"把他们宝贵的时间用来感受后悔或琢磨本来可能如何，这是不值得的。参议员达施勒说："我信奉的哲学是，挡风玻璃大于后视镜，这意思是说，你总是应当尽你所能往前看，而不是往后看。"

这种前瞻性的观点之所以很普遍，很大程度上是因为顶级领袖们都有极高的自信。他们需要凭此做好工作。一位领导者对失误和过错念兹在兹，那就会背负太多怀疑而无法承担与决策相关的风险。一位CEO在讲述他的"心理防御机制"时说："好吧，我想不起来我在哪里确实把事情搞砸了。"领导者们如果陷入过去的泥潭便无法前行。正如一位军事领导人对我所说："我不会花很多时间去后悔……我很小心不让其他东西占据我的头脑。"但有时候，面对激烈的批评或个人的愧疚，领导者不得不承认出了问题，即便这不是他的错。我发现，我所询问过的领导者中，超过三分之二的人愿意为他们领导下的个人和集体的失败接受责备，即便问题的出现并不是他们行为的直接后果。领导岗位就意味着承担责任然后继续前行，无论是谁的行为出了错。前住房与城市发展部长希斯尼洛斯因一桩性丑闻而离职，但发现自己仍然面对充满挑战的决定：

> 当你犯了错，无论是什么错误……你都面对一个决定。你是尴尬地让余生与世隔绝，还是转向愤世嫉俗和愤怒并只追求一己之利？或者是理解世间的张力，并努力要么克服它，要么用它在更有利的条件下继续做你原来试图去做的有意义的事情？我觉得我在努力做后者。这并不算是一种光荣、令人满意、备受关注的生活方式，但我们尽其所能吧。

希斯尼洛斯远离了政治，现在供职于私营部门，任城景（Cityview）的CEO和总裁，这是一家城市机构投资公司。

有时候，最艰难的决定是无法避免之事，此时一位领导者用尽全部的努力和才能也无法力挽狂澜。“911”对航空业来讲不是麻烦的开端，而是数十年下滑这个更大背景中的可怕一击。自1978年取消航空管制法案以来，对于那些此前已开通洲际航线的航空公司来说，形势变得很困难，它们因顾客的降价要求与劳方的涨薪要求而被推向了不利的方向。“911”事件进一步动摇了这个产业，紧接着又是油荒和最近的经济衰退。虽然航空公司出现亏损，但美国航空公司的加佩并没有在这些挑战面前后退。他把由“911”事件所激发的激情转变为航空公司的明确目标：“但凡可能，破产这个字眼绝对与美国航空公司无关。”

他的目标很温和。既然国会业已解除对该产业的管制，每一家此前已经开通洲际航线的航空公司要么停止运营，要么在法案第11章提供的临时破产保护之下进行重组。大陆航空公司（Continental）于1983年和1990年、美联航（United）于2002年、全美航空

(US Airway) 于 2002 年和 2004 年、达美航空 (Delta) 和西北航空 (Northwest) 于 2005 年已经提出了申请。在每一种情况下，破产都给航空公司提供了一个机会，让它可以终止债务、规避为雇员提供养老金的责任，并与工会重新谈判争取更有利的合同。我 2011 年采访他的时候，阿佩告诉我：“美国航空、阿拉斯加航空和西南航空是仅有的没有走向破产的航空公司。”

阿佩承认：“我们宣布破产的同行们都得到了净收益，去年的净收益还很可观，但我们没有。你可以以数字的方式准确指出这些收益，包括终止养老金、终止退休员工的医疗待遇、改变工作规则、改变劳动合同等。这给我们公司带来了许多无法忽视的压力。”即便如此，阿佩仍然坚信，破产对美国航空来讲并不是正确的选择：

> 许多人把（破产）视为一种商业工具，但我的看法是，借钱就应该还，而且如果你能够为雇员的养老金支出提供资金，你就应当这样做……我们想获得成功，想回报我们的股东。但我们也想把公司的全部利益相关者放在心上。

但后来，美国航空成了 2011 年唯一一家净亏损的主要航空公司且前景黯淡，此时，董事会于 2011 年 11 月自愿宣告破产，从而加入了它余下的主要竞争者的行列。此时离我采访阿佩相隔仅仅 6 个月。鉴于我知道阿佩个人对于破产的信念，听说他在破产声明之后立即辞去了董事长、CEO 和总裁职务，我一点也不吃惊。美国航空公司董事会恳求阿佩继续掌舵，但正如他给公司员工们的信中所写，“执行董事会的计划将不仅要求重估我们业务的每一个方面，而且也要求有一位新的董事长和 CEO 的领导，这个人会把重构组织的经验和不同的观点带入这一过程”。阿佩辞职离任，没带走什么特别的离职补偿，持有的股票也几无价值。

当我在那次破产之后再次与阿佩谈话时，他对美国航空态度宽厚，对其继任者霍顿（Thomas Horton）的领导力持积极态度："我那时候就相信，现在仍然相信，他是更能胜任这份工作的人。"

虽然阿佩能够把"911"的灾难性影响转变成道德意志，但他的公司接下来遭遇的危机就太多了。这就是严峻考验中领导工作的现实，它十分复杂，并不总是能得以善终。但阿佩的努力并非徒劳。他作为一位忠实于自己道德信念的领导者，或许还是把破产不仅仅视为一种金融工具而且视为一种道德失败的唯一的航空公司CEO而被人们铭记于心。在这个时代，高管薪酬之高令人惊讶，精英的自利本性引发了正当有理的抗议运动，此时，看到一位CEO带着荣耀离职，即便他输掉了一场长期投入的战斗，这仍然令人精神振奋。

第六章

把生命投入到领导工作中

当乔布斯（Steve Jobs）2011 年辞去苹果公司 CEO之后，苹果的股价立即下跌 5%。市场反应之所以如此激烈，是因为乔布斯已成了苹果的精神象征。他那富有创造性的、克制的人格形象已经凝成了他所在组织的文化 DNA。这并不意味着他是一位理想的领袖或者我们应当追随他去塑造我们的生活。把生命投入到领导工作之中，这并不是一种规范性的老调，而是一种描述性的现实。像乔布斯这样的领导者，他们不仅仅是在讲述他们所在组织的故事，而是与这个故事共生。他们以这种方式向他们的雇员、消费者和公众传递着一种叙事，无论它是失败者的困境，还是创新的历程，抑或是恢复元气之前的一段艰苦作为，或者是对员工福利的投入。超凡的领导者们不仅用语言来表达这些东西，而且将其人格化。

虽然如今的绝大多数领导者并不像乔布斯那样与他们的组织有如此密切的同一性，但每一个有志于在其公司、行业或社会中带来显著变化的领导者都必须不仅用他的言语，而且还要用他的行为、习惯和性格特征去激励他所领导的人。扳倒一位政治对手最快捷的方式就是揭露其对婚姻的不忠，因为选民们会猜想，一个不忠实于自己妻子的政治家也不会忠实于他的政治承诺。同样，如果CEO们着手于解雇、降薪，但同时却入囊千百万，雇员、股东和一般的公众就会憎恶这种虚伪。

蒂尔顿（Glenn Tilton）就是这样一个例子。他从南卡罗莱纳大学毕业，然后在德士古公司（Texaco）一路升职，于2002年被任命为美联航CEO，这是该公司一年之内的第三位首席执行官。“911”之后，整个航空业都在艰难挣扎，而美联航的状况尤其糟糕。火上浇油的是，员工持股计划使得公司里两个主要的工会能够炒掉CEO。用蒂尔顿的话来说就是，这种安排导致了“荒唐的局面”。他的评估是，他这位CEO为扭转美联航的败局所必须采取的行动恰恰会引发他被解职的行动。许多外部投资者也了解这个评估。

然而，蒂尔顿成功地引领美联航完成了业内有史以来最大的破产。为了让公司重新站稳脚跟，他通过破产程序强行对员工进行大规模减薪，并终止了公司的退休金计划。但蒂尔顿低估了一些象征性问题的重要性，例如高管薪酬及高层雇员的待遇问题，事实上，就在美联航员工退休金被终止的那一年，他是整个行业中薪酬最高的航空公司高管。

对此他不觉得有任何不妥之处：“对于吸引恰当的人到一家破产的公司，我的看法是，他们就是应当获得实质性的高薪。这些人，包括我自己在内，并没有参与到将这家公司拖入破产的那些决策之中，我们牺牲掉在另一家公司获得提升的可能性而来到这里，为此我们应当获得好的报酬。”与工人们在纽约进行紧张谈判期间，蒂尔顿与美联航董事会成员们住在豪华的丽兹－卡尔顿（Ritz-Carlton）酒店，而当美联航最终从破产中恢复过来时，蒂尔顿和高级管理人员获得了巨额报酬。2008年，公司飞行员们以管理不善为由要求蒂尔顿辞职。他们为此创建了一个网页，而乘务员们则佩戴橙色手镯，上面写着，“格伦（Glenn）必须走人”。

他们的努力毫无用处。蒂尔顿仍然执掌公司，同时收入可观，他于2009年和2010年登上了《福布斯》薪酬最高的高管排行榜。蒂尔顿的一些评论说出了美联航糟糕的资金困境，但他却没有看到，他不断攀升的报酬与这种叙事是矛盾的。诚然，他个人的报酬在美联航庞大的资金体系中并不重要，但在美联航员工们的眼中却是极为显眼的。蒂尔顿可能是把美联航从资金崩溃中挽救过来了，但他也销蚀了雇员与顶层管理者之间存在的起码的善意。

虽然许多领导者都会做出同样离心离德的选择，但最好的领导者明白他们的行为——即便是象征性的行为——的力量，他们利用这种认识在组织当中并通过组织去实现更多的目标。电信巨头泰乐公司（Tellabs）前董事长博克（Mike Birck）与蒂尔顿的差别最能说明问题了。他于1975年创建泰乐公司，并带领公司于2001年达到顶峰，此时它有将近9000名员工，销售额达34亿美元，赢利达7.3亿美元。自电信业于2000年代初开始萧条，路就不好走了，但博克决心善待公司的工人。他并没有立即着手解雇，而是要求工人每周只上四天班，并把高级管理人员的报酬削减了20%。但他也只能做这么多了。最终他不得不裁员，把泰乐的制造业务外包，将公司的规模缩小为原来的三分之一。

博克对其组织做出了重要的调整并导致了裁员，这一点和蒂尔顿很像。同样，博克也赚了很多钱。但博克得到了员工们的敬重而不是谴责。他仍然保有极高的道德威信，因为他懂得领导工作的象征性本质——我们既以行动去做领导工作，同时也把我们的生命投入到领导工作之中。

我碰到过的许多领导者喜欢做一些象征性的姿态，诸如拒绝领取奖金、坐地铁而不是豪华轿车出行，以便向受其领导的人们传递一种简朴的形象。这些自我牺牲有可能是出于对员工们的真实尊重，也有可能仅仅是对公众感知的一种操纵，这取决于领导者个人的情况。尤其是在衰退和裁员的大气候下，领导者们认识到明显的低调会有利于公众的观感。[1] 领导者们或是处于员工们的审视之下，或是处于更多公众的审视之下，像博克这样的领导者意识到对他们行为的这种社会关注，而这种关注对他们构成了约束。白金级领袖们关注这类动态。

一位非营利组织的高管感受到了这种审视，她是第一位领导其所在组织的女性。她认识到，拥有这样一个公共平台既有好处也有代价。因为世人对她所领导的机构充满兴趣，因此她所说所做的一切都会被放大。她的总裁任期给她提供了言说和被倾听的平台，但也在同样多的意义上给了她被误听的机会："我担心我所说的东西会如何被印上《纽约时报》的头版，我想要给出的精微的回答……如何有可能以片面的方式被弄上微博或被记录下来，或者以某种方式传播出去，结果在我看来很不全面……这一点让我很焦虑。"事实上，她作为一个象征性行动者的角色就意味着，好也罢，坏也罢，她的言行已经成为文化公共领域的一部分，并要受到那些对其进行再生产的人们的不同解释和再现。虽然领导者们能够控制自己做什么、说什么，但他们无法控制他们的言行如何被传播和被感知。

这种关注给领导者们带来巨大的权力，但也引起了个人性的负

---

[1] 2007年，达洛兹（Jean-Pascal Daloz）提出，斯堪的那维亚的政治精英们通过展示"醒目的低调"（例如乘坐公共交通上班）以建立与公民们的良好关系，并体现代议制的政治理想。Jean-Pascal Daloz, "Political Elites and Conspicuous Modesty: Norway, Sweden, Finland in Comparative Perspective," *Comparative Social Research* 23（2007）：173—212。

担。在达拉斯，商人梅尔森（Morton Meyerson）每次拿出他的信用卡时都有些不自然，因为人们由于达拉斯梅尔森交响乐中心而知道他的名字，这个中心是他的朋友和前同事佩罗（Ross Perot）为表达对他的敬意而以他的名字命名的。同样，生活在小镇上的领导者们都是地方的名人，例如欧文斯（Jim Owens），他的卡特彼勒建筑公司在伊利诺伊的皮奥里亚提供了许多就业岗位。人们的关注使欧文斯感觉有点“像罗伯特·雷德福（Robert Redford）”[2]：“你走到哪里，你做任何事情都被注意、被围观。当然，你得到的补偿就是有时候上头版头条。如果你生活在芝加哥或纽约，根本就没人会在意，但在这里它就是头条新闻。”

唐纳霍（John Donahoe）走上 eBay 的领导岗位后，他发动了重要的变革，让网站改变了最初的拍卖模式。eBay 用户们对他极为愤怒，他们在 YouTube 上传了表达仇恨的视频，将他比作纳粹。在一次会议上，当他出现在 15000 名 eBay 销售商面前时，为了缓解紧张气氛，他用他孩提时代的照片来开始他的报告。他不得不向他们展示他的更加人性化的方面，使其不再被视为一个没有个人历史的人物头像而已。

领导工作意味着在雇员、董事、顾客和媒体面前，同时也是在你的女佣、管家们面前代表你的机构。一位领导者必须考虑他做的每一件事情会让人们对他的组织机构形成何种印象。事实上，高级领导者就像管理他们的工作那样，关心如何管理他们的个人行为。绝大多数人完全不知道这一点给作为个人的领导者、他们周围的人，以及他们的家人所带来的麻烦。一位领导者最大的挑战之一就是要能够将这种影响分散处理，以便他能够开展工作。

---

[2] 罗伯特·雷德福是美国著名演员和导演。——译注

每年春季，总统都要举办白宫记者晚宴，这是一次面向白宫记者、媒体人士和政治家们的活动，其中会有对总统及其行政团队的“嘲弄”。2011 年 4 月 30 日，总统奥巴马与喜剧演员迈尔斯（Seth Meyers）同台表演，以便让活动一如既往地保持轻松愉快。几个小时之前，他刚跟“海豹六人行动小组”的成员们通过电话，在电话中，他祝愿他们顺利完成使命，抓获或杀掉本·拉登。晚宴后的星期天早上，他将和他的顾问们在白宫战情室观看在巴基斯坦开展的行动。

奥巴马总统对于将海豹突击队员送上危险之路的决定倍感折磨，在他能够对全国宣告这件事之前的一整天都是如此，但他不得不在公众面前保持轻松愉快、风趣幽默的举止。总统所必需的这种对情绪的切割能力，对我们绝大多数人来讲是无法洞悉的。即使是在一些更小的场合，紧张的情形也通常在公众的视野之外发生。例如，一场秘密交易即将谈崩，内部人事问题爆发，或者一场隐秘的运作正在开展等，但领导者们必须保持自信和平静。

领导工作带来的麻烦

除了被小布什总统提名为第 17 任国家安全顾问之外，斯考克罗夫特（Brent Scowcroft）在白宫任职期间还获得了一项更难得的荣誉：他是第一位斯考克罗夫特奖得主。接下来，总统每年都把这个奖项授予“那个开会时最喜欢睡觉，但醒来后装作从没睡过的人”。一直到今天，该奖仍然被骄傲地陈列在斯考克罗夫特在华盛顿的办公室里，那里有一张他在空军一号上睡觉的照片。他并没有嗜睡症，他只是太忙了，没法睡足正常的时间。事实上，我所访谈过的领导者，其生活所受到的最大影响就是他们每周工作的时间过久。他们每周工作时间在 40 到 106 小时之间，平均每周工作时间是 68 小时。作为国家安全顾问，斯考克罗夫特从早上 7 点工作到晚上 9 点半，周而复始，每天工作超过 14 小时。斯考克罗夫特的故事在总统任命的官员中并不是独一无二的。虽然这些领导者中许多人都是像斯考克罗夫特一样野心勃勃的政府官员，并多年投身于公共生活，但总统的四年任期及美国政治中快速变化的风向意味着，实际上华盛顿的每一个职位都是暂时性的。大多数总统任命的官员在职位上的平均时间只有两年半，但考虑到他们工作日工作时间超过 12 小时，没什么时间陪伴家人，个人休息时间也少得多，谁能对这些短暂的任期感到惊讶呢？

卡德当了五年小布什总统的幕僚长。从周一到周六，他早上五点半到办公室，最早晚上七点半离开，有时候一直待到晚上十点半。而且他绝不是第一个到达或最后一个离开的。他告诉我：“白宫总是有人在。”国土安全部一位前任副部长分享了他的经历：

> 我通常是七点左右从办公室回家，在到家之前，可以在汽车后座上靠一个小时。我早上是五点半从家里出发上班，每天都是晚上八点左右才到家。每周 6 天都这样，常常还有第 7 天。在那段时期的最后，我在身体上、心理上和情感上都筋疲力尽了。那真是无休无止地要你把一切都奉献出来。

这种繁重的工作日程在我访谈过的所有政府高级领导者那里都是一样的，其中，88% 的人一周七天全部用于工作。这个比例明显高于商业和非营利部门的领导者。57% 的政府高级领导者每周工作超过 70 小时（这个统计涉及过去九届政府的领导者），相比而言，这个比例在非营利机构和商业部门是 43%。

总体来说，政府部门的领导者们可能工作的时间是最长的，但商界和非营利部门领导者的生活节奏也绝不轻松。智能手机和无线网络之类的新信息技术让工作场所越来越容易进入私人生活领域。[3] 这使得领导者们很难回避其工作所带来的压力或其角色所带来的责任。

2008 年的白宫学者彼得雷乌斯（David Petraeus）[4] 在伊拉克的前副官斯潘（Everett Spain）对工作为何变得如此耗费心力给出了一些理由："我内在的自我认同当中总有一个方面，那就是我能够在工作上胜过其他人……我之所以胜过他们，并不是因为我本来就胜过他们，而是我真的做了更多的投入。我并不真正比许多人更聪明或更敏锐，但我总是能够将大量有用的工作汇聚在一起——长期富有成效的工作带来了区别。"这些工作的要求很高，但我所访谈过的领导者通常都有一种独特的动力去做得富有成效。他们也常常将他们的工作与某种道德目标关联起来。我所采访过的领导者当中，将近三分之一的人说他们感受到某种志业上的召唤。这些人也更有可能提到，他们在做决策的时候，脑子里有一幅更宽广的图景。一方面，这意味着这些个体有能力为人们的幸福贡献力量，但与此同时，他们这样做的方式给作为个体的他们也带来了巨大的扰攘。

因此，每周工作的时间仅仅是故事的一部分。长期在美国海军服役之后，可敬的布莱尔（Dennis Blair）被任命为国家情报总监。他离

---

[3] 在家里做补充性的工作，也就是全职工作之外在夜晚或周末所做的工作在工业化以来的历史上几乎自始就有，但近几十年来，随着新信息技术的普及，它进一步增长了。进而，范卡蒂什（Alladi Venkatesh）和维特拉里（Nicholas Vitalari）发现，人们把一些在工作场所无法结束的工作带回家里完成，这并不是想要多花一些时间跟他们的家人在一起。Alladi Venkatesh and Nicholas P. Vitalari, "An Emerging Distributed Work Arrangement: An Investigation of Computer-Based Supplemental Work at Home," *Management Science* 38, no.12 (1992): 1687—1760.

[4] 彼得雷乌斯为美国陆军上将，曾于 2007 年 2 月至 2008 年 9 月任美国驻伊拉克最高军事指挥官，后任美国中央情报局局长。——译注

任一年后，我对他进行采访，他讲述了这个重要的公共角色所带来的许多压力。他曾经每天工作 12 小时，但他对这种时间上的投入表示毫不在乎：

> 你感受的压力不是时间，而是责任。为了让你掌管的这个组织把事情做好，你永远是做不够的。因此，任何时候，只要你有一点精神上的闲暇，你脑子里面就在琢磨，“我们哪里可以做得更好一点呢？”或者“我们还可以利用什么机会呢？”……人们从外表上看到的是，当你不再工作的时候，你看上去年轻得多，也精神多了。

布莱尔回忆这种重压之下的生活，一直追溯到他 1980 年代第一次指挥战舰。随着军阶的晋升，责任似乎也越来越沉重，并最终在他的身体状况上显示出来。他告诉我：“半夜的时候我的腿剧烈抽筋，可能每周两次。我说的是疼到让人流泪的那种情况。”我以为这些情况可能表明健康有问题，便问他现在（也就是访谈的时候）状况如何。他的回答简单明了：“我离职后就没事了。”

促成压力同时也源于压力的另一个因素就是前面提到的缺少睡眠。我访谈过的领导者中，三分之二的人每晚睡 6 小时或更少。我与之交谈过的一位学院院长在学生游行示威那段时间每晚平均只睡 4 小时，体重降了 30 磅。[5]

---

[5]　16% 的被调查者提到，他们在做艰难决定的时候是吃不下东西的。

给个人生活带来的重负

绝大多数领导者认为，为了职业上的成就，他们付出了个人生活的代价。有一位领导者在他儿子的婚礼彩排晚宴上心酸地意识到他究竟失去了什么："他在那里回忆他的妈妈在家门口的院子里教他如何接传球，并和他一起练习接传球的运动。我就坐在那里想，'做这件事情的应该是我。'"除了长时间的工作，这些领导职位还伴随着繁重的差旅。这些顶级领袖中有许多人在不同于他们家人生活的城市、国家甚至是不同的洲工作，这个数量令人吃惊。即便是那些办公地点与其家人居住地在同一个城市的领导者，也有可能一年中多达一半时间在出差。当领导者们出差如此频繁或在不同城市之间穿梭时，他们的感觉可能就像一个领导者所说的那样，像"四海为家之人"，无休无止，从未真正有在家的感觉。

长时间的工作、出差，以及持续不断地被关注，这些结合在一起，使得领导者们几乎没有时间和精力投入他们的个人生活。对我所采访过的女性领导者而言，这种紧张为害尤深。除了工作任务而外，妇女们还有数个世纪以来形成的传统性别角色，这让她们在家庭关系中成为首要的投资者。因此女性比男性更难在领导岗位上找到平衡，而许多人则选择只集中关注她们的职业。我所采访过的女性领导者中，只有 64% 的人已婚或曾经结过婚，而男性的这个比例则是 96%。

我采访过的一位电视台女性高管在其职业生涯的早期就下定决心，她不可能拥有全部，或更明确地讲，她不能同时拥有全部："如果我结婚生子，我就做不了这份工作。你可以对自己说谎，但我知道我做不到。现在我有自由，想去哪里就可以上飞机。"无论大多数顶级女性领导者是否有意把职业摆在家庭前面，她们相对于其他工作岗位上的女性人数表明，这些受到高度关注的职业抑制了她们做妻子和做母亲的机会。[6] 一位非营利部门高管向我解释说，职业女性必须工作更卖力、工作时间更长，而且要做得更好，这就“没给她们留下多少时间干其他事情了”。当我问她，职业上的成就是否给她的个人生活带来了某种影响，她的回答很迅速：“当然啊，你指的是我有一天醒来，意识到我还没有孩子吧？不骗你，是这样的。”这项研究涉及的女性中69% 有小孩，男性的比例则是 94%。虽然女权主义为妇女在我们社会中占据高级职位铺平了道路，但她们仍然缺乏那种让男人可以同时拥有位高权重的职业和家庭的个人自由。在《第二班岗》(*The Second Shift*) 一书中，霍奇斯柴尔德 (Arlie Hochschild) 研究发现，在双亲都工作的婚姻中，妇女是站“第二班岗”的人，她们首先是要照顾家人，然后才是工作。[7] 如果身处领导岗位的女性比她们的男性同侪在工作上既要更加努力且工作时间更长，同时比其他参加工作的女性要做得更多，她们就没什么时间或情绪上的能量去站好这第二班岗了。因此，那些试图跨过进入高管办公室的玻璃墙并占据高管职位的女性，有可能仍然发现自己受缚于她们在家中的传统性别角色。

但也有少数女性似乎兼顾得不错。施乐公司前 CEO 和总裁马尔卡希 (Anne Mulcahy) 是两个孩子的母亲，她告诉我：“有一点我总是很清楚的，那就是，做好一项占用大量时间的工作是有可能的，同时也有可能做一个活跃积极的母亲。但再没有可能做其他任何事情了。”

---

[6] 社会普查 (General Social Survey) 的数据表明，71% 的拿薪水的职业女性已婚或结过婚，这个数字明显高于本项研究所涉及的精英女性。Tom W. Smith，Peter Marsden，Michael Hout，and Jibum Kim，*General Social Surveys*，1972—2010 [machine-readable data file]（Chicago：National Opinion Research Center [producer]；Storrs，CT：The Roper Center for Public Opinion Research，University of Connecticut [distributor]，2011）.

[7] Arlie Russell Hoschschild，*The Second Shift: Working Families and the Revolution at Home*（New York：Penguin，2003）.

事实上，在我接触过的那些既有高级职位的工作又有传统家庭生活的少数女性中，她们全部都提到没有娱乐或外面的活动。在她们看来，完全没时间干这些。

有些女性领导者谈到婚姻带来的好处，但更多谈到的则是，随着她们职业生涯的进展，她们的婚姻瓦解了。在我们这项研究中，女性离婚的可能性将近是男性的三倍。在我们的访谈中，女性也更少可能提到家中有一位支持她的配偶（即便考虑到这样一个事实，即其中结婚的女性要更少）。婚姻也更少作为女性职业道路的总体叙事的一部分被提及。这表明，领导岗位上的女性仍然在意的是，性别方面的主流文化规范并没有挫败她们向上的流动，也不能为她们的升迁提供解释。

家庭事务

领导者的家人们也感受到他们的父亲、母亲或配偶被一项繁重的工作拉走所带来的重负。罗普尔（Bill Roper）是亚特兰大疾病控制与预防中心主任，有一天他去上班，听到三岁的儿子在送别他时说，“爸爸，谢谢来访”，他深感震惊。在我所访谈过的领导者当中，许多人有类似的经历，即意识到他们的经常缺席让孩子们对他们的期望变得特别低，这些人数所占的比例是十分惊人的。《纽约时报》编辑罗森塔尔的儿子告诉他，他明白《纽约时报》比他更重要，“这一点让我无言以对”。几乎我与之交谈的所有领导者都认识到需要在他们的家人与工作之间找到平衡，但他们却以不同的方式谈到挑战，做到的程度也各不相同。

许多领导者把他们的工作与个人生活严格分开。通过区隔他们的压力，他们确保家人不用去关心工作上的议题。通用电器 CEO 和总裁伊梅尔特（Jeff Immelt）说：

> 我喜欢我太太和女儿的地方就在于她们不被卷入到工作方面的事情中去，我无法告诉你我太太多少次说过："某个人要被炒掉的时候，你没跟我讲你要这么做呢。"而我则回答："我很多事情都没跟你讲。"因为不把工作带回家对我是有好处的。

同样，橄榄球明星沃勒尔（Kurt Warner）有一个策略，他不在家人面前给粉丝签名，因为他想让他的家人知道，当他和他们在一起的时候，他就专注于做"爸爸"而不是全国橄榄球联盟的明星。这些领导者觉得，通过让家人远离他们的工作，他们保护了家庭生活时间的纯洁性。

但其他一些领导者则发现，把他们的工作与家庭生活整合起来，有意模糊办公室和家庭之间的界线，其好处要大得多。一位高管跟我讲，他经常安排太太和孩子跟他一起工作旅行："我想办法尽可能让他们参与进来，以便我的工作不被他们看成一件外在的、可怕的事情，好像这件事情把他们的爸爸拉走了似的，事实上这是他们可以理解的。"

安德玛的创始人兼CEO普朗克处于光谱的一个极端。他认为他的个人生活与职业生活"是一回事"。他不仅就人事方面的决定咨询他太太的意见，而且也让他的孩子们参与到他的生意中来。普朗克讲述了他跟他儿子的一个周六："走吧，我们先开车到迪克体育用品店（Dick's Sporting Goods），我要给家里买一副箭架。然后我们去看弓箭射击，但我们就坐在那儿，看人们为这两个小时的运动都买些什么鞋子。"

对普朗克来讲，安德玛就是他的使命（他在"缔造伟业"），而他通过让他的家人参与进来，以便向他们表达他的这种热忱。普朗克（还有其他一些像他一样的人）相信，他通过让家人参与维护他的工作从而在维护家庭。但不得不承认，这里也意味着明显的权衡。他跟家人在一起的时间比我访谈过的许多人都要多，但这种在一起有时候明显也不过只是部分意义上的家庭生活。

为了缓解这些潜在的问题，我访谈过的领导者们想出许多策略，以保护他们家人的空间。在我所做的访谈中，有两个东西可以概括为身为人父的界定性因素：参加孩子们的体育活动和比赛，然后就是在家里吃晚餐。出席某些像孩子们的音乐会和体育赛事之类的特殊场合，通常来说不难调整，因为这些活动事前都有提示。作为他们所在组织的首脑，这些领导者对他们的日程及获得重磅资源（例如公司的飞机）的机会拥有大量的掌控力，这是我们其余的人做不到的。然而，在家吃晚餐标志着他们在家庭日常生活中的在场，要持续做到这一点却困难得多。虽然有些人试图把周末留出来作为神圣不可侵犯的家庭时间，四分之三的领导者却仍然每周工作七天，这意味着他们跟家人相处的时间要更为稀缺。但 eBay 的唐纳霍则开创了一个传统，即每个周日早上为家人做煎饼。

另一位商人有意把各种会见安排在一大早，以便尽早回家跟孩子们待在一起："我很早就弄清楚一件事情，即我那十来岁的孩子们并不关心我凌晨 5 点在哪里。"但在家里吃晚餐仍然是最重要的。

我采访过的大多数领导者都做不到每天晚上回家吃晚餐或者观看每一场足球赛，即便他们知道这是孩子们对他们作为父母的期望。所以，许多人被迫重新定义"父亲"或"母亲"，将其变成某种他们实际上可以做得到的东西。就像唐纳霍和他周日早上的煎饼，成了一种惯例和规程，使得即使工作繁忙也能够持续下去，而且对他们参与的抚育过程感觉良好。通过实现常规性的期望，他们试图既满足其工作的要求，同时也向配偶和孩子们证明他们的爱与尊重。例如，有一位领导者每周有一个晚上跟太太约会，同时每天早上开车送孩子们上学。有一位出版界的高管利用工作间歇期花了6个月时间休假，带上孩子们环游世界。另一位商人在旧金山工作，但他每天晚餐时间都给芝加哥的家人打电话。另一位领导者则每天早上和太太一起锻炼。这些都是很小的事情，仅仅是家庭生活的剪影。但通过将它们变成惯例，领导者们希望提升每晚一次越洋电话或每天晨练的意义，令其成为忠诚与爱的证明。

优越的生活方式："这里面有问题"

养育之责并非为领导者们被如此耗费精力的工作所扭曲的唯一的感知对象。这些高度付出的工作所带来的生活方式让许多人与现实失去了联系。如今的精英领导者坐拥诸如豪宅、旅行机会及与名流交往之类的个人利益，他们将所有这些好处与家人分享。就像一位商人所说，那确实是好日子：

> 我个人的成功极大地丰富了我的生活。我和我太太、女儿的足迹遍及世界的每一个角落。我带他们一起旅行。我赚了这么多钱，我们想做什么都可以。我女儿可以上最好的学校；我们住在漂亮的房子里；我们可以为我们的父母及我们所爱的人做一些事情，而如果没有这种成功，这些事情是无法做成的。

我采访过的领导者很少有人如此直接地谈论他们的工作为他们所带来的生活方式上的好处，但在访谈期间，证据却是无处不在的：他们那昂贵的西装、宽敞的家、俯瞰美国大都会的宽阔的办公室套间。一个雨天的下午，我和一位高管约定在纽约访谈，他明显表露出对我迟到的不满意，我便问他，他最后一次在暴风雨中的曼哈顿下城等出租车是什么时候。他立马回击道："所以我总是有车和司机……这样我就不用让重要的人物久等了。"

我在这项研究中所碰到的最好的领导者知道他们行为的象征意义，但即便是我访谈中令人印象最为深刻的那些人也与普通人变得很有距离。他们忘记了他们所过的生活是多么不同寻常。一位 CEO 带着悔意给我讲了一件事，他在一次晚宴上碰到一个人，当听说这个人在百事可乐工作时，他就问他认不认识雷孟夫（Steve Reinemund）[8]。那个人是为百事可乐公司开卡车送货的，他从未听说过雷孟夫这个人，这位 CEO 尴尬之余，只好迅速转换了话题。这些领导者很容易在那个全球精英专有的世界里习以为常，从而忘记了我们绝大多数人并不生活在这些圈子里。这种习以为常体现得最明显的地方，莫过于高管薪酬这个敏感话题了。

关于社会平等的讨论比我们民族的诞生还要早。250 年前，卢梭就著书讨论过凝聚成现代社会的社会契约。[9] 虽然阶级差别总是把我们分隔开来，但现代经济体系的最大成就就在于，出现了一个中世纪或更早的时候不存在的强大的中产阶级。像克鲁格曼（Paul Krugman）和萨默斯（Larry summers）这样的经济学家，还有像海尼曼（Ben W. Heineman，Jr.）这样的著作家都明确地提出，过高的高管薪酬是对这

---

[8] 时任百事可乐公司 CEO。——译注

[9] 卢梭的著作首先关注的是国家，但是，当罗尔斯在 20 世纪中期修正卢梭的理念时，他把社会契约的理念扩展开来，即处理"主要的社会制度一起构成一个系统的方式，以及它们如何分配基本权利和责任，并塑造来自于社会合作的利益的划分"（John Rawls，*Political Liberalism* [New York：Columbia University Press，1996]，258）。

一体系的特别的威胁。他们指责说，它侵蚀了曾经让高管们和劳工们为公司的赢利能力这一共同目标一起努力的那种道德凝聚力。一度促进西方资本主义产生的“新教伦理”与如今的新教几无关系，在决定公司薪酬最高者与报酬最低的雇员之间的分界线时，它也几乎不构成一种伦理要求了。

在如今这个时代，失业率高企，“占领华尔街”这类社会运动勃然兴起，数以百万计的普通美国人在表达他们对于社会中日益增长的贫富差距的愤怒。自 1970 年以来，最顶层 1% 的美国人得到的收入份额逐渐攀升，在最近的萧条之前的 2002 至 2007 年的经济繁荣期，上层 1% 的人的收入增长了 62%，而底层 90% 的人的收入只增长了 4%。即便有最近的经济下滑，高管薪酬在过去十年仍然平均每年增长 4%。[10] 花旗集团 2012 年春为高管薪酬设置了上限，股东们投票决定从 CEO 潘迪特（Vikram Pandit）手中扣除 1500 万美元的各类报酬，“一家金融巨头的股东们团结起来，反对高得离谱的高管薪酬，这是头一遭”。[11] 高管的各类酬劳不仅包括现金，像乡村俱乐部会员、使用公司的航空器之类的附带福利都价值极高。

然而，在本项研究中，明显只有极少领导者赞同这种限制。在这个问题上，人们的意见明显是按党派划分的。商界内外的共和党人更倾向于抵制政府通过设置薪酬指导线进行干预。事实上，在我所访谈

---

[10] Hannah Shaw and Chad Stone, “Tax Data Show Richest 1 Percent Took a Hit in 2008, but Income Remained Highly Concentrated at the Top,” *Center on Budget and Policy Priorities*, May 25, 2011, www.cbpp.org; Stephen Miller, “Modest Salary Growth, Tougher Goals for Executives in 2012,” *Society for Human Resource Management* (December 1, 2011), www.shrm.org.

[11] Jessica Silver-Greenberg and Nelson D. Schwartz, “Citigroup’s Chief Rebuffed on Pay by Shareholders,” *New York Times Dealbook*, April 17, 2012, http://dealbook.nytimes.com/2012/04/17/citigroup-shareholders-reject-executive-pay-plan/.

过的持有共和党信念的领导者当中，四分之三的人认为不应当对薪酬进行限制，相对来说，非共和党人持有这个观点的比例少于一半。[12]根据最新的盖洛普调查，59% 的美国公众支持政府采取行动限制高管报酬。[13]

我在“占领华尔街”运动前夕开展访谈，但薪酬对我与之交谈的领导者来讲业已是一个敏感话题。其中许多人已位居《福布斯》富豪榜前 400 强名单，这个名单是对美国个人财富最确定的记录。但他们使用各种各样的借口去维护他们的地位，其中绝大多数人责怪制度。

商界领袖强调经济激励在资本主义制度中的重要性，从而捍卫他们的巨额报酬。家得宝公司创建人及纽约证券交易所前主任兰格恩说得很简单：“这是资本主义，如果你放任不管，它就会运转。它会魔幻般地运转。”作为世界最大的快餐公司百胜餐饮公司的主要持股人，兰格恩也确保 CEO 诺瓦克（David Novak）得到好的待遇——2012 年，诺瓦克的各种酬劳价值 2967 万美元。

像其他享受高薪的高管一样，诺瓦克不想为他的待遇扯上责任：“我无法解释我为什么赚这么多钱，我并没有建立这个制度。”他们把巨额收入归结为股票价值。随着股票上涨，高管待遇也会上升。他解释说：“如果你找到合适的领导者来掌舵，它自然会带来回报。我赚到的钱数量惊人，但我也很幸运执掌这样一家公司，它在过去 12 年里市值增长了 6 倍之多。”

一位银行高管说他理解人们的不满，但他质疑一种卢梭式的社会契约观念，这种观念认为高管的高薪影响了社会团结：“除了行事服从

[12] 关于高管薪酬的看法，其他因素并不构成显著影响。党派差异在这个问题上对态度的塑造远远超过性别、地域或工作部门方面的差别。

[13] 参见 Jeffrey M. Jones, “Most Americans Favor Gov’t. Action to Limit Executive Pay,” *Gallup Economy*, June 16, 2009。

法律，我们并没有社会责任……我想说的是，我们干得越好（这当然是指在规则范围内生活，行事符合伦理），我们就会创造更多的工作机会，而这也就为美国作了贡献。”从这种思维方式来看，高管的高额报酬**应当**伴随着经济增长。如果CEO的报酬只是基于股票价值的话，它也确实与经济增长挂上了钩。但实际上，所有高管还享有底薪，而且在过去四年里，那些底薪并没有随着经济下滑而下降。

其他商界领袖认为，CEO的薪酬不应当仅仅基于股票价值，还应当考虑CEO在决定股票价值过程中的表现的重要性。前财长和美铝公司CEO奥尼尔（Paul O'Neill）是这么说的：

> 我喜欢这样一种理念，如果公司在竞争中明显胜出，经理人应该有股票期权……一家公司可以赚很多钱，但它可能恰好是处于行业的良性周期当中。这是一个很合理的理由，不要给高管们太多的钱……应该为他们带来的差别，而不是为他们碰巧在合适的时间处于合适的位置上这一好运气而支付报酬。

数十位商界领袖都谈到设置高管薪酬的复杂性，要引入外部咨询公司、经理人猎头公司、由董事会成员构成的薪酬委员会，以及绩效激励方案的作用。这个把高管待遇问题的责任进行分散的过程不仅生成了大量的围绕待遇问题的小型产业，而且也带来了CEO报酬的疯狂上涨。早期的资本家们为自己设定收入，从而也必须为此承担公共责任，而今天这代资本家则可以将其在这个过程中的参与去人格化，结果，虽然上市公司的披露义务越来越严格，而且还有随之而来的公众的愤怒，高管的各种报酬却依然持续走高。本质上，我们已经创立了一种机制，它使得CEO的报酬得到惊人的增长，但个人责任却是缺位的。

高级 CEO 待遇方面的趋势甚至渗透到我们国家主要的非营利部门中去了。2010 年，四位参议员在发现美国男孩女孩俱乐部（Boys & Girls Clubs）[14] CEO 斯皮雷特（Roxanne Spillett）2008 年赚到几乎 100 万美元报酬之后，他们拒绝批准给该组织的一大笔联邦拨款。参议员科布恩（Tom Coburn）是许多批评斯皮雷特的人之一："一位非营利组织高管将近 100 万美元的薪水和其他收益，这不仅看上去很可疑，而且它还提出了关于该组织是如何在其他方面管理其资金的问题。"[15] 参议员们的批评特别尖锐，因为在斯皮雷特得到这笔待遇的同时，这个俱乐部群由于慈善捐款在经济下行过程中蒸发不见而开始在全国各地关张。斯皮雷特自 1970 年代就在该俱乐部不同岗位上工作，她为这些批评感到内疚。她告诉我："我觉得我对我们地方的俱乐部负有巨大责任，因此，如果（我的报酬及它所带来的新闻关注）以任何方式、任何程度、任何形式伤害到我们的俱乐部……它就像是内脏穿孔。"作为回应，斯皮雷特请求她的董事会中断她所有的退休福利，而这是她整个报酬中很大的一部分。像她这样的行动帮助平复了针对非营利部门高管报酬的一些批评，但私人部门则对此充耳不闻。

其他一些领导者则表示难以理解为什么他们的薪酬会被视为一个问题。当我采访五十五岁的戴蒙（Jamie Dimon）时，他已满头白发，但仍然脸色红润、精力充沛。他热情、风度翩翩且极为聪明。与他相处一阵之后，我明白了为何他是最受尊敬、最为人喜爱的银行高管了。

戴蒙协助他的导师韦尔（Simon Weil）创建第一家金融服务领域的巨无霸——花旗集团，第一次创造了历史。与韦尔关系破裂之后，

---

[14] 该俱乐部是美国著名的非营利组织，致力于增进会员的健康，培养其社交、教育、职业和个性能力，其会员在六到十八岁之间。——译注

[15] Stephanie Strom, "Lawmakers Seeking Cuts Look at Nonprofit Salaries," *The New York Times*, July 27, 2010, A12.

他升任摩根大通董事长、CEO和总裁，引导这家银行走出了前十年的金融崩溃，从而再次创造了历史。据传说，当戴蒙还是个孩子的时候，他父亲问他长大后想成为什么样的人，他的回答相当快："我想成为富豪。"[16]当我采访他的时候，他显然已经实现了宏愿，此时他正坐在公园大街（Park Avenue）270号第48层高官套间的会议室里。当我问到他的待遇问题时，他的财富已高不可攀，在此前5年里已接近1.1亿美元。他把高管待遇与体育明星做比较。从这个角度来看，高管们的高收入绝不应该因为他人的低薪而受责备。他说："我觉得更大的过错不在于CEO们赚了很多钱，而在于在贫民区上学的孩子们没有参与竞争的机会。"作为辛勤工作和成功的结果，他对财富拥有权利，对此，戴蒙已通过许多新闻渠道发声。毕竟，财富是他从小以来的梦想。但和其他高管一样，戴蒙看不到华尔街镀金大楼外面的世界是什么情况。数年前，当戴蒙告诉他的家人，他被解雇不再担任花旗集团总裁时，他几个年轻的女儿很是关切，询问她们是不是要住在大街上了，还有她们能不能继续上大学。戴蒙向他的女儿们保证，银行的高管，即便被开除了，也不用担心要露宿街头。

如果一位高管为股东们带来了财富，AT&T的斯蒂芬森就不觉得高管高薪的体制有什么问题："我觉得唯一的道德问题是，'有高管利用（这种体制）获得其他好处吗？是否有其业绩与其待遇水准不匹配的高管？'"但即便是斯蒂芬森也认识到，有必要限制某些高管的额外收益。衰退开始的2008年，他放弃了300万美元奖金。他说，这是一个"公平……或公正"的问题。只要员工们"相信你跟他们在同舟共济，我就觉得，对于股东们选择如何支付我的报酬，这没什么值得特别憎恨的。但我认为，如果他们看到我（拿奖金）而他们却（为低

[16] Leah Nathans Spiro, "Ticker Tape in the Genes," *BusinessWeek*, October 21, 1996.

薪）所困，那我就不对了。我就是觉得，我们都是绑在一起的”。

有一位商人一直在挣扎，因为他凭直觉知道这个体系是错的，但他不晓得该做点什么。他指责由市场来决定高管报酬，他解释说，如果他的报酬只是本来数目的十分之一，他也会做这份工作，因为他觉得这份工作蛮有趣。他承认：“但如果其他每一个跟我做同样工作的人赚的钱是我的10倍，那我的感觉也好不了。这就是人性在作怪吧。”他酝酿中的一些个人想法令人耳目一新，他说：“我们对此凭直觉都多少知道那么一点点。我们内心里很清楚，这里面有问题。我们不知道该怎么做。”

其他一些商界领袖也承认现有制度的问题，但这些人大多看不到他们的报酬在其余的公民同胞眼中是什么样子。他们的工作拿走了他们太多的东西，包括更多的时间、更多的投入、更多的牺牲，他们因此习惯了他们在生活中所有的方面都超常、过度。

他们热爱工作

通常的看法是，这些领导者做领导者就是为了钱。但我发现，虽然金钱和地位所发挥的作用可能比领导者们口头上承认的要大一些，但绝大多数领导者仍是受更强有力的力量所驱动的。他们对工作远比对他们的报酬所带来的闲暇和自由要更为钟情。正如一个人所解释的那样：“这不是赚钱的事…… 钱的问题我甚至想都没想过。它也与在组织中步步高升无关。我一直想的不过是如何给人们的生活带来改变。”

我所访谈过的领导者中86%的人专门表达了他们对工作的热爱。用安永会计事务所（Ernst & Young）董事长兼CEO特利（Jim Turley）

的话来说，“这是相对紧张的生活，如果我不热爱它，我就没法做，因为它带来不少麻烦……但我觉得，相对于我的投入，我从中得到的要更多”。他们不是被工作时间、社会关注和种种责任而耗尽心力，相反，这些人受到这些东西的鼓舞。他们热爱他们被召唤去担当的那种顶天立地的角色。他们必须热爱它，以便它值得他们做出牺牲。一位美国参议员对我说：“人们会问，‘当参议员是什么感觉？’我的回答是，它就是更多。它在每一方面都更多。更多的满足感、更多的回报、更多的挫折、更多的压力，无论你怎么想象，它胜过生命中最好的和最糟的。”

其他一些领导者把他们投入到工作中的激情说成是一种根深蒂固的秉性。克林顿政府时期的移民与归化局专员梅斯勒说：“如果你是充满激情的人，那你生来就是充满激情的人。我工作很卖力，没错，我面对这个事实。我必须热爱它。如果我想在我的生活中维持更多的平衡，我可能就得不到这份工作。但是……如果你喜欢紧张感，那你就是喜欢紧张感的人。”苹果公司董事长列文森（Arthur Levinson）不断工作是因为他担心浪费他有限的时间：“自我很小的时候开始，如果……我浪费了一天时间，我就会在梦里想这件事情……我脑子里有一种根深蒂固的东西，它不允许我过一种散漫的生活。”

从沃顿商学院毕业后，宾夕法尼亚大学橄榄球队的前任后卫沃尔夫（Robert Wolf）一心想当一名医生。参加医学院入学考试之后，他决定去参加几次面试，以便为医学院的面试做准备。然而，当他步入所罗门兄弟公司（Salomon Brothers）位于纽约广场一号大楼的交易大厅时，一切都改变了。沃尔夫说：“空气中弥漫着高涨的激情和活力。我就是一个天真无知的二十岁的孩子，我就想：‘天哪，多么了不起的工作环境。’……就在这个环境里，我说，‘这才是我的归属’。”沃尔夫回忆他结束面试后给他妈妈打电话的情形，他对妈妈说：“医学院是一个了不起的梦想，但我现在发现了我真正想干的事。”

沃尔夫放弃了就读医学院的计划，而在另一家金融控股公司找了一份工作，待遇很好，但他发现那里的环境离他在所罗门兄弟那里所体验的激动相隔万里：“我早上七点去上班，但不到六点不见人影。后来的情况好像是，铃声在下午五点响起，每个人都准备下班。”沃尔夫想体验投资银行的长时段与高强度的工作。所以九个月之后，他“差不多是恳求所罗门让他进入到他们下一期的培训班”。

他在所罗门待了10年，然后加盟瑞银集团（UBS AG），后者是瑞士一家全球金融服务公司，也是全世界最大的私人财富管理者之一。[17] 沃尔夫在瑞银一路高升，于2004年成为瑞银投资银行总裁，后于2007年成为瑞银集团美国分公司董事长兼CEO。当我问他是否仍然热爱曾经将他从他预期的职业中吸引开来的这个行当时，他停了很长时间，然后才给出“是”的理由：

> 没有哪一天我不翻开报纸并与我们的行业进行关联性阅读。石油方面是否有什么新情况、是否有哪里在打仗，或者政党方面是不是有什么事情发生，或者哪里有与我们有关的税收或货币方面的事情，或者我们在中国做什么事情，或者是关于自由贸易的。在我看来，没有另一个行业像我们这样可能间接地成为世上发生的每一件事情的一部分。

活力和兴奋、处于其业内顶端的那些人，以及与世界事务的关联

[17] 参见 Jason Corcoran，“UBS Bets on Private Wealth Ties to Tilt Russian M&A Tables，” *BloombergBusinessweek*，November 15，2011，www.businessweek.com/news/2011—11—15/ubs-bets-on-private-wealth-ties-to-tilt-russian-m-a-tables.html；“Private Pursuits，” *The Economist*，May 19，2012，www.economist.com/node/21554745.

性，这些正是白金级领袖们热爱其工作的原因所在。它并不总是要求个人牺牲。沃尔夫没有将这种忙碌的工作视为对其婚姻的损害，而是视其为婚姻的福佑。他指出，“如果你经济上安定无忧，这就可能消除了婚姻中 80% 的冲突点”。虽然 2008 年的衰退在某种程度上打击到每个人，无论贫富，但沃尔夫说，他的家人不用感受它的冲击，因为他们总是量入为出且过得很好。他和他的家人只有一处住宅，也就是他们 1993 年买的第一栋房子。

很明显，领导一家重要企业，这种紧张的生活方式的代价是很大的，它远远不是像金钱这样的小问题。领导者们从事领导工作是因为他们对他们所做的事情充满激情。美联航 CEO 史密塞克（Jeff Smisek）说得简单明了：“我从来不会真的不工作。我没有个人生活……有了电信，有了黑莓手机，你就是在连轴转。但这没什么问题，因为我的孩子们已经成人，我的太太也有工作，我的爱犬也挺好，所以我爱我这个行当。”

第七章

为善业而从事领导工作

我们所认识的人、我们所经历的事件、我们所到访过的地方给我们留下至深的印象，反过来，也为我们对世界的贡献形成不可估量的影响。这就难怪，白金级领袖们对社会的那些最重大的贡献深受他们个人的历史、内在的动机，以及私人影响的影响。一位母亲与乳腺癌所作的15年的斗争给她女儿的生活留下了不可磨灭的影响，而这最终又影响了百万人的生活：

> 把我母亲的生命从我十五岁时她第一次发现患上乳腺癌延长到我三十岁，这一点非同小可。因为她得以看到她的女儿长大成人、成为斯坦福大学的一名教授，并成为完整意义上的女人，而对我来讲，在那些年里有妈妈相伴是很重要的事情。

千百万人都可能有类似的故事，但使得这个故事特别重要的是，它是赖斯（Condoleezza Rice）2002年在小布什总统核心圈子的一次会议上说出来的。当时他们正在考虑发起总统艾滋病紧急援助计划

(PEPFAR)，这是以史无前例的规模为防止艾滋病的蔓延而提供援助的一项全球健康计划。开这次会议的时候，所讨论的问题是 PEPFAR 是否应当提供抗逆转录病毒的药物，后者并不能治愈艾滋病，但可以延长染上此病的人的生命。赖斯就是在这个时候发言的。她说："如果你能延长一位母亲的生命，让她足以看到她的孩子高中毕业，这是很重要的事情。"

杰森 (Michael Gerson) 作为小布什总统的助手出席了这次会议，他告诉我，这是他在白宫的岁月里所经历的印象最深的时刻。他深受打动，不仅是因为这个真诚而感人的故事，而且是因为这样一个事实，即一位女性的经历会帮助在类似境况中遭难的千百万人塑造他们的命运。

像赖斯这样的白金级领袖确实可以举重若轻地让源于单个人的生活或单个人的体验的利益扩大到千百倍。在赖斯的亲身经历的推动下，PEPFAR 一部分资助用于提供抗逆转录病毒药物。从 2003 到 2007 年，PEPFAR 估计避免了非洲 110 万人的死亡，在受助国家降低了 10% 的死亡率。虽然 PEPFAR 因为要求三分之一的预防资金要用于促进禁欲项目而受到批评，它仍然被称作"布什总统期间最持久的跨党派的成就"，并受到广泛赞誉。[1]

利益之重要，并不一定要上升到生死问题。例如，赖斯在借助她的个人经历方面还有其他方式，去做出影响千百万人的决定。在担任国务卿期间，她每天早上四点半锻炼的时候都会看当天的地方新闻，

[1] 参见 Sheryl Gay Stolberg, "In Global Battle on AIDS, Bush Creates Legacy," *New York Times*, January 5, 2008, http://select.nytimes.com/gst/abstract.html?res=FB0B17F83B550C7B8DDDA00894DD404482&pagewanted=2&pagewanted=all; James Traub, "The Statesman," *New York Times*, September 18, 2005, www.nytimes.com/2008/01/05/washington/05aids.html?_r=1&pagewanted=all.

因为她相信，“如果一项外交政策的议题成了地方新闻，那它对美国人来说就是非同小可的”。当她看到一则新闻报道说一位妇女由于没有及时收到护照而无法完成其度假计划时，她就想：“哦，护照啊，这是我的事。”她此前知道新的西半球旅行规定（它要求美国人进入像加拿大、墨西哥和百慕大这样的国家时要出示护照）会收紧护照申请程序，但她不知道人们要为一本护照等上六个月之久。因此赖斯就开始想办法把积压时间降至三周。

设想广受关注、大权在握的领导者们只是关心他们自己的利益，只是把他们的资源用于自己的舒适和提升，这是很容易的。他们身处高级西装、林肯轿车、溜须拍马的内部人，以及繁重工作的世界。而且肯定有一些人从来没能摆脱自恋。但对于白金级领袖们——也就是那些因其拥有的影响而卓尔不凡的人——来说，他们的工作是人格化的。

在我所采访过的数百位商界领袖当中，罗万（Barry Rowan）对商业的目的做了最有吸引力同时也最简洁的表述。在他看来，“经商的根本目的就是服务”。他提出了商业服务于更大社群的四种方式：通过增强经济力量、改善顾客们的生活、创造一种“让人们能够上升到充分的自我表达境界”的工作环境，以及成为共同体中一位负责任的公民。2011年海啸袭击日本之后，Vonage宽带电话公司（罗万任该公司首席财务官）提供了免费拨打日本电话的善意服务，以便提高通往这个困境中的国家及该国之内的通讯状况。这个措施让公司承受了代价，但他们认为这是支持一个深陷困境的国度的正当作为。虽然公司并不总是能够让渡它们的利益，但像这种偶然的、策略性的慈善之举也是有价值的。

动机

在工作内外，手中掌握着这么多资源和机会，追求公共利益的领导者们如何在诸多选项中做选择？驱动他们投身公共利益的又是什么？在 1918 年题为“以政治为业”的演讲中，社会学家韦伯（Max Weber）分析了领导者所持有的两种伦理框架。[2] 一是责任伦理，它采取更宽广的观点，主张为了实现必需的目的而牺牲原则。另一方面，信念伦理则坚持认为，我们应当在每一个特定的时刻都做正当之事，而不用考虑其长远后果。两种框架都各有利弊。有时候，领导者们能够同时实现他们的个人信念和对于许多人的利益所负的公共责任。从社会的角度看，我们当然也希望能够如此。

责任伦理

责任伦理所考虑的完全是后果。持有这种伦理观的领导者看重目的胜于手段，他们常常感到对特定的机构或目标负有义务。责任伦理最关心的是采取实际的措施达到实实在在的结果。

科瓦塞维奇是美国最大的银行之一——富国银行——广为人知的、成功的（虽然还是被低估了）董事长兼 CEO。1990 年代中期，科瓦塞维奇执掌总部位于明尼苏达的大型银行——西北银行（Norwest Bank）。他知道，西北银行要成长的话就必须扩展到其他地区。因此，他于 1998 年领导了与富国银行的区域银行并购。科瓦塞维奇成了新公司的 CEO，这家新公司保留了富国银行的名字，以避免“西北”这

---

[2] Max Weber, *From Max Weber: Essays in Sociology*, ed. and trans. Hans Heinrich Gerth and C. Wright Mills（New York：Oxford University Press，1946）.

个名字中所包含的区域性含义。

科瓦塞维奇所做的最早的决定之一就是把公司总部从西北银行所在的明尼阿波利斯（Minneapolis）迁至富国银行总部所在的旧金山。这是一个很不受欢迎的决定，许多人对科瓦塞维奇撤出明尼苏达感到愤怒，这里的《财富》500强公司总部的数目只有加州的一半。该银行当然仍然会在明尼阿波利斯保留一些业务，但地方的商业界担心它会缩小在明尼阿波利斯的生意规模，从而对地方构成损害。然而，科瓦塞维奇坚定地认为，搬迁是必要的，即便这意味着让明尼苏达在总部经济上受到影响。他明白他有必要更多地了解新的组织中富国银行的那一面，它在加州的生意是在明尼苏达的10倍。

科瓦塞维奇并不是对地方商业社群的呼吁充耳不闻，事实上他对地方的发展负有个人的伦理责任，但他的决定更多的是出于实际考虑。他告诉我："这里面没有什么艰难的决定。"他甚至拿出笔和纸画了一张图表，展示了如何判断一个特殊决定的成本和回报。他说："如果你只有一个解决问题的办法，那很简单，你就去试。让我们假定只有两个答案，那你就试其中的一个。如果结果不错，那就是它了。如果结果不太好，那你就知道另一个答案才是办法，对吧？"从科瓦塞维奇工业工程的专业背景来看，这是显而易见的。在实验室里，决定都是基于实际结果，而不是基于人或政治考虑而做出的。

在石油界，埃尔森汉斯（Lynn Elsenhans）很有名气，她是领导大型石油公司的第一位女性，在总部位于费城的太阳石油公司（Sunoco）当了四年CEO。在领导太阳石油公司之前，她绝大部分职业生涯在壳牌公司度过。在我们开始访谈的时候，埃尔森汉斯跟我分享了她儿时的一些主要期望。她说："其中包括我所理解的'责任'的期望：成为对你自己的行为担责的那种人，就是一个负责任的人、一个坚持其承诺的人。"随着她升入领导岗位，这种对承诺的担责成长为一种为保护其组织的长远利益而做出某些牺牲的责任伦理。

例如，埃尔森汉斯给我讲了一个她在壳牌公司时亲自到得克萨斯州奥德萨（Odessa）去关闭那里的一家工厂的故事。她说："这家炼油厂各方面都做得不错，安全记录是最好的，生产能力很高……面对一群基本上按照你的要求去做好了每一件事情的人，你如何去告诉他们说你不得不要他们停工？"这家小厂之所以要关闭，是因为它不再能够同墨西哥湾更大的工厂竞争。埃尔森汉斯说："因此，他们面对的环境完全改变了，而对此他们没有任何过错。"她继续说道，

> 我和他们彻底地分析这种情况，解释为什么会这样。我给他们解释，公司为了让他们在其他工厂就业打算怎么做，但这意味着他们将不得不搬走……他们以很职业的态度对待这件事情，没有人给我嘘声，我也没有让他们咆哮。一直到今天，这件事情一直让我无法忘怀……我确实为此感到难过，而他们也确实尽其所能地让我不那么为此难过。这件事情里头确实有某种特别有人情味的东西，让人非常感动。

所有的领导者都会说解雇是他们最艰难的时刻，而白金级领袖们承认他们在解雇当中的角色，同时为其必要性感到遗憾。

但责任伦理不是理想主义的，它承认做出一些在短期内要求显著牺牲的决定的必要性。责任伦理的信奉者分步做决定，无论代价如何，都迫使自己行动以达到明确的结果。

信念伦理

太阳石油公司和富国银行的成功表明，埃尔森汉斯和科瓦塞维

奇代表他们的公司做出了正确的决定，但有时候，责任伦理可能运用失当。2011 年秋，随着宾夕法尼亚州立大学儿童性侵丑闻那些骇人听闻的细节被揭露出来，举世为之震惊。这些细节包括：侵犯持续数年，宾州州立大学当局知道这件事却采取了该死的不作为。校长斯帕尼尔（Graham Spanier）、橄榄球教练帕特尔诺（Joe Paterno），以及卷入其中的其他人却选择以另一种方式看待此事，因为他们认为，不作为长远来说对学校是最好的决定。他们把一支声望很高、战绩辉煌的橄榄球队的雄心摆在比受害者对正义的迫切需要更为优先的位置上。

2011 年春天，我采访过刚从美国钢铁公司 CEO 和董事长位置上退下来的苏尔马（John Surma），但如今，他尴尬地作为丑闻期间宾州州立大学理事会的头面人物而为人所知。苏尔马当时是理事会副主席，被邀请处理学校如何回应的问题。虽然苏尔马和理事会肯定想要获得长远来看对学校最好的结果，但他们也清楚，必须代表受害者采取一些行动。面对铁杆球迷和校友们的激烈批评，苏尔马坚持要解除斯帕尼尔和帕特尔诺的职务，直面随之而来的媒体风暴。虽然理事会主席加尔班（Steve Garban）因为苏尔马的参与甚至要辞职，后者仍然因其对局势的稳妥处理而广受称赞。

信念伦理认为，领导者应当忠实于他们的道德原则而不问后果。“就算世界毁灭，也要实现正义”是体现这种思路的一条古老格言。[3]从根本上讲，笃信信念伦理的领导者把忠实于理想放在优先于解决问题的实际措施之上。苏尔马一直以来都持有信念伦理。

美国钢铁公司是美国最大的钢铁生产商，收入达 170 亿美元，员

---

[3] 信念伦理通常在有坚定宗教信仰的人们的生活中体现出来。这一点一如韦伯所说，“一位基督徒做正确之事，而把结果留给上帝”。

工超过 4.2 万人。作为公司 CEO 和董事长，苏尔马达到了可观的高度。但就苏尔马如今的职位来说，最具挑战性的一个方面是，他对公司退休人员的退休金负有责任，而这笔退休金总数大概是每年 5 亿美元，这几乎相当于公司的资本支出预算。苏尔马承认："我在想，自 2001 年开始，如果每年多出 5 亿美元，我本来能够做什么——我们本来能够做什么。我们本来可以做的事情令人难以置信，那是我们立即可以做的事情！"然而，他个人的信念取代了关于拖欠的任何考虑："这些人退休时是有合同的。这不是任何人的错，生活就是这样的，我们必须顾及这一点。希望我们在某个时刻可以搞定这件事，随着时间的推移，它也会有结果的。"这是一种经典的信念伦理推理——我们无法为做正当之事的后果承担责任。虽然这些退休金对公司带来经济损害，苏尔马仍然执着于他的道德责任。

目前的员工们也感受到苏尔马的信念所带来的影响。在他上任伊始，美国钢铁公司安全统计数据几乎是整个行业最好的，但苏尔马将此视为可怜的赞扬。他将此与"在教养院作为优秀生致毕业辞的人"相提并论。在苏尔马进行安全改革之前，美国钢铁公司一年中有 105 名员工受重伤。下一年里，这个数字降至 13 名。苏尔马进一步在他自己的合同和他的经理们的合同中将安全作为一种激励手段，以便进一步加强问责。由于一次 6 人受伤的安全事故，他失去了一份奖金的 20%。

从苏尔马任职很早的时候开始，美国钢铁公司就走到了十字路口。简单说来，公司要么被一家私募股权公司收购，要么可以收购新近破产的国家钢铁公司。公司管理层与钢铁工人联合会之间的分歧很大，后者当时同时代表美国钢铁公司和国家钢铁公司的大多数工人。苏尔马和工会工人们在确保顺利过渡的问题上陷入胶着。苏尔马说："我全程参与谈判，为时大概三个星期，都是通宵达旦。我强调，如果我不这样做，我就说不上理解了公司的精神。”他是唯一参与如此长时间劳工谈判的美国钢铁公司总裁，他告诉我，这次经历对他的人生构成了挑战：“这是大事，真是相当困难，它也可能是我做得最棒的事情。”苏尔马一再把传统以来被视为好买卖的东西放在一边，以便忠实于他的道德信念。多亏了苏马尔的行动，宾州州立大学在慢慢恢复元气，但同样的话就不能用到美国钢铁公司身上了。自2008年以来，公司股价跌了90%，苏尔马和他的高管团队中的许多人在2013年年末都被换掉了。

有时候，领导者的道德信念可能导致内部冲突难以解决。多西（Cheryl Dorsey）在克林顿政府任白宫学者那一年里就形成了这样一种信念。她有最近的机会看到莱温斯基（Monica Lewinski）的灾难，这让她开始思考关于品格和责任的问题。她对我说：“我不觉得我自己有党派偏见，我也没有什么意识形态偏好，我只不过是觉得……领导力有一个道德伦理的维度，我确实认为存在稳定的像北极星一样的准则，而你的行为必须做出表率。”多西曾跟她的同事们分享过她的信念，即如果她要是处在总统的位置上的话，她会辞职，这是原则问题。他们说她太天真了。最终，多西明确了一点，即政治并不是最适合她的。相反，她去领导绿色回声（Echoing Green），这是一个非营利中心，它鼓励和发起社会企业家们的行动，这更适合于她把领导工作理解为树立道德榜样的看法。

虽然多西本来可能成为一个杰出的政治家，但她不愿以牺牲她的信念而这样做。如果得以明智地运用，个人信念可以带来持久而繁荣的善果。然而，正如责任伦理一样，信念伦理也可能走过头。好在，多西和苏尔马向我们表明，被信念所驱动的领袖们并不必然是教条主义者。

把信念与责任结合起来

在韦伯充满原创性的演讲中，他把这两种动机系统地说成是“根本不同而且存在不可调和的对立的准则”[4]。他还声称，最好的领导者在两种系统中视情境采用不同的策略，以决定是否为了过程的正直而放弃对结果的控制（此为信念伦理），或者是为最终目标而让原则做出妥协（此为责任伦理）。这两种伦理的交替进退在茂德林（Michael Maudlin）的生活中就体现出来了。自皈依基督教之后，他就受其信念的驱动，这种信念为他提供了存在的理由：“我原本就像幻想文学中一位毫无目的的骑士，而亚瑟王最终走向我，对我说：‘这就是你的使命。’”作为哈珀科林斯出版集团（HarperCollins）子公司 HarperOne 的编辑主任和副总裁，茂德林履行着这一使命：

> 作为某种更大的存在的一部分，为一项更高贵和更宏大的事业作贡献，这对我十分重要。这也是我从事出版业的首要动力……在出版机构工作是一种令人难以置信的特权，因为我认为它是人类寻求达到最佳状态这一事业的基本骨架。

茂德林对交流观点的热爱使得他采取了一种他所谓的“强健出版”方略，它是一种有时候靠直觉、有时候出于实用考虑而获取不同书稿的思路。他的选择给他和一些福音派团契之间带来了冲突，但他坚持那样做。

---

[4] Max Weber, “The Nation State and Economic Policy（Freiburg Address）” in *Weber: Political Writings*, ed. and trans. P. Lassman and R. Speirs（Cambridge: Cambridge University Press, 1895/1994）.

茂德林给我讲了两部书稿被送到出版社之后的故事。一本是一名著名的灵异人士写的，主题关乎“富人和名流的来世生活”。茂德林明白，此书大有市场，但他对出版此书有些犹豫，因为“它给人的感觉就像是一部伪作”。但由于茂德林知道它会畅销，他最终决定出版此书。他对出版集团的责任压倒了他个人的信念伦理。

另一部摆在他桌面上的书稿让他充满热情，这是一部学术作品，提出了一种在当今文化中看待信仰的新方式。但他无法让它引起同事们的任何兴趣，因此他不得不作罢：“我本来可以坚持并让人们支持它，或者我可以跟他们谈判——我以前这样干过，但这总是不对的。因为除非有人买我们出版的书，否则我们也难以为继。”在这样的场合，茂德林把他对组织的责任摆在优先考虑的位置。当然，在利润与价值这两种因素之间求得平衡仍然是必要的。茂德林说，如果 HarperOne 只出版易于赚钱的作品，那它的声誉就会遭殃：

> 我们出版的有些书让我感觉有点尴尬，因为我们不过是为喧闹的书市作了点贡献，这因此是让人受折磨的事情。它让我更加努力地工作，以确保好书能够在市场上取得成功，以便我们能持续获得出版这类书籍的授权。

对于一位成功的企业家来讲，信念和责任都是需要的。像茂德林这样的好领导者明白在什么时候跟随自己的激情，在什么时候为确保良好的结果而在必要性面前低头。

发挥影响力的机制

虽然白金级领袖们常常对其薪酬和优势中的不正义不甚明了，但他们明白他们享受了额外资源的福佑。他们努力利用那些资源去解决他们周遭世界中的问题。这一般来说是通过慈善、利用声望去影响他人，并将其组织培育成谋求公共利益的机构。

慈善

高管与普通人之间最明显的日常差别就是收入了。钱作为把富人和穷人区分开来的最明显的东西，如果它被用于慈善，就不仅能带来大量的好处，而且还可以传递对他人福祉的关切。

我访谈过的550位领导者都以某种形式从事慈善活动。其年度平均慈善支出接近80万美元，最低的是1500美元，最高达1亿美元，还有12位其他领导者至少给到8位数。不到一半的人常规性支出6位数，在本项研究展开的10年间，有四分之一的人支出超过100万美元。根据美联储的数据，1%的最高收入者（这个群体不止于本研究中所涉及的领导者，但构成很相近）占到慈善捐赠的30%。

许多领导者也分享了他们自发的、小额度投资的经历，例如支持他们秘书的儿子读完大学或借钱给朋友。好几个人还讲到，看到电视上关于无家可归者的报道，或者读到一篇未得到安置的难民家庭的文章，就决心建立一个处理无家可归者问题的委员会，或者资助难民家庭。当我们听到关于贫困或生活悲剧方面的事情，都会感到同情，但由于这些领导者拥有海量的资源，他们就可以做一些对之有意义的事情。

绝大多数领导者的捐赠不是给个人，而是给组织的。大多数从事慈善捐赠的领导者都对他们的慈善行为采取一种策略性的方式，即对捐赠进行精心计划，并对捐赠的组织进行投资，从而获得尽可能大的影响。对他们来讲，为慈善付出更像是一种风险投资，他们希望看到他们资本的回报，例如人们的生活被改变了，或者社区得到了相当程度的改进。我访谈过的一位女性，如今她主要是给她的母校捐款，她说："我以前跟很多人一样，做慈善捐赠就像撒胡椒面，每人一点点。多年之后，我就决定，我更应该把我的捐赠集中一下，以便尽可能多营造一点影响出来。"

捐赠事业压倒性的对象是教育，有 66% 的领导者给教育事业提供捐赠，主要是学院和大学。事实上，一位领导者捐赠的钱越多，他越是可能捐给教育机构。学院和大学在获得资助及慈善机构的关注方面有优势，因为领导者们都有在它们当中生活的直接体验。资助一位非洲儿童无疑是一种善举，但给自己母校的医疗中心捐赠则因为个人与学校的关联性而可以是一项更有个人意义的投资。而且，新的中心可能最终会在系统性的层面上影响到那位非洲儿童。

接下来最受欢迎的捐赠类型是捐给宗教事业，有三分之一的领导者为之捐赠（为社区、艺术、减贫事业的捐赠，各自只被不到 15% 的领导者提及）。引人注目的是，比自由派更多的保守主义者们捐出至少 7 位数。那些比他们其他领域的同行赚得多得多的商业高管捐了绝大多数。事实上，常规性每年捐赠超过 100 万美元的 94 位领导者中，只有 4 位不在商界。

做慈善对这些领导者来讲并不仅仅是填一张支票，对于在哪里投入时间和精力以实现更大的善业，绝大多数人都有某种激情的投射。超过一半的领导者在非营利组织担任理事，而将近 10% 的领导者有他们自己的基金会，他们通过基金会来统筹他们的捐赠。一位 NBA 名人堂的名流在其职业生涯晚期为处境不利的孩子们创办了一所以服务为基础的小学。泰勒公司（Ann Taylor）CEO 克里尔（Kay Krill）发起设立了“安关爱（Ann Cares）”，这是一个法人慈善项目，聚焦于妇女、儿童和环境。eHarmony 网站的沃伦（Neil Clark Warren）说，他和他的太太“喜欢把钱捐出去”，而且基本上是匿名捐赠。许多非营利组织的高管把他们薪水的相当一部分返还给他们所在的组织。

在其他一些领导者（像总部位于得克萨斯的大卫·维克利家园公司 [David Weekley Homes] 的维克利 [David Weekley]）那里，我还发现一个有趣的趋向：他们创建公司，赚成百万富翁，然后就退休。对这些领导者来讲，他们经济上的成功所带来的最大好处是他们获得了回馈的能力，所以他们从公司退休，以便专注于至关重要的慈善事业。例如，eBay 创始人奥米迪亚还只有四十多岁，但他首要的关注点现在就是慈善。像比尔·盖茨越来越因其慈善事业而不是他所创造的技术服务而闻名。他的捐赠所带来的遗产可能比使这种捐赠变得可能的那家公司更能久立于世。

奥米迪亚迄今最大的赠礼是捐给塔夫茨大学（他的母校）用于建立奥米迪亚－塔夫茨小额信贷基金的 1 亿美元。他不是简单地用他的名字命名一栋宿舍楼或者捐一个讲座教授席位，相反，他想做一项投资，让这所大学参与到他的热情追求中，那就是在不那么幸运的人当中鼓励商业创新。

影响力

有时候，一位领导者赋予一个组织的声望比他能给予的任何资金都要更有价值。钱可以很有用，但一位领导者的声望对于吸引关注及其他来源的资金支持则可能有几何级数的效应。

作为卫生局长在白宫服务多年后，撒切尔（David Satcher）收到了哈佛、斯坦福这类机构的工作邀请。但是，他的朋友和即将退休的莫尔豪斯（Morehouse）学院院长苏利文（Lou Sullivan）正打算建立国家社区医疗中心，想邀请全国闻名的撒切尔担任主任。这家机构需要撒切尔的影响力。但莫尔豪斯不能提供其他机构可以提供的额外待遇：没有讲座教授头衔，甚至没有合同。在访问斯坦福之后，撒切尔的太太对他说："戴维啊，斯坦福给我们的条件确实不错。但我了解你，我知道你的心在莫尔豪斯，你在那里可以带来最大的改变。"就这样，撒切尔回到了他在亚特兰大的母校莫尔豪斯。

有时候，撒切尔也会怀疑他的决定是不是一个错误。当新院长加文（Jim Gavin）被解职以后，撒切尔受到压力，要担任临时院长，他最终也这么做了。这不是他原来想要扮演的角色，但他决心利用他的影响力去做对莫尔豪斯最有利的事情。大多数观察家认为他去莫尔豪斯是正确的选择，他在那里对新项目有最高的潜在影响。

领导者把声望转换成政治权力的最有名的例子可能是U2乐队的波诺（Bono）。波诺是世界闻名的摇滚明星，但他的音乐声望之后紧接着就是他作为一位人权倡导者的名气。本章开头提到的PEPFAR就因他同意对小布什政府为关爱艾滋病人的经济投入提供政治支持而得到促进。奥尼尔任财长的时候，他最初拒绝了跟波诺的一次会面，他说："我觉得他的音乐不错，而且我确信他这个人也不错，但我没时间搞社交。"但波诺最终确保了与他的会面。按奥尼尔的说法，"波诺在15分钟内让我确信，他可能不仅仅是一位摇滚明星"。2002年，他俩一起进行了一次被广为宣传的非洲之旅。奥尼尔说，这次旅行对他很有用，因为"它帮助我得到了一些关于美国对外援助政策的议题，我认为这些议题曾被长期忽视且需要补救"。波诺的声望让他有机会见到奥尼尔，同时他又能够让奥尼尔既看到需要，又看到满足需要的机会。

当影响力被投入到像莫尔豪斯这样的小型组织或者像 1990 年代的非洲艾滋病那样不那么广为人知的事情上时，它是最有效的。一个恰当的人的投入可以把一家机构或一项运动提升到国际层面上来。

追求共同福祉的组织

当我被带到达拉斯西南航空公司总部楼上时，保安对我说："我们这里不喜欢穿西装。"看来我穿西装到这家离奇的公司总部是选错衣服了。楼外面有一些员工在玩沙滩排球，而墙上的挂饰品让这个地方看起来更像是家的感觉，而不是一家公司的运营总部。我要去见美国航空界最有权势的女性——芭蕾特（Colleen Barrett），她可不是你想象的那种典型的公司高管。她不是毕业于常春藤院校，事实上，她只读过高中。她没有护照，甚至没有驾驶证，而且在很多年里，她只是一位处境艰难的法律事务助理。

芭蕾特是一位单亲母亲，她的职业生涯始于为一位名叫凯乐（Herb Kelleher）的律师做事。凯乐的一位客户创建西南航空（一家得克萨斯的洲际运营商）后，他被雇为这家新公司的公司秘书。当西南航空首任总裁离任后，董事们召开紧急会议并请凯乐担任临时总裁。芭蕾特解释说："（董事会）其他人都是政客和投资人，他们对这里的事务知之甚少，而直到当时，全部事务主要在诉讼方面。"凯乐不能同时担任总裁和公司秘书，因此董事会漫不经意地任命芭蕾特为新任公司秘书。最终的结果是，她一直升任至公司总裁。

不仅她登上顶峰的道路超乎常规，而且她的方法也是如此。随着航空业的发展，联邦立法似乎要强迫西南航空公司重选基地，从达拉斯的 Love Field 搬到繁忙的达拉斯 / 沃尔斯堡国际机场。但西南航空公司不想抛弃它的社区。可以想象，在西南航空公司是否可以扩展业务同时仍然留在 Love Field 的问题上，公司与达拉斯市、联邦政府和其他航空公司之间出现了冲突。

西南航空更相信平民主义而不是精英之间的裙带关系，从而决定与这些人展开斗争。在这场芭蕾特称为“走上街头、走进民众”的斗争中，公司在地方报纸上做广告，请顾客们写信给他们的议员，并在卡车上涂满了请愿口号。在芭蕾特看来，这是公司唯一的选择：“我们没多少钱，无法负担高达 10 万美元的系列运动。我们不得不全靠街头智慧，因为是这我们唯一拥有的东西。”这项计划奏效了，得克萨斯各地的报纸都在头版报道西南航空。芭蕾特告诉我：“我们没钱，因此我们只能搞另类宣传，结果我们真的成就了美国最好的以弱胜强的故事。”

如今，这家勇敢的小公司仍然以 Love Field 为运营基地。在纽约证券交易所，它的股票代码甚至仍然叫“LUV”，而西南航空已然成为自 1970 年代后期取消航空管制以来赢利能力最强的航空公司。

得益于芭蕾特和她的优先考虑，其中包括所谓的“文化委员会”，“LUV”业已成为西南航空公司一个醒目的广告语。公司里有一个人民部，而不是人力资源部。当顾客们遇到问题时，一线员工们被授权做出决定。对员工的这种信任和奉献激发了极大的忠诚。有篇文章这样描述西南航空的氛围：“办公室里有数量惊人的拥抱和亲吻，而不是握手；精致有趣的小恶作剧；下午五点之后就可以在总部大楼里喝啤酒……任何让近 3.5 万名员工放松心情、步履轻盈的东西这里都有。”[5]在守旧的航空业，冲突频频，任何刺激都可能导致罢工，西南航空公司轻松友爱的文化可能正是在其他航空公司走向衰落的时候使之保持强大力量的原因所在。多亏了凯乐和芭蕾特，唯有这家航空公司为工

---

[5] Jeff Bailey, “Southwest. Way Southwest,” *New York Times*, February 13, 2008, www.nytimes.com/2008/02/13/business/13southwest.html?pagewanted=all.

薪家庭把航空旅行变得平民化了，它为一些小公司提供了帮助，而且证明一家大型公司也可以是反主流文化的。

积极的公司文化

如今，如果你走进美国任何一家名叫 Container Store 的商店，荣休董事长布恩（Garrett Boone）有可能就是你的售货员。布恩与商业伙伴汀德尔（Kip Tindell）于 1978 年共同创建了家居整理者乐园（declutterer's paradise），他一直喜欢销售。如果他到访公司 60 家店中的某一家，他就会引导员工做销售培训，并会亲自到卖场做事。从小到大，布恩从来没想过他会做零售。他曾认为那是"低级无二的事情"。但如今他的看法就不一样了：

> 没什么事情比做零售更有挑战性也更有趣的了……零售中的每一件事情都是即时性的。你并不需要退回到象牙塔中花很多天去琢磨一位顾客，你与他们形成即时的联系……你会善于在当下就你能够在他们的需要和我们的产品之间建立何种联系进行考察、询问，并得出结论。

Container Store 连锁店在友好的氛围和关爱员工方面是很有名气的。它的员工流动率不到 10%，而零售业这方面的平均比例是 100%。[6] 关爱员工是该连锁店公司精神中的很大一部分。这家公司比

---

[6] Barbar Thau, "The Container Store Cheers Office Romance, Love This Valentine's Day," *DailyFinance*, February 14, 2011, www.dailyfinance.ocm/2011/02/14/the-container-store-cheers-office-romance-love-this-valentine-s/. 零售商店的流动率这么高是因为许多员工在入职一年内就离职。

绝大多数公司都要挑剔，只雇用求职者的3%。它给员工的薪酬要高于全国零售业，连续多年入选《财富》最佳雇主100强名单。

Container Store的“奠基性原则”在公司日常运作中体现得很明显。例如，“激动人心的氛围”原则就得到每天早上员工群聚的支持，员工们一起庆生、分享产品建议和每天的工作目标。“沙漠人销售”原则则强调，正如一个从沙漠中走出来的人不仅需要水，还需要休息和住处一样，顾客也不仅仅是需要提供他们当下的需求，他们需要有解决其组织性困境的方案。布恩和汀德尔的商业模式表明白金级领袖们是如何把他们的价值观转化为强调机遇和赋能的公司文化的。

布恩承认，领导这样一家成功的公司让他意识到，他要扩展他的影响，而且他也尽力做到极致。[7] 布恩说：“它对我有好处。虽然这不是一己之利，但它明显使我可以在非营利领域、基金会方面做各种……有益的事情。”最好的领导者能够将他们的权势、慈善精神和组织化的影响力引向他们独特的激情。布恩家庭基金会有三个明确的关注点：环境、儿童和妇女。他对妇女的慈善关切在很大程度上是被他母亲所激发的。他说，如果他的母亲晚出生20年，她“会成为一名公司高管。而我也相信，在确定这个世界的走向时，妇女们（应该）有平等参与的资格，因为我觉得如果她们不在场的话，事情不会变好的”。由于该公司主要的客户是女性，布恩就看到了支持让其客户们受益的事业的进一步的重要性。他特别给我讲了他在鼓励和资助妇女参与政治竞选、资助由妇女开创的事业等方面所做的工作。布恩不仅花钱支持这一事业，而且他要确保这一点体现在公

---

[7] 在创建Container Store的时候，布恩推出了一整套全新的零售类型，那就是贮存和组织。他把自己看作既是创业者又是零售商，将公司的成功既归因于市场机遇，也归因于客户服务，后者则源于公司对员工们的投入。

司的管理当中。在采访他的时候，他说公司13位副总裁中有10位是女性。

顶层视野

就像布恩一样，本项研究中的大多数领导者是你可能从未听说过的人，尤其是那些来自商界和非营利部门的领导者。我们在考察塑造周遭世界的力量时，看到政府和大公司，它们是一些匿名的巨无霸。即便如此，我们也只看到它们活动的结果，这些活动本身却通过认知、时间和距离而被模糊了。但在媒体所未见之处，在公司标识和政府表演的背后，都是一些活生生的人，一些其日常行动可以改变历史的人。他们是一些执掌社会最有权势的机构的人。而且每一位领导者都有一种个人伦理、独特的动机和特定的人生历程。

无论在哪方面有富足或有欠缺，每一位领导者都至少始于两样东西：潜能和机遇。基因和社会经济方面的运气决定了年轻的领导者在多大程度上能够利用他们的天赋才能或成长中的累积优势，但要对其所拥有的东西做最充分的利用和发掘，这仍然取决于初始型领袖本人。这种技巧，也就是把机遇最大化的能力，可能是真正的白金级领袖的关键指标。他们用其所得，包括教育、人际联系和经验，并善加利用以迈向成功。他们或许并不总是做得很好，但他们从不停止学习并在下一次做得更好。就获得权力矩阵的入场券来说，这一点尤其重要。此中所需者，就是一种关键性的关系或导师指引，而能够有效利用这种联系的初始型领袖就开始了攀登之路，确保进入社会顶层的机会，并在其中获得一席之地。

但成为领袖并不仅仅是如何谋求最大化的过程。初始型领袖也必须学会如何一般化。白金级领导力所要求的不仅是管理技巧和专业知识，它也要求对强大组织的方方面面有广泛的认识，以及应对一位高管的无尽责任的能力。这些责任包括解决人事问题、设置愿景、文化建构、财务管理等。他们需要对组织和领导工作的诸多不同方面都有一定的兴趣和理解。简言之，一位领导者需要采用一种博雅的生活方式。或许，既巩固进入权力矩阵的机会，同时又发展这种博雅精神的最简单的方式就是通过某种催化剂（例如白宫学者项目），也就是由全国性的机构所资助的项目或体验，它给初始型领袖以机会，让他在承担有意义的工作的过程中培育其全面的思维方式和与高级人际网络的联系。

当然，没有自己的“天字第一号讲坛”，没有CEO、舰队司令或参议员头衔的领导者是什么样子呢？领导者的权力不仅来自他所在的组织，它同时也是通过这一组织来运用的。一位CEO在更广阔的世界中有影响力，但他在其组织成员当中，对他可以直接处置的组织资源才有最大的影响力。

白金级领导不仅仅是一项工作。由于被他们的职位去人格化了，这些领导者要为事情的负面后果承受公众的愤怒和责备，无论这些事情是否处于他们的控制范围之内。他们经常要承受一些不明全部真相的人们的批评，在沉重的压力下保持积极正面的态度，或者默默地为一项失败的计划而承受痛苦。由于工作时间远远超出朝九晚五，领导者的角色就有控制一个人全方位生活的趋向。领导者们必须每天掂量他们的责任，这些责任一方面是针对受他们工作影响的千千万万的人，另一方面是针对他们珍爱的家庭成员和内部圈子。

白金级领导工作的根本张力就表现在：一方面，领导者们也不过是有着独特经历和性格、好与恶、力量与不足的人；但另一方面，在他们的组织成员及更广范围的人的眼中，他们就是其组织机构的同义词，是大权在握的顶天立地的人物，他们的个人生活只有在面对丑闻的时候才被考虑在内。面对如此之高的期待，许多领导者自吹自擂，设想他们配得上如今高管们当中普遍存在的荒谬的高薪和补贴。

领导者们与其日常生活和非同寻常的责任之间的张力作斗争，但个人激情和职业机遇之间的汇合点恰恰也是领导者们利用他们的机遇寻求积极影响力的地方。作为个体，他们拥有独特的梦想和动机，而作为领导者，他们拥有按照梦想和动机去行动的资源，还有更大的行动空间。为了对共同福祉带来最大的影响，领导者们被要求把每一次机遇最大化。就其最佳状态而言，白金级领袖们不仅带来变革，而且他们领导其他人，让他们也欲求并实施这种变革。

为全球影响做战略投资

1977 年，范坚 (Kien Pham) 真正是在漂泊。他是茫茫南中国海一艘船上的 300 名越南难民之一。他回忆说，有一个晚上，他和他父亲在船上注视着无边的大海，他父亲给他讲了一段充满智慧的话：“你将来如果成功了，一定要与其他人分享。我在这方面做得不够，而这也为引起我们国家革命的问题之源起了不好的作用。穷人都成了敌人了。”在南中国海上的那一刻，范坚的生活本来有千万种不同的可能。或许正是他父亲的话把他推上了寻求成功并与人分享的道路。

范坚的家人在科罗拉多上岸，他在那里上了科罗拉多大学波德 (Boulder) 分校。他听了国会议员韦尔斯 (Tim Wirth) 在这所大学的一次讲座，这位议员提到，白宫学者计划是他成长过程中的关键经历。六年后，他在斯坦福读完 MBA，二十七岁的他入选白宫学者。他得到了一些媒体的关注，因为他在仅仅八年时间里就实现了从越南难民到进入白宫工作的显著跨越。完成白宫学者项目之后，他的职业生涯开始起飞。他先后在宝洁公司、五角大楼工作，并出任休斯敦天纳克煤气公司（Tenneco Gas）副总裁。范坚说：“我有一个强烈的信念，那就是要在我每天所做的事情中带来某种改变，无论是在私人部门工作，还是与家人在一起，或者是在公共事业当中都是如此。这是我的驱动力所在。”但他发现他在私人部门的成功是不够的。他并不想仅仅通过慈善捐赠，而且还想通过他的个人影响力来回馈社会。

1997 年，范坚再次与韦尔斯议员取得联系，当年正是这位议员推荐他参加白宫学者项目的。韦尔斯后来当上参议员，然后在克林顿政府国务院中担任主管全球事务的副国务卿。范坚提醒韦尔斯，战争结束 22 年之后，越南还关押着 400 名政治犯（美国政府曾试图让他们获得自由，但没有成功）。范坚请求韦尔斯予以支持，然后他向天纳克公司请求休假，并获得批准。返回母邦后，范坚跟美国大使彼得森（Pete Peterson）进行了接触，后者也曾是战犯。他们制订了一个计划，利用范坚在越南政府中的关系争取释放一名政治犯。范坚建议，他们完成计划以后，彼得森大使要“大声”赞扬越南政府。范坚通过走后门实施行动，一名政治犯得以释放，美国大使也热情地对此表示赞扬。接下来范坚一次又一次如法炮制。他一次让一名政治犯被释放，而每一次大使都对越南政府表示赞扬。后来，越南领导人越来越喜欢倾听外交使团们的夸赞了。几个月之后，范坚再次与越南政府的联系人见面，他建议他们应当“从零售转向批发”，2000 年应当举行一次大赦，一次性释放所有剩下的政治犯。越南政府被反复恳求，也慢慢接受了这个主意，并最终答应了这个方案。就在新千禧年来临之前，范坚实现了他的目标，所有的政治犯都被释放了，其中一些人已经被关押了几十年。

这是一项重大的政治成就，同时也是一项个人的成就。当范坚最初考虑这个计划时，他的动力来自于他能够带给这么多人自由和喜乐，但同时也因为他想到一个特别的人。他一路走来，从南中国海上的那艘船，到科罗拉多大学波德分校的班级，然后作为白宫学者与里根总统握手，再到他与越南政府的最后谈判，他脑子里一直装着一个人。这个人就是范坚的叔叔，他是这 400 名政治犯中的一个。如今，他的叔叔作为自由人在加州生活，这直接源于范坚在为自己和他人寻求更好的生活时所做的谨慎的冒险。范坚跟我分享了一则谚语，它非常准确地抓住了领导工作中的风险与回报：“不入虎穴，焉得虎子。”

白金级领袖过着高风险与高回报的生活，为形成最大的影响而最大限度地利用每一次机遇。在每一个组织的背后都有一位享有权威、影响力和权力的领袖。而每一位领袖都有自己的故事，它就存在于他的人际网络、个人成长和动机当中，这个故事通过他影响其组织和整个世界的行动而形成回响。

结 语

2013 年年初，几乎人人都在谈论杰西潘尼（JCPenney）公司 CEO 约翰逊（Ron Johnson）。这位苹果公司年轻有为的零售主管被聘去改造这个不景气的零售巨头。但仅仅过了 17 个月，杰西潘尼的董事会就炒掉了约翰逊，他那革命性的计划适得其反，让公司净损失 25 亿美元。董事会又转而请公司前 CEO 乌尔曼（Myron“Mike”Ullman）来稳定局面。这个决定让一些人感到有些不安，因为乌尔曼虽然很能干，但他在经济衰退期间曾执掌这家公司，而这次经济衰退对零售业造成重创。不过，与此同时，他的领导也带来了一些显见的成绩。在他 2012 年退休的时候，每两个家庭当中就有一个家庭在一年当中曾去杰西潘尼购物，公司的客户满意度高于另一家著名连锁百货店诺德斯特龙（Nordstrom），员工敬业度（这是衡量员工满意度的尺度）与星巴克相当。事实上，他被认为是其 CEO 同行中的佼佼者。2010 年，耶鲁首席执行官研究所为表达对他工作的敬意，授予他“传奇领袖奖”（Legend in Leadership Award）。

我 2004 年年初第一次见到乌尔曼，那也是他第一次在考虑执掌杰西潘尼的邀请，当时这家公司正在从破产边缘开始复苏。我们在中央公园边上的皮埃尔酒店里共进早餐。他说话坦诚、没有废话，显示了作为一个中西部人的教养，但他早已功成名就了。乌尔曼第一次掀起波澜是在二十九岁的时候被任命为辛辛那提大学商务总监。在华盛顿做了一年白宫学者后，乌尔曼成为总部设在辛辛那提的食品业巨头克罗格（Kroger）的副总裁候选者，但他被联邦百货公司（Federated Department Stores）吸引到达拉斯参加面试。他的面试官所讲的几句话使得他重新评估他的目标：

> 这不是头衔或钱的问题，而是你将会学到什么的问题，因为你是从头再来。不错，你很聪明，资质过人，你还去过白宫。但如果你不能为公司作出贡献，这都毫无意义。除非克罗格公司给你一份你可以学到东西的工作，否则我怀疑你在那里会有些麻烦。所以，你看看，如果你到这里来会怎样？

他的太太周末也来到达拉斯，他们认为联邦百货是一个不错的选择。他赞同学习的机会是他当下所能追求的最有价值的事情，然后他就担任了公司仓储部门的负责人。他接受了联邦百货最低的薪水选项，以便进入到公司中一个适于他的经验而不是适于他在别人眼中的级别的部门。他的这种做法是前所未闻的，尤其是考虑到公司愿意就薪水问题进行谈判。乌尔曼在四年里很快完成了七个部门的历练，在这个过程中得到了良好的商业教育，这在他看来比他的报酬要有价值得多。

乌尔曼后来离开联邦百货，应九龙仓置业（股份）有限公司（Wharf [Holdings]）董事长、他大学室友的邀请，前往这家公司担任行政总裁，这是香港的一家大型商业集团。两年后，他接到了梅西百货公司（Macy's）的邀请，这家公司那时正面对严重的财务困难。他被聘为执行副总裁，并在梅西宣布破产之后被提升为CEO。他没有像一些人建议的那样对公司进行清算，而是将其盘活。两年之内，他以

40 亿美元的价格把梅西公司卖给了联邦百货。并购完成以后，他有意休假一年，但环球免税店集团（Duty Free Shoppers）又找到他，这是一家私人企业，在国际机场终端和市区商店销售高端商品。

乌尔曼执掌免税店集团两三年后，该公司被极为成功的法国商人、目前排名全球富豪榜第四位的阿诺特（Bernard Arnault）购买。阿诺特想要乌尔曼留下来，后来邀请他接管更大的公司、大型奢侈品集团 LVMH 的领导职位。乌尔曼不得不从旧金山搬到 LVMH 的总部巴黎，他的家人因为两个女儿的健康问题需要待在旧金山。他占据这一职位，一直到肌肉和脊椎的病变使他难以行走且不可能在国际上来来往往。在离职的时候，乌尔曼是全球零售界的领军人物，在三个洲领导过成功的企业。

乌尔曼离开 LVMH 的"退休生活"的内容来自公司或非营利机构的董事会，其中包括星巴克、拉弗劳伦（Ralph Lauren）、陶布曼（Taubman）、赛格威（Segway）和环球电信（Global Crossing）。然后，一位绝望的杰西潘尼董事找到他，让他再次看到了做一点挑战性工作的机会。但让他最受鼓励的可能还是他作为志愿医疗船（Mercy Ships）的董事长，这是一家基于信仰的非营利组织，它通过一艘在西非海岸线上航行的医疗船为欠发达国家的人们提供免费手术和医疗保健服务。在我访谈过的 550 位领导者中，他有一点胜过任何其他人，那就是，他不仅向我展示了如何把一个人的基督教信仰——这对我个人而言非常重要——纳入领导工作的可能性，而且还表明了如何可以在一个竞争性的、多元的世界中以一种不那么令人厌恶的方式做到这一点。

他给我的印象如此之深，以至于我担任戈登学院院长后便聘请他加入学院的董事会。这就是我在他 2013 年 4 月再次担任杰西潘尼最高职务后立即去拜访他的背景。约翰逊那时离职不到一个月，董事会在领导职务问题上的犹豫不决让外面的商界相信杰西潘尼处于崩溃边缘。我以为公司总部会一片混乱，毕竟他们的财务问题仍然在持续恶化。但一切看上去显得相对平静。回到乌尔曼的办公室后，我问他的助手，从乌尔曼几天前回来以后，公司的氛围如何："这些天大家的精神状态怎么样？"

她的回答很直接："好多了。我们知道迈克爱我们，没什么东西可以像爱一样赢得我们的信任。"确实如此。

道成肉身式的领导力

我们学习领导力的最有效的方式不是通过书本，而是通过看它如何被塑造出来。归根结底，领导力取决于追随者与领导者之间的关系。如果我们社会中的权力矩阵有一个支撑性的设计，它就是建立种种关系纽带的网络结构，这个网格结构把我们彼此、把我们与我们的组织机构联结在一起。我相信，领导力的关系之维要求那些追求影响力的人用心思考他们的个人价值观及深层信念与他们的责任得以交叉的方式。在我自己的生活中，我发现这种做法对于澄清我能运用我的影响力以寻求共同福祉的最重要的方式极为有益。出色的领导者通过种种关系运用他们的影响力，他们不仅是穿着我们的平底鞋行走一段里程，而且是实实在在地把我们自己置于另一个人的位置上。这就是道成肉身，它是一种牺牲，一种献身，无所不包。接下来，我列出若干关键的原则，它们是我在考察那些试图把他们的价值观与他们的领导角色整合起来的杰出领导者的生命经历时所发现的。

个人化地行动，但组织化地思考。领导工作是艰难复杂的，我们常常达不到我们为自己设置的理想，但没有这些理想，领导工作就会堕入纯粹的目标管理。在与追随者的关系中，领导者必须培育我想称为“人情练达”的友善，也就是一种进行柔性领导但又充分理解组织机构生活的麻烦现实的深思熟虑的方式。

赫克洛（Hugh Heclo）的佳作《论组织化地思考》（*On Thinking Institutionally*）非常正确地提醒我们，持久的文化变革是通过主要的组织而得以发生的。如果我们想在这个世界上带来一些显著的变化，我们就不得不组织化地思考。我鼓励我的学生在求职的时候要接纳而不是回避大型机构。当联邦政府或重要的公司这类大型机构实施一项新的方法或政策时，全国都会跟进。但那些创新几乎总是从这种组织的边缘发起的，而且是在低端发起的，而那里正是大学毕业生的天下。一位白宫官员向我透露说，几乎政府的所有政策都是由二十多岁的员工们起草的，“我们是被一个小屁孩联盟领导着的”。

那么，我们如何进行组织化地思考，同时又不被科层结构的世故所耗尽心力呢？答案是，通过个人化地行动。我们需要一些促使我们对周遭人们的生活产生个人关切的高贵原则。当我们给杰出员工写感谢信，感谢他们对我们事业的付出时，我们就是在这样做了。当我们意识到员工们有重病和死亡的时候，我们必须花些时间关心甚至需要出面，此时我们就是在寻求组织的最佳利益。在我多年的在不同机构的工作中，我从来没有碰到一位同事，当我说我在为他祈祷时，他竟然会不高兴。作为领导者，我们有各种各样的方式去展示我们那种人情练达的友善。当然，我们必须在这样的信息如何被传递的问题上保持审慎，并留意它们可能如何影响领导者与追随者的关系，但是，对于我们的个人价值观在公共场合的位置保持敏感并不要求我们保持沉默。

把机遇最大化，但留有余地。我是坚定地主张把我们所得到的机遇最大化的人。有鉴于此，我鼓励学生与来学校访问的演讲嘉宾进行个人会面，并事后寄出手写的信件。你只有一次留下第一印象的机会，而我多次看到这样的行动如何帮助学生获得实习或工作面试的机会。但做这样的事情也可能会比较莽撞，自我发展必须伴随着一种更广的、对于我们彼此应当如何建立关系的看法。对于那些掌权者而言，这一点尤其重要。正是最大化的思想倾向让如此之多的高管变得盲目、对他们与员工们之间薪酬上的极端不公正视而不见。我们需要来自那些资源或机会更少的人的经常提醒，在这个问题上，古代犹太人拾落穗的观念是很有启发的。

在《旧约·申命记》中，希伯来的土地所有者被告诫不要收掉他们麦田角落里的麦子，以便穷人可以获得他们的口粮。在他们收割的时候，即便牲畜也可以自由地觅食——工人们就更应该从公司的成功当中受益了。落穗的观念与最大化的冲动存在冲突，这对所有领导者都是一个有益的提示，即要留意我们社会中边缘群体的需要。一如贝克（Dennis Bakke）在《工作之乐》（*Joy at Work*）一书中所说，作为一种为那些处于其领导下的人们赋权的方式，领导者可以推动决策制定下移到组织的更低层。或者，一家公司可以在员工们的工作议程中推出更多的“边缘活动”，以鼓励创造性和合作。我们每天都需要考虑我们如何能够为他人留下足够可以拾取的落穗。

杰出的领导者甘于牺牲。变革性的力量（无论是在机构中、在个人关系中或是我们的日常工作中）几乎总是来自于重大的牺牲。作为领导者影响力最重要的通货，道德权威也不是如有些人可能主张的那样是通过篡取权力而形成的，相反，它是通过无私的牺牲才形成的。许多领导者放弃了与家人相处的时间，甚或是建立家庭的机会。其他一些领导者则不再追求他们的娱乐。有些公司甚至通过建立一种褊狭的组织文化，要求工人们为工作而放弃一切，从而鼓励这种牺牲。但我想倡导一种更根本的牺牲：它是领导者们的一种意愿，即拿出他们的特权，让他们的生活方式变得更加可以忍受，以换取更多实质性的、更高贵的影响力。

有一位硅谷的风险资本家决定一直住在他相对低调的住所里，我曾经问他："为何不搬到更好的房子里呢？"他的回答是："因为这样可以让我有更多力量去做慈善，而且我们做的这个决定给了我一个谈论我的信仰的机会。我的信仰也促使我追求一种明显量入为出的生活方式，这是我对我的信仰身体力行的办法。"在本次研究中，我一再碰到的一个违反直觉的发现就是，领导者们通过放弃一些东西而获得影响力。通过回避社会上将其与权势地位关联在一起的额外福利问题，我们引发了旁观者和追随者们的热切疑问。在世界各地，我都发现有些人做出同样的决定，即牺牲掉在我们看来属于他们应得的东西（考虑到他们的工作量和紧张的工作日程）。有些人牺牲掉一些相对轻微的东西，例如临近的停车空间或豪华的高管办公室。其他一些人则明显放弃了更多的东西，数以百万计的高管奖金、使用私人飞机的机会，或者是对于特殊休假的邀请，或者是家庭退修会（family retreat）。如果时机得当，他们常常把这些福利让给其他一些可以享受的人；要不然的话，他们就干脆把这些本来会花掉的钱为组织节省下来。在每一种情况下，他们收获的都是极大的尊重和欣赏，这不仅是来自那些从这类牺牲中直接受益的人，而且也来自那些视这类牺牲为分外之责的人。

权力很迷人，也让人上瘾，但它可以成为促成善业的巨大催化剂。在这个世界上，对领导者们来讲，权力的破坏性本性最确定无疑的解药就是放弃权力带来的个人利益，让那些利益转而为那些本来有可能得不到它们的人服务，给他们带来福祉。从本质上讲，对权力的最高层次的运用便是当其为那些权力更少者的利益而被牺牲的时候。

乌尔曼让我以直观的形式理解了这种观念。他是这样说的：

> 领导工作是一份礼物，但你一定不要为自己而欲求权力，而是要为他人欲求权力，在这个意义上，它也是一种技巧。如果你是为他人而欲求权力，那么，我认为一位无私的领导者的方式乃是最有效的领导方式……我觉得，如果你所留下的东西胜于你所接手时的情况，这就是领导工作的精义。

在乌尔曼2013年重返杰西潘尼CEO岗位之前，董事会有一场公开的权力斗争，这场斗争导致了激进的投资者艾克曼(Bill Ackman)的离去。但乌尔曼以年薪1美元的条件答应回来，他是出于对公司及其成员们的爱而继续待在这个岗位上的。最近，乌尔曼通过亲自购买价值超过100万美元的公司股票——它的市场仍处于困境中——而表现了他与股东们的团结一心。从根本上讲，领导工作是一种相互的权力关系，它促成一种集体的努力。通过牺牲而赢得的道德权威是领导者为最大的善业而行使权力的最有把握的方式。

在约翰逊任职初期，人人都指望他带领杰西潘尼走向辉煌。从大量的描述来看，他都是一位善良友好的人，而且他在创建苹果零售店方面的成功依然富有传奇色彩。他的经历本来应当成为他最大的力量所在，结果却变成了他最大的负累。我从许多渠道了解到，约翰逊谨遵他去杰西潘尼上任前从乔布斯那里得到的忠告：“倾听你的内心，倾听你自己的声音，不要听任何其他人的。”他把大量苹果公司的准则运用到杰西潘尼，但没有咨询那些比他更了解这家公司及其客户的人。没有做多少甚至完全没有做市场调研，也不是渐进地展示他的新点子(例如中断折扣和优惠券、重新设计店面外观、引入更多精品店)，约翰逊疏远了忠实的客户，但却没能吸引到新客户。结果是灾难性的。这些结果还因为另一个事实而更加恶化，那就是，他完全没有触及杰西潘尼的核心业务，他确实完全生活在另一个世界。他没有搬到得克萨斯，而是往返于旧金山湾区和得克萨斯之间。他还解雇了公司22名顶层高管中的19人。许多人认为他的行动是革命性的，但方向完全错了。

这就是权力的危险。当它完全变成了领导者的偏好，则帝国崩、公司垮。社会上对领导者们的信心从来不像今天这么低，我们面对的挑战也从来没有如今这般严峻。虽然如今许多关于领导力的文献都在谈论如何信任直觉和你的内心，但是，从《圣经》中我们可以清楚地看到，最具欺骗性者莫过于人心。当你**就是**这份工作，你不得不常常提醒自己这一现实。简单的日常实践可以防止一位领导者陷入自欺的陷阱，包括对其他人表示出人情练达的友善、给其他人留下足够的落穗，并决定牺牲掉你所应得的东西。通过如此这般的行动，我们就形成了一种植根于爱的领导风格。

附 录

白金级领袖研究项目（美国当今的公共领袖及其人际网络、成长与动机研究）是对美国社会最高层的公共领袖们为期 10 年的一项综合性研究项目。利用社会科学的分析方法，这个多年的研究项目考察了领袖们如何影响他们的组织、社群及整个社会。550 位领袖参与到本项研究当中，其中包括两位美国前总统、80 位政府部长、跨越九届政府的数十位白宫高级官员、超过 200 位 CEO（包括《财富》100 强中 20% 的 CEO）、数十位著名艺术家、演员和作家，还有一百多位来自非营利部门的顶级领袖。白金级领袖研究项目积累了与社会各部门领袖进行访谈所形成的一套最大且最详尽的访谈材料。

通过早期的研究工作，我认识到对**以前**占据精英职位的人所进行的访谈的价值，尤其是当他们在通过遴选调查对象的声望研究法被多次提及的时候。由于这种灵活性，我们所得到的数据材料要更为丰富，因为与职位选择连在一起的声望研究法让我们把卡特和老布什这两位前总统也包括进来。这种灵活性使得我们可以把同一代精英放在一起，然后进行历时性的比较，考察在同一个十年里占据领导职位的同一代精英对权力的反应和理解上的相似之处。由于这项研究的焦点在于社会精英内部及跨越不同部门的精英之间的模式，而不是进入精英行列本身的条件变量，这项研究的设计就不会犯下依据因变量进行抽样的方法论上的错误。同时我也对精英们的看法的广度感兴趣，因此被调查者数量大一点是合适的，许多其他成功的定性研究也是如此。

我承认，受访者的说法可能并不能准确地体现他们的行动。为了鉴别一些受访者与其行为不符的修辞片断并察觉其矛盾和反常之处，从而缓解这种潜在的偏向，就有必要进行广泛的背景研究。研究精英的一个好处是，他们已经在主要媒体上写过很多东西，或者是被别人写过很多了，这种信息在每一次访谈之前都得到了参考。就像我此前的作品一样，必要时我就通过其他可靠渠道进行预备访谈，以了解受访者工作的领域。[1] 最后，收集和分析访谈材料可能引入大量的偏见，尤其是在团队来做这项工作的时候更是如此。所有的访谈都是由我亲自来做的，以避免多个访谈者可能出现的偏向。而且至少 5% 的访谈结果首先是由两位研究助理进行编码，然后进行检测以确保编码信度。这些防范措施不仅强化了我从本项研究中得出的结论，同时也加强了将来依赖这些数据材料的学者们所提出的论证的力量。

全部 550 场访谈都由研究团队的一名成员按照 100 个变量进行转录和编码，从而刻画出受访者人口学的、社会的、职业的和人际网络上的形象。[2] 这些材料的绝大部分都取自访谈转录材料，其他材料取

---

[1] 例如，在采访时任全美人类基因组研究所主任科林斯（Francis Collins）之前，我采访了普林斯顿大学校长梯尔曼（Shirley Tilghman）。

[2] 人口学变量包括种族 / 族群、年龄、性别、政治倾向、居住地、婚姻状况、孩子的数量、配偶的职业、教育和宗教背景。社会性的变量包括私人俱乐部成员身份、公民与社区参与、慈善捐赠。职业变量包括职业历程（头衔和组织）、军事 / 政府服务年限、毕业院校，以及一些经济指标，包括净资产、房产市值和年收入。人际网络变量包括董事身份、参与政治和政策小组的情况，以及在大学校友会和职业协会中的成员身份。

自电子和印刷资源，[3]这使得我们可以避免提出可能在其他地方已经被回答的问题，从而把每一次访谈的功效最大化。访谈请求的综合应答率为87%。

除了定性分析之外，研究团队在人口学特征、慈善捐赠、教育、家庭背景、职业和个人生活方式等领域编制了122个“可数的”变量。研究团队对转录资料和简报材料进行梳理，以收集研究所涉及的每一个人在这些方面的信息。

在整个过程中，每一次迭代法之后都进行分析，新的分析主题被揭示出来，并基于业已分析过的转录材料进行再编码。虽然可计算的数据材料（例如受访者是否提到他有一位引路导师）的数字频率被统计出来了，但分析的重点在于发现跨越不同案例的共性的同质性程度，并对反面案例进行系统性的分析。这些访谈试图探究不同类型的人格（其中包含着动机方面的词汇），并提炼出受访者关于权力、自主性、能动性和身份认同方面的基本框架。

下表为白金级领导力研究项目550位受访者名单：

[3] 这些资源包括新闻媒体，如《纽约时报》《华尔街日报》《财富》《福布斯》《商业周刊》《高等教育纪事报》(*Chronicle of Higher Education*)、《慈善纪事报》(*Chronicle of Philanthropy*)，还有各类免费电子资源，例如市、县纳税鉴定委员会网站，还有一些网上资源，例如LexisNexis，GuideStar，LinkedIn，MarketWatch，Muckety，Hoover's Online，Salary Survey，Theyrule.net，以及ZoomInfo。我还可以浏览the Corporate Library，the Federal Yellowbook，Foundation Center Online，iWaye Prospect Research Online，Marquis Who's Who，and 10K Wizard。

姓　名	机构或头衔	访谈日期	所在城市	所在州
Joan Abrahamson	杰斐逊研究所（Jefferson Institute）主席；索克基金会（Jonas Salk Foundation）主席；麦克阿瑟学者（Macarthur Fellow）	2010.02.10	帕萨迪纳（Pasadena）	加州
Peter Ackerman	洛克波特风险投资公司（Rockport capital）总经理；国际非暴力冲突研究中心（International Center on Nonviolent Conflict）创始主席	2011.06.21	华盛顿	华盛顿特区
John Aden	麦克工具公司（Mac Tools）总裁；沃尔玛（Walmart）高级副总裁	2005.06.14	法明顿（Farmington）	康涅狄格
Howard Ahmanson	菲尔兹特德资产管理公司（Fieldstead and Company）创建人	2004.04.27	新港滩（Newport Beach）	加州
Roberta Ahmanson	菲尔兹特德资产管理公司创建人	2004.04.27	新港滩	加州
Claude Allen	总统国内政策助理；卫生与人力资源服务部副部长	2004.12.07	华盛顿	华盛顿特区
Chuck Allen	北美宣教会（North American Mission Board）首席运营官	2005.09.16	奥斯普瑞（Osprey Point）	马里兰
Thad Allen	美国海岸警卫队司令官	2010.01.20	华盛顿	华盛顿特区
Joel Allison	贝勒保健系统（Baylor Health care System）总裁、CEO	2011.04.19	达拉斯（Daras）	得克萨斯

姓 名	机构或头衔	访谈日期	所在城市	所在州
Katherine Leary Alsdorf	救赎主长老教会（Redeemer Presbyterian Church）执行长	2004.07.14	纽约	纽约
J. Brady Anderson	美国国际开发署（United States Agency for International Development）署长；世界宣明会（World Vision International）会长；美国驻坦桑尼亚大使	2004.03.27	奥斯汀（Austin）	得克萨斯
Leith Anderson	全国福音派教会联合会（National Association of Evangelicals）主席	2005.08.23	电话采访	
Robert C. Andringa	基督教院校委员会（Council for Christian Colleges and Universities）主席	2003.07.10	华盛顿	华盛顿特区
Victor Anfuso	基督教作品版权许可公司（Christian Copyright Licensing Inc.）主席	2004.08.19	波特兰（Portland）	俄勒冈
Charles Ansbacher	科罗拉多 Springs 交响乐团指挥；波士顿 Landmarks 交响乐团创始指挥	2009.08.14	剑桥（加州 mbridge）	马萨诸塞
Guy Anthony	斯坦特公司（Stentor）首席财务官；英特尔公司微处理器集团总监、英特尔投资公司副财务主任（Group Controller for Microprocessors and Assistant Treasurer for Intel capital，Intel）	2004.05.19	布里斯班（Brisbane）	加州

姓　名	机构或头衔	访谈日期	所在城市	所在州
Michael Armacost	美国驻菲律宾大使；驻日本大使；布鲁金斯学会主席；负责政治事务的副国务卿	2009.11.19	帕罗奥多（Palo Alto）	加州
Dick Armey	美国众议院多数党领袖（共和党，得克萨斯）	2005.02.02	华盛顿	华盛顿特区
William L. Armstrong	美国参议员（共和党，科罗拉多）	2004.09.30	丹佛（Denver）	科罗拉多
Gerard Arpey	AMR 和美国航空公司（American Airlines）CEO	2011.04.07	沃斯堡（Fort Worth）	得克萨斯
John Ashcroft	美国司法部长；参议员（共和党，密苏里）；密苏里州州长	2011.05.06	阿灵顿（Arlington）	弗吉尼亚
Timothy Atkin	SRA International 执行副总裁兼首席运营官	2009.12.08	阿灵顿	弗吉尼亚
Ronald Austin	电影 Mission Impossible，Charlie's Angels，Hawaii Five-O，The Father Dowling Mysteries 制片人	2005.05.14	埃尔塞贡多（El Segundo）	加州
Jim Awtrey	美国职业高尔夫球手协会（Professional Golfers Association of America）CEO	2005.08.13	肖特山（Short Hills）	新泽西
James A. Baker III	国务卿；财政部长；白宫幕僚长	200411.12	休斯敦	得克萨斯
Dennis Bakke	AES 联合创始人、总裁兼 CEO；想象力学校（Imagine Schools）联合创始人、总裁兼 CEO	2004.08.05	华盛顿	华盛顿特区

姓 名	机构或头衔	访谈日期	所在城市	所在州
Stephen Baldwin	演员	2004.10.01	学士峡谷（Bachelor's Gulch）	科罗拉多
Colleen Barrett	美国西南航空公司（Southwest Airlines）总裁	2009.08.19	达拉斯	得克萨斯
Daniel Bartlett	总统顾问；公共战略咨询公司（Public Strategies）董事长兼 CEO；Hill & Knowlton 总裁兼 CEO	2011.05.25	奥斯汀	得克萨斯
Joe Barton	美国众议员（共和党，得克萨斯）	2009.09.02	阿灵顿	得克萨斯
Dean Batali	电视剧 That 70s Show 联合监制	2004.09.26	格兰岱尔（Glendale）	加州
Janet Batchler	电影 Batman Forever 和 Smoke and Mirrors 编剧	2005.05.19	比弗利山庄（Beverly Hills）	加州
Lee Batchler	电影 Batman Forever 和 Smoke and Mirrors 编剧	2005.05.19	比弗利山庄	加州
Mariam Bell	威尔伯福斯论坛（The Wilberforce Forum）公共政策主任	2004.09.04	奥斯普瑞（Osprey Point）	马里兰
Y. Marc Belton	通用磨坊（General Mills）执行副总裁	2005.05.31	明尼阿波利斯（Minneapolis）	明尼苏达
George Bennett	State Street 投资公司 CEO	2004.08.29	法尔茅斯（Falmouth）	马萨诸塞
Monty J. Bennett	雷明顿酒店集团（Remington Hotel Corporation）总裁兼 CEO	2004.10.13	达拉斯	得克萨斯

姓　名	机构或头衔	访谈日期	所在城市	所在州
Marcy Benson	总统白宫学者项目委员会（President's Commission on White House Fellowships）主任	2009.03.02	丹佛	科罗拉多
Fredrick S. Benson III	美国惠好纸业公司（Weyerhaeuser）副总裁；美国－新西兰委员会主席	2009.08.17	德扎特山（Mt. Desert）	缅因
David Bere	美国达乐公司（Dollar General Corporation）总裁兼首席战略官	2009.10.07	纳什维尔（Nashville）	田纳西
Brenda Berkman	纽约市首位女性消防员	2009.10.21	华盛顿	华盛顿特区
Mark Berner	美国 SDG 资源公司任事股东	2004.07.14	纽约	纽约
Jeffrey Bewkes	时代华纳公司（Time Warner）董事长兼 CEO	2011.04.26	纽约	纽约
Veronica Biggins	克林顿总统助理、总统人事主管	2010.10.16	亚特兰大（Atlanta）	佐治亚
James Billington	美国国会图书馆馆长	2011.03.01	华盛顿	华盛顿特区
Michael Birck	泰乐公司（Tellabs）联合创建人、董事长	2010.06.01	芝加哥	伊利诺伊
Brian Bird	Step by Step，Touched by an Angel 编剧、制片人	2004.11.08	玛格里塔（Rancho Santa Margarita）	加州
Dennis Blair	国家情报总监；美国海军舰队司令	2011.06.21	华盛顿	华盛顿特区

姓 名	机构或头衔	访谈日期	所在城市	所在州
Ronald Blue	基督教金融从业者协会（Christian Financial Professionals Network）主席	2005.02.28	亚特兰大	佐治亚
Jacqueline Blumenthal	总统白宫学者项目委员会主任	2010.01.19	华盛顿	华盛顿特区
Myrna Blyth	Ladies' Home Journal 总编辑；总统白宫学者项目委员会主席	2009.11.10	纽约	纽约
Derek Bok	哈佛大学校长	2010.06.30	波士顿	马萨诸塞
Joshua Bolten	白宫幕僚长、管理和预算办公室主任；白宫副幕僚长	2011.05.19	华盛顿	华盛顿特区
David Bonderman	得克萨斯太平洋集团（Texas Pacific Group）任事股东	2011.06.01	旧金山	加州
Pat Boone	演艺人员	2004.04.23	洛杉矶	加州
Garrett Boone	The Container Store 联合创建人和联合董事长	2010.08.10	达拉斯	得克萨斯
John Borling	美国空军少将	2009.11.09	芝加哥	伊利诺伊
James Bostic	佐治亚－太平洋公司（Georgia-Pacific Corporation）高级副总裁	2009.12.18	亚特兰大	佐治亚
Terry Botwick	哥伦比亚广播娱乐公司（CBS Entertainment）高级副总裁；Thunderpoint Studios 创建人和 CEO	2005.10.03	洛杉矶	加州
Sandra Bowden	视觉艺术基督徒协会（Christians in the Visual Arts）主席	2004.08.29	查塔姆（Chatham）	马萨诸塞

姓　名	机构或头衔	访谈日期	所在城市	所在州
William Bowen	普林斯顿大学校长	2010.10.06	纽约	纽约
William G. Boykin	负责情报的国防部副部长助理	2005.06.21	华盛顿	华盛顿特区
John Brandon	苹果电脑公司美国及亚太区副总裁	2004.05.20	库比蒂诺（Cupertino）	加州
William K. Brehm	SRA International Inc 董事长；助理国防部长	2005.01.13	维也纳（Vienna）	弗吉尼亚
Eli Bremer	2008 年美国奥运会五项全能选手	2009.12.22	科罗拉多斯普林斯（Colorado Springs）	科罗拉多
Paul Brest	The William and Flora Hewlett 基金会主席；斯坦福大学法学院院长	2011.06.01	门罗公园（Menlo Park）	加州
Frank Brock	卡维南特学院（Covenant College）院长	2003.05.07	查塔努加（Chattanooga）	田纳西
Clayton Brown	Clayton Brown & Associates 创始人、总裁、董事长兼 CEO	2004.10.08	惠顿（Wheaton）	伊利诺伊
Daniel Bryant	助理司法部长	2004.12.10	华盛顿	华盛顿特区
J. Fred Bucy	得州仪器公司（Texas Instruments）执行副总裁、首席运营官、总裁、CEO	2009.12.23	达拉斯	得克萨斯
Bob Buford	布福德电视公司（Buford Television）董事长兼 CEO；布福德基金会创建人；领导力协会（Leadership Network）联合创建人	2004.04.12	达拉斯	得克萨斯

姓 名	机构或头衔	访谈日期	所在城市	所在州
T. Robert Burke	AMB 置业公司（AMB Property Corporation）董事长	2011.05.10	旧金山	加州
Doug Burleigh	年轻人生命会（Young Life）主席	2004.09.08	吉格港（Gig Harbor）	华盛顿
George H. W. Bush	美国总统；中央情报局局长；美国驻中国大使；美国众议员（共和党，得克萨斯）；美国常驻联合国代表	2005.02.09	通过电子邮件回复	
Howard Butt	H. E. Butt 基金会主席；巴特百货公司（H. E. Butt Grocery Company）副董事长；Leadership Laity Forum 行政总监	2005.02.17	圣安东尼奥（San Antonio）	得克萨斯
Gaylen Byker	加尔文学院（Calvin College）院长	2004.06.17	电话采访	
Kurt Campbell	负责东亚和太平洋事务的助理国务卿；新型美国安全研究中心（Center for New American Security）联合创建人兼 CEO	2009.12.09	华盛顿	华盛顿特区
Bill Campbell	Intuit Inc 董事长兼 CEO；苹果公司董事长；哥伦比亚大学董事会主席	2011.05.10	帕罗奥图（Palo Alto）	加州
Tony Campolo	东部大学（Eastern University）教授；福音派教育促进会（Evangelical Association for the Promotion of Education）主席	2006.03.03	樱桃山（Cherry Hill）	新泽西

姓　名	机构或头衔	访谈日期	所在城市	所在州
Richard G. Capen	美国驻西班牙大使；《迈阿密先驱报》（*The Miami Herald*）出版人、董事长	2004.11.08	德尔马（Del Mar）	加州
Andrew Card	白宫幕僚长、副幕僚长、交通部长	2011.03.02	华盛顿	华盛顿特区
R. Byron Carlock Jr.	CNL Lifestyle Companies 总裁兼 CEO	2004.04.12	达拉斯	得克萨斯
Joel Carpenter	加尔文学院教务长	2004.03.26	韦科（Waco）	得克萨斯
Thomas Carr	总统白宫学者项目委员会主任	2010.01.21	苏利文岛（Sullivan's Island）	南卡罗莱纳
Philip J. Carroll	壳牌石油公司 CEO；Fluor Corporation 董事长兼 CEO	2011.05.05	休斯敦	得克萨斯
Garrey Carruthers	新墨西哥州州长；新墨西哥州立大学商学院院长	2009.09.18	拉斯克鲁塞斯（Las Cruces）	新墨西哥
Brad Carson	美国众议员（民主党，俄克拉何马）	2010.03.01	塔尔萨（Tulsa）	俄克拉何马
Jimmy Carter	美国总统；佐治亚州州长	2004.11.16	亚特兰大	佐治亚
Marshall Carter	纽约证券交易集团董事长；纽约泛欧证券交易所（New York Stock Exchange Euronext）副董事长；State Street 银行董事长兼 CEO	2009.11.12	剑桥	马萨诸塞
Philip Cassidy	商业委员会执行主任	2011.03.01	华盛顿	华盛顿特区
S. Truett Cathy	Chick-fil-A 创建人、董事长兼 CEO	2005.03.01	亚特兰大	佐治亚

姓 名	机构或头衔	访谈日期	所在城市	所在州
Clarence P. Cazalot Jr.	马拉松石油公司（Marathon Oil）总裁兼 CEO	2011.04.18	休斯敦	得克萨斯
Morris Chapman	南部浸礼会（Southern Baptist Convention）总裁兼 CEO	2006.04.25	纳什维尔	田纳西
Michael Chertoff	国土安全部长	2009.10.28	华盛顿	华盛顿特区
Clayton Christensen	哈佛大学商学院 Robert and Jane Cizik 工商管理教授	200911.13	波士顿	马萨诸塞
Henry Cisneros	美国住房与城市发展部长；Univision 总裁	2009.12.03	圣安东尼奥	得克萨斯
Stephen Clapp	朱丽亚德音乐学校（The Juilliard School）校长	2005.01.06	纽约	纽约
Wesley Clark	美国陆军上将；北约盟军最高指挥官	2010.01.20	华盛顿	华盛顿特区
Richard Clarke	首席反恐顾问、国家安全顾问	2010.10.28	华盛顿	华盛顿特区
Robert L. Clarke	货币监理署署长	2011.02.22	休斯敦	得克萨斯
Jerry Colangelo	亚利桑那 Diamondbacks 棒球队老板；NBA 菲尼克斯太阳队（Phoenix Suns）老板	2004.10.29	菲尼克斯（Phoenix）	亚利桑那
Michael Coleman	Integrity 传媒公司总裁兼 CEO	2004.09.23	纽约	纽约
Rodney Coleman	美国空军助理部长	2009.09.29	坦帕（Tampa）	佛罗里达
William Coleman	美迈斯律师事务所（O' Melveny & Myers LLP）高级合伙人；交通部长	2011.05.06	华盛顿	华盛顿特区

姓　名	机构或头衔	访谈日期	所在城市	所在州
Timothy C. Collins	Ripplewood Holdings 有限责任公司创始人、高级董事总经理、CEO	2004.09.20	纽约	纽约
Francis S. Collins	国家卫生研究院院长；全国人类基因组研究所所长	2005.09.18	华盛顿	华盛顿特区
Charles Colson	普里森学者项目（Prison Fellowship）创始人；威伯福斯论坛（The Wilberforce Forum）创始人、董事长；总统特别顾问	2004.07.17	华盛顿	华盛顿特区
Kent Colton	全国住宅建造商协会（National Association of Home Builders）执行副总裁兼 CEO	2009.09.30	坦帕	佛罗里达
Jeffrey Comment	赫尔斯博格钻石公司（Helzberg Diamonds）总裁、董事长兼 CEO	2004.10.23	堪萨斯市（Kansas City）	密苏里
Kevin Compton	Kleiner Perkins Caufield & Byers 合伙人	2005.08.11	帕罗奥图	加州
Gary Cook	达拉斯浸会大学（Daras Baptist University）校长	2005.04.02	达拉斯	得克萨斯
Kyle Cooper	52 部影片的片头设计师	2004.09.26	马里布（Malibu）	加州
William R. Cotter	科尔比学院（Colby College）院长；非裔美国人研究所（African-American Institute）主席	2009.11.13	康科德（Concord）	马萨诸塞
Michael Cromartie	伦理学与公共政策研究中心（Ethics and Public Policy Center）副主席	2003.07.16	华盛顿	华盛顿特区

姓 名	机构或头衔	访谈日期	所在城市	所在州
Thomas Cronin	惠特曼学院（Whitman College）院长；科罗拉多学院（Colorado College）代理院长	2009.12.21	科罗拉多斯普林斯	科罗拉多
Les T. Csorba	总统人事问题特别助理	2005.02.22	休斯敦	得克萨斯
Phillip Cullom	美国海军少将	2009.12.07	克里斯托市（Crystal City）	弗吉尼亚
Howard Dahl	Amity Technology 创建人、总裁兼 CEO	2011.03.05	那不勒斯（Naples）	佛罗里达
Gary Daichendt	思科系统公司全球事业部（Worldwide Operations，Cisco Systems）执行副总裁	2004.04.23	水晶湾（Crystal Cove）	加州
John H. Dalton	海军部长	2004.07.16	华盛顿	华盛顿特区
John Danforth	参议员（共和党，密苏里）	2010.09.07	圣路易斯（St. Louis）	密苏里
Thomas Daschle	美国参议员；参议院多数党领袖（民主党，南达科他）	2011.03.01	华盛顿	华盛顿特区
David Davenport	佩珀代因大学（Pepperdine University）校长	2005.05.19	马里布	加州
Peter Dawkins	花旗集团私人银行（Citigroup Private Bank）副董事长；旅行者保险公司（Travelers Insurance）执行副总裁、副董事长；Primerica 金融服务公司董事长兼 CEO；美国陆军准将；海斯曼奖（Heisman Trophy）获得者	2010.02.15	拉姆森（Rumson）	新泽西

姓　名	机构或头衔	访谈日期	所在城市	所在州
John De Luca	葡萄酒学会（Wine Institute）总裁兼 CEO；旧金山市副市长	2009.08.12	旧金山	加州
Max De Pree	Herman Miller 办公家具公司 CEO	2004.07.09	荷兰（Holland）	密歇根
Rudy deLeon	国防部副部长；波音公司高级副总裁	2005.01.13	华盛顿	华盛顿特区
Scott Derrickson	电影 The Exorcism of Emily Rose 导演	2004.07.31	格兰岱尔	加州
Dick DeVos	安达高公司（Alticor）总裁兼 CEO；安利（Amway）总裁、董事长；Windquest 集团创始人、总裁	2004.07.09	大溪城（Grand Rapids）	密歇根
Gene Dewey	总统白宫学者项目委员会主任	2010.02.17	华盛顿	华盛顿特区
Bob Diamond	巴克莱国际银行（Barclays PLC）总裁、CEO	2010.10.04	纽约	纽约
Dave Dias	InterWest 保险服务公司副总裁	2004.05.20	门罗公园	加州
John J. DiIulio Jr.	Faith-Based & Community Initiatives 办公室主任	2004.11.02	费城	宾夕法尼亚
Jamie Dimon	摩根大通（JPMorgan Chase）董事长兼 CEO	2011.02.03	纽约	纽约
Edward Djerejian	James A. Baker III Institute for Public Policy）创始所长；杰拉简环球咨询公司（Djerejian Global Consultancies）任事股东；美国驻叙利亚和以色列大使	2011.05.24	休斯敦	得克萨斯

姓 名	机构或头衔	访谈日期	所在城市	所在州
David Dockery	联合大学（Union University）校长	2004.03.26	韦科	得克萨斯
Bob Doll	墨石集团（BlackRock Inc.）首席股票策略师	2011.04.27	普兰斯堡（Plainsboro）	新泽西
John Donahoe	eBay 公司总裁兼 CEO	2010.12.09	旧金山	加州
Byron Dorgan	福克斯律师事务所（Arent Fox）政府关系部门共同主席；参议员（民主党，北达科他）	2011.06.21	华盛顿	华盛顿特区
Marjorie Dorr	Anthem Blue Cross and Blue Shield 保险公司东北地区总裁、CEO	2005.04.12	北黑文（North Haven）	康涅狄格
Cheryl Dorsey	绝色回声（Echoing Green）总裁；总统白宫学者项目委员会副主席	2009.11.10	纽约	纽约
Stephen Douglass	学园传道会（Campus Crusade for Christ）总裁、董事长	2004.11.22	奥兰多（Orlando）	佛罗里达
Hudson Drake	总统白宫学者项目委员会主任；Carlisle Enterprises 有限责任公司合伙人	2010.03.05	拉尤拉（La Jolla）	加州
Michael T. Duke	沃尔玛（Walmart）总裁、CEO	2005.03.31	本屯维尔（Bentonville）	阿肯色
Tony Dungy	印第安纳小马队（Indianapolis Colts）总教练	2006.06.06	印第安纳波利斯（Indianapolis）	印第安
Archie W. Dunham	康菲公司（ConocoPhillips）总裁、CEO	2005.02.21	休斯敦	得克萨斯

姓　名	机构或头衔	访谈日期	所在城市	所在州
Bruce Dunlevie	Benchmark Capital 公司普通合伙人	2011.06.07	电话采访	
David Eaton	亚利桑那 Diamondbacks 橄榄球队和 NBA 菲尼克斯太阳队普通合伙人	2004.10.29	菲尼克斯	亚利桑那
Don Eberly	国务院私人援助伊拉克项目（Private Assistance for Iraq）项目主任；Faith-Based & Community Initiatives 办公室副主任	2004.07.15	麦克林（McLean）	弗吉尼亚
Bob Edmonds	美国空军准将	2008.06.12	华盛顿	华盛顿特区
Leon Edney	美国海军舰队司令；海军作战部副主席；北约盟军最高指挥官；美国海军学院学生事务指挥官（Commandant of Midshipmen）	2009.11.16	科罗纳多（Coronado）	加州
Janet Eissenstat	总统白宫学者项目委员会主任	2008.06.13	华盛顿	华盛顿特区
Steve Ellis	贝恩公司（Bain and Company）总经理	2011.06.01	旧金山	加州
Lynn Elsenhans	壳牌石油公司（Shell Oil Company）总裁；壳牌油品公司（Shell Oil Products）CEO；太阳石油公司（Sunoco）董事长兼 CEO	2011.02.24	休斯敦	得克萨斯
Allan C. Emery Jr.	ServiceMaster Hospital Corporation 创建人、总裁	2004.08.28	韦茅斯（Weymouth）	马萨诸塞

姓 名	机构或头衔	访谈日期	所在城市	所在州
Peter Engel	电视剧 Saved by the Bell，Last Comic Standing，Hang Time 执行制片人	2005.11.15	圣塔莫妮卡（Santa Monica）	加州
Gordon England	美国国防部副部长、海军部长	2011.04.19	沃斯堡	得克萨斯
Ted W. Engstrom	World Vision 总裁、CEO；基督教国际青年会（Youth for Christ International）主席	2005.10.13	西雅图	华盛顿
Sheldon Erikson	卡梅隆公司（Cameron）总裁、董事长兼 CEO	2011.02.08	休斯敦	得克萨斯
Dave Evans	美国艺电公司（Electronic Arts）共同创建人、副总裁	2004.05.20	门罗公园	加州
Donald L. Evans	商务部长	2005.02.11	华盛顿	华盛顿特区
Marsha Evans	美国海军少将；美国海军学院参谋长；美国红十字会主席、CEO；美国女童子军全国执行长；女性职业高尔夫球协会代理总干事；总统白宫学者项目委员会副主任	2009.11.21	休斯敦	得克萨斯
Bill Ewing	哥伦比亚电影公司（Columbia Pictures）制片部高级副总裁	2005.10.03	斯蒂迪奥城（Studio City）	加州
John Faraci	国际纸业（International Paper）董事长、CEO	2011.06.21	电话采访	
David Farr	爱默生电器公司（Emerson Electric）董事长、CEO	2011.03.15	圣路易斯	密苏里

姓　名	机构或头衔	访谈日期	所在城市	所在州
Larry Faulkner	休斯顿捐赠基金会（休斯顿 Endowment）主席；得克萨斯大学奥斯汀分校（University of Texas at Austin）校长；伊利诺伊大学香槟分校（University of Illinois at Urbana-Champaign）教务长	2010.10.21	休斯敦	得克萨斯
Drew Faust	哈佛大学校长	2011.07.15	剑桥	马萨诸塞
Steve Feldman	电视节目 Sesame Street，Barney and Friends，Politically Incorrect with Bill Maher 导演	2005.05.17	帕萨迪纳	加州
Mike Fenzel	跨国威胁与国家安全委员会总监	2009.11.18	卡梅尔（Carmel）	加州
Micheal Flaherty	华登传媒（Walden Media）共同创建人、总裁	2005.02.03	华盛顿	华盛顿特区
Leighton Ford	Leighton Ford Ministries 主席；Billy Graham Evangelistic Association 副主席；Lausanne Committee for World Evangelization 主席	2005.09.19	西雅图	华盛顿
Dick Foth	团契总监	200412.07	阿灵顿	弗吉尼亚
Peter Fox	航空运输集团（Air Transport Services Group）首席商务官	2010.07.28	奥兰多	佛罗里达
Randy Frazee	柳溪社区教会（Willow Creek Community Church）牧师	2005.11.07	芝加哥	伊利诺伊

姓　名	机构或头衔	访谈日期	所在城市	所在州
Thomas Frist Jr.	美国医院公司（Hospital Corporation of America）联合创建人、董事长兼CEO	2010.12.02	纳什维尔	田纳西
Robert Fryling	InterVarsity出版社出版人；InterVarsity基督教团契副主席	2006.11.12	芝加哥	伊利诺伊
Susan Fuhrman	哥伦比亚大学教师学院院长；全国教育协会主席	2011.02.17	纽约	纽约
Makoto Fujimura	视觉艺术家；国际艺术运动组织（International Arts Movement）创建人	2004.08.23	纽约	纽约
Ellen Futter	美国自然史博物馆馆长；巴纳德学院（Barnard College）院长	2011.02.03	纽约	纽约
George Gallup Jr.	盖洛普咨询公司（The Gallup Institute）董事长	2005.06.24	普林斯顿（Princeton）	新泽西
Pat Gelsinger	英特尔首席技术官；EMC信息基础产品公司、EMC公司总裁兼首席财务官	2004.10.02	学士峡谷	科罗拉多
Michael Gerson	总统演讲稿写作助理；总统政策与战略规划助理	2005.03.17	华盛顿	华盛顿特区
Elliot Gerson	罗兹信托基金（Rhodes Trust）美国总干事；阿斯朋研究所（Aspen Institute）政策与公共项目、国际协作部执行副总裁	2010.10.28	华盛顿	华盛顿特区
Kathie Lee Gifford	演艺人员；脱口秀节目Live with Regis & Kathie Lee前合作表演者	2005.05.23	纽约	纽约

姓　名	机构或头衔	访谈日期	所在城市	所在州
Louis Giuliano	ITT 实业公司总裁、董事长兼 CEO	2004.11.18	白原市（White Plains）	纽约
Jeffrey Glueck	Skyfire 公司 CEO；Travelocity 公司首席行销官	2009.12.10	纽约	纽约
Brian Godawa	电影 To End All Wars；The Visitation 编剧	2005.05.17	洛杉矶	加州
Timothy Goeglein	小布什总统特别助理；白宫公众联络办公室副主任	2011.05.20	华盛顿	华盛顿特区
Bill Greehey	Valero Energy 公司总裁；Valero Energy 公司董事长兼 CEO；NuStar Energy LP 董事会主席、总监；NuStar GP 控股公司董事会主席、总监	2010.12.13	圣安东尼奥	得克萨斯
Hank Greenberg	美国国际集团股份有限公司（American International Group，Inc.）董事长兼 CEO；C.V. Starr & Co.，Inc. 董事长兼 CEO	2011.02.03	纽约	纽约
Vartan Gregorian	卡内基公司（Carnegie Corporation）总裁	2010.12.06	纽约	纽约
Barry Griswell	美国信安金融集团（Principal Financial Group）CEO	2010.11.15	得梅因（Des Moines）	爱荷华
David Grizzle	大陆航空公司（Continental Airlines）客户体验部高级副总裁；联邦航空管理局航空交通组织首席顾问、代表首席运营官	2004.12.31	查尔斯顿（Charleston）	南卡罗莱纳

姓 名	机构或头衔	访谈日期	所在城市	所在州
Will A. Gunn	美国老兵事务部总顾问	2009.08.28	华盛顿	华盛顿特区
Sanjay Gupta	CNN 首席医疗记者；格拉迪医院（Grady Hospital）行政副院长	2010.08.12	亚特兰大	佐治亚
Robert D. Haas	Levi Strauss & Co. 总裁、首席运营官、董事长兼CEO，荣休董事长	2009.11.18	旧金山	加州
Richard N. Haass	对外关系委员会主席；国务院政策规划总监；布鲁金斯学会副主席、外交政策项目主任；卡内基国际和平基金会资深副会长；老布什总统特别助理	2011.04.25	纽约	纽约
William F. Hagerty IV	Hagerty，Peterson & Co.，LLC 共同创建人、总经理；Ultra Stores 首席运营官兼首席财务官；Powerway 股份有限公司联席 CEO；雷曼兄弟亚洲资产管理公司CEO 及创建人	2010.12.02	纳什维尔	田纳西
Ted Haggard	New Life 教会创建人、牧师；全国福音派联合会主席	2004.10.04	科罗拉多斯普林斯	科罗拉多
Tony P. Hall	美国驻联合国粮食与农业机构代表；美国驻联合国机构首席代表；联合国儿童基金会执行总干事；美国众议员（民主党，俄亥俄）；俄亥俄州众议员、参议员；终结饥饿联盟（The Alliance to End Hunger）执行总干事	2005.02.04	华盛顿	华盛顿特区

姓　名	机构或头衔	访谈日期	所在城市	所在州
John Hamre	国防部副部长；战略与国际研究中心（Center for Strategic and International Studies）总裁、CEO	2005.02.04	华盛顿	华盛顿特区
John Hanford	美国国际宗教自由巡回大使；国会学者项目（Congressional Fellows Program）主任	2005.01.14	华盛顿	华盛顿特区
Dave Hannah	Impact XXI 董事长兼 CEO；Athletes in Action 创建人	2004.11.08	圣地亚哥（San Diego）	加州
Patrick Harker	特拉华大学（University of Delaware）校长；宾夕法尼亚大学沃顿商学院院长	2010.02.16	纽瓦克（Newark）	德拉瓦
James Harmon	Caravel 国际基金会创建人、首席投资官、董事长；美国进出口银行总裁、董事长	2010.10.06	纽约	纽约
Sam Haskell III	the William Morris Agency 全球电视业务负责人	2005.11.15	洛杉矶	加州
Jody Hassett Sanchez	ABC 今晚世界新闻栏目新闻和记录片制作人	2005.03.20	阿灵顿	弗吉尼亚
Nathan Hatch	维克弗里斯特大学（Wake Forest University）校长	2011.02.23	休斯敦	得克萨斯
Gary Haugen	国际正义使命团（International Justice Mission）主席、CEO	2005.11.22	华盛顿	华盛顿特区
Wallace Hawley	InterWest Partners 投资公司共同创建人	2005.08.10	门罗公园	加州
Michael Hayes	国家安全委员会防务政策与战略主任	2009.08.27	华盛顿	华盛顿特区

姓　名	机构或头衔	访谈日期	所在城市	所在州
Daryl Heald	乐善好施组织（Generous Giving）主席	2005.07.28	查塔努加	田纳西
Margaret Heckler	美国健康与人力资源服务部长	2005.02.06	华盛顿	华盛顿特区
George Heilmeier	Texas Instruments 高级副总裁、首席技术官；国防部长特别助理；国防部高级研究计划局局长	2009.12.12	达拉斯	得克萨斯
Tami Heim	Thomas Nelson 出版公司执行副总裁；Borders 股份有限公司总裁	2004.08.21	底特率（Detroit）	密歇根
Jay F. Hein	Sagamore 研究所 Faith-Based & Community Initiatives 办公室主管	2003.11.07	印第安纳波利斯	印第安
John Hennessy	斯坦福大学校长	2010.12.09	斯坦福	加州
Adam Herbert	北佛罗里达大学（University of North Florida）校长；印第安纳大学联盟主席	2009.09.29	杰克森维尔（Jacksonville）	佛罗里达
Frances Hesselbein	美国女童子军 CEO；Leader to Leader 研究所主席、CEO	2010.10.04	纽约	纽约
Alec Hill	InterVarsity Christian Fellowship 总裁、CEO	2005.02.11	电话采访	
Carla Hills	美国贸易代表；住房与城市发展部长；Hills & Company 董事长兼 CEO	2011.03.01	华盛顿	华盛顿特区
Roderick M. Hills Jr.	证券交易委员会主席	2011.03.01	华盛顿	华盛顿特区

姓　名	机构或头衔	访谈日期	所在城市	所在州
Donald P. Hodel	Focus on the Family 协会总裁及 CEO；国土资源部长；能源部长	2004.10.04	科罗拉多斯普林斯	科罗拉多
Kirk Hoiberg	CB Richards Ellis' Global Corporate Services 高级总经理；Trinitas Partners 首席合伙人	2004.05.20	旧金山	加州
J. Douglas Holladay	Park Avenue Equity Partners 创建人与合伙人；Goldman Sachs & Co. 高管	2004.12.09	华盛顿	华盛顿特区
Donald D. Holt	《财富》杂志编辑；《新闻周刊》编辑	2004.10.25	惠顿	伊利诺伊
Samuel Howard	Xantus 公司董事长兼 CEO	2009.10.09	纳什维尔	田纳西
R. Glenn Hubbard	白宫经济顾问委员会主席；哥伦比亚大学商学院院长	2004.08.23	纽约	纽约
Philip G. Hubbard	芝加哥研究与贸易集团（Chicago Research and Trade）首席运营官	2004.10.26	诺斯菲尔德（Northfield）	伊利诺伊
Mike Huckabee	阿肯色州州长	2004.07.29	小石城（Little Rock）	阿肯色
Karen Hughes	总统顾问，总统高级顾问	2005.01.21	华盛顿	华盛顿特区
Wayne Huizenga	迈阿密海豚橄榄球队（Miami Dolphins）老板；佛罗里达马林鱼棒球队（Florida Marlins）老板；Huizenga 控股股份有限公司创建人、董事长；Blockbuster，AutoNation，and Waste Management 公司总经理	2004.10.19	劳德代尔堡（Fort Lauderdale）	佛罗里达

姓 名	机构或头衔	访谈日期	所在城市	所在州
Walter Humann	Hunt Consolidated 公司执行副总裁、董事长	2009.10.13	达拉斯	得克萨斯
Asa Hutchinson	国土安全部副部长	2004.12.10	华盛顿	华盛顿特区
David Iglesias	美国新墨西哥地区检察官	2009.08.28	华盛顿	华盛顿特区
Jeff Immelt	通用电器公司董事长、CEO	2011.03.30	休斯敦	得克萨斯
William Inboden	国家安全委员会战略规划高级主任	2005.02.04	华盛顿	华盛顿特区
Stuart M. Irby	Stuart C. Irby 公司总裁、CEO	2004.07.21	杰克逊（Jackson）	密西西比
Maryana Iskander	生育计划联盟（Planned Parenthood）首席运营官	2010.10.03	纽约	纽约
Ann Iverson	Laura Ashley 公司 CEO；Kay-Bee Toys 公司总裁、CEO	2005.06.15	纽约	纽约
Susan Ivey	Reynolds American 公司总裁、董事长、CEO	2011.05.17	罗德代尔堡	佛罗里达
Peb Jackson	Saddleback Church and Purpose Driven Ministries 公共事务副主席；Focus on the Family 创始经理和高级副总裁	2004.09.16	奥斯普瑞	马里兰
Kay Coles James	联邦人事管理局局长	2004.09.17	华盛顿	华盛顿特区
David Jeffrey	贝勒大学（Baylor University）教务长	2004.03.26	韦科	得克萨斯

姓　名	机构或头衔	访谈日期	所在城市	所在州
Jon Jennings	波士顿 NBA 凯尔特人队（Celtics）助理教练；缅因红鳌队（Maine Red Claws）共同所有人、总裁兼总经理；美国司法部代理助理检察官	2009.08.17	波特兰（Portland）	缅因
Martin Jischke	普度大学（Purdue University）校长；爱荷华州立大学（Iowa State University）校长；俄克拉何马大学（University of Oklahoma）临时代理校长	2009.09.28	西拉菲耶特（West Lafayette）	印第安纳
Ronald P. Joelson	Prudential 金融服务公司高级副总裁兼首席投资官；Genworth 金融公司高级副总裁兼首席投资官	2004.12.03	纽瓦克	新泽西
Paul Johnson	Paul Johnson & Company 公司 CEO	2004.07.08	伯明翰（Birmingham）	密歇根
Stephen L. Johnson	美国环境保护局局长	2005.10.25	华盛顿	华盛顿特区
Tom Johnson	总统特别助理；CNN 总裁、董事长兼 CEO；《洛杉矶时报》（*Los Angeles Times*）发行人、总裁兼 CEO	2009.12.18	亚特兰大	佐治亚
Clay Johnson III	总统助理和总统人事主管；管理和预算办公室副主任	2008.10.23	华盛顿	华盛顿特区
Douglas Johnston	宗教与外交国际研究中心（International Center for Religion and Diplomacy）创建人、主席	2005.02.11	华盛顿	华盛顿特区

姓 名	机构或头衔	访谈日期	所在城市	所在州
Dale P. Jones	Halliburton 公司总裁	2004.04.12	达拉斯	得克萨斯
W. Landis Jones	总统白宫学者项目委员会主任	2009.10.20	华盛顿	华盛顿特区
James Jones	国家安全顾问	2011.05.31	电话采访	
Reginald L. Jones III	Greenbriar Equity 集团任事股东	2011.05.18	拉伊（Rye）	纽约
Vernon Jordan Jr.	Lazard Frères & Co. 高级总经理；克林顿总统过渡团队主席	2010.10.06	纽约	纽约
Robert Joss	斯坦福大学工商管理研究生院院长；Westpac Banking 公司 CEO	2009.08.11	帕罗奥图	加州
David Karnes	美国参议员（共和党，内布拉斯加）；The Fairmont 集团总裁、CEO	2009.12.07	华盛顿	华盛顿
Howard Kazanjian	电影 JAG，Raiders of the Lost Ark，Star Wars：Return of the Jedi 制片人	2004.11.08	帕萨迪纳	加州
Frank Keating	俄克拉何马州州长；美国银行家联合会主席兼 CEO	2011.03.07	休斯敦	得克萨斯
Kurt Keilhacker	The Veritas Forum 主席；TechFund Capital 公司任事股东	2004.10.15	电话采访	
Timothy Keller	Redeemer Presbyterian 教会高级牧师	2005.05.12	纽约	纽约
Larry Kellner	大陆航空公司董事长兼 CEO	2011.02.18	休斯敦	得克萨斯
Jeff Kemp	Stronger Families 组织主席；全国足球联盟球员	2004.07.16	华盛顿	华盛顿特区

姓　名	机构或头衔	访谈日期	所在城市	所在州
Bruce Kennedy	阿拉斯加航空集团（Alaska Air Group）CEO	2004.09.08	西雅图	华盛顿
Donald Kennedy	斯坦福大学校长	2010.12.08	帕罗奥图	加州
Nannerl Keohane	杜克大学校长；卫斯理学院（Wellesley College）院长	2010.10.05	普林斯顿	新泽西
William Kilberg	美国劳工部法务官；Gibson，Dunn & Crutcher 公司合伙人	2009.08.28	华盛顿	华盛顿特区
Robert Kimmitt	副国务卿；驻德国大使；财政部副部长	2011.05.06	华盛顿	华盛顿特区
Richard Kinder	Kinder Morgan 公司董事长、CEO；安然公司（Enron）总裁	2010.12.03	休斯敦	得克萨斯
Betsy King	女子职业高尔夫协会职业球员	2004.10.29	斯科特斯代尔（Scottsdale）	亚利桑那
Greg King	Valero 能源公司首席运营官、总裁	2010.10.12	圣安东尼奥	得克萨斯
John Kingston III	Affilliated Managers 集团副总裁、总顾问	2011.05.27	贝弗里（Beverly）	马萨诸塞
Paul Klaassen	Sunrise Assisted Living 公司联合创建人、董事长兼 CEO；三一论坛（The Trinity Forum）主席	2004.07.15	麦克林	弗吉尼亚
Todd Komarnicki	电影 Elf 制片人；电影 Perfect Stranger；Producer，Meet Dave 编剧	2004.04.29	纽约	纽约
C. Everett Koop	美国卫生局长	2004.08.27	达特茅斯（Dartmouth）	新罕普舍尔

姓 名	机构或头衔	访谈日期	所在城市	所在州
Richard Kovacevich	Wells Fargo & Co. 董事长兼 CEO	2010.03.03	旧金山	加州
Keith Krach	3Points 股份有限公司 CEO；普渡大学董事会主席	2010.12.08	门罗公园	加州
Kay Krill	Ann Taylor Stores 公司总经理、总裁、CEO	2011.06.08	纽约	纽约
Peter Krogh	乔治城大学沃尔什对外事务学院（Edmund A. Walsh School of Foreign Service，Georgetown University）院长；乔治城大学 弗莱切法律与外交学院（Fletcher School of Law and Diplomacy）院长；国务卿特别助理	2009.08.27	华盛顿	华盛顿特区
Mark Kuyper	福音派基督教出版人联合会（Evangelicals Christian Publishers Association）主席、CEO	2005.11.06	芝加哥	伊利诺伊
Linda Lader	文艺复兴研究所（Renaissance Institute）主席	2005.04.12	纽黑文	康涅狄格
Drew Ladner	美国财政部首席资讯官；Pascal Metrics 公司总裁、CEO	2004.08.05	华盛顿	华盛顿特区
Jim Lane	New Canaan 学会创建人、主席；SG Capital Partners 公司董事长、CEO；the Global Private Equity Business 和高盛公司（Goldman Sachs & Co.）创始人之一、一般合伙人	2005.04.22	普林斯顿	新泽西

姓　名	机构或头衔	访谈日期	所在城市	所在州
Neal Lane	国家科学基金会主任；总统科技助理、白宫科技政策办公室主任	2011.01.27	休斯敦	得克萨斯
Kenneth Langone	家得宝公司（Home Depot）创始人	2011.04.25	纽约	纽约
Mark Laret	加州大学旧金山分校医疗中心 CEO	2011.05.10	旧金山	加州
Steve Largent	无线通讯和互联网协会（CTIA-The Wireless Association）主席、CEO；美国众议院议员（共和党，俄克拉何马）；全国足球联盟球员	2004.08.04	华盛顿	华盛顿特区
Ralph S. Larsen	Johnson & Johnson 公司董事长兼 CEO	2004.06.23	韦科夫（Wyckoff）	新泽西
Kenneth R. Larson	Slumberland 公司老板、CEO	2005.06.01	圣保罗（St. Paul）	明尼苏达
William Lauder	雅诗兰黛公司（Estée Lauder Companies）董事长、CEO	2011.06.08	纽约	纽约
Steven Law	劳工部副部长；美国红十字会主席、CEO；CrossroadsGPS 主席；美国商会首席法务官和总顾问	2005.01.14	华盛顿	华盛顿特区
David Le Shana	西雅图太平洋大学（Seattle Pacific University）校长；乔治·福克斯大学（George Fox University）校长；阿苏萨太平洋大学（Azusa Pacific University）董事会主席	2004.08.19	奥斯威戈湖（Lake Oswego）	俄勒冈

姓 名	机构或头衔	访谈日期	所在城市	所在州
Jerry Leamon	Deloitte Touche Tohmatsu 公司全球任事股东	2010.10.04	纽约	纽约
Jack LeCuyer	白宫学者基金会和联合会（White House Fellows Foundation and Association）执行主任	2008.06.13	华盛顿	华盛顿特区
Ronald Lee	助理邮政部长	2010.01.19	华盛顿	华盛顿特区
David Leebron	莱斯大学（Rice University）校长	2011.02.22	休斯敦	得克萨斯
David Leitch	福特汽车公司总顾问、集团副总裁；总统副法律顾问	2004.12.06	华盛顿	华盛顿特区
William Lennox Jr.	美国陆军中将；美国军事学院院长	200912.08	阿灵顿	弗吉尼亚
Nicholas Leone III	Global Fund 集团有限责任公司总裁、CEO	2011.02.17	纽约	纽约
Thomas C. Leppert	特纳（The Turner）公司董事长、CEO	2009.12.09	达拉斯	得克萨斯
Arthur Levinson	Genentech 公司董事长、CEO	2011.06.10	电话采访	
Lauren Libby	The Navigators 公司副总裁兼首席运营官；Trans World Radio 公司总裁	2005.04.04	科罗拉多斯普林斯	科罗拉多
Keith Lindner	美国金融集团联合总裁；Chiquita Brands International 公司总裁兼首席运营官	2004.06.09	辛辛那提（Cincinnati）	俄亥俄

姓　名	机构或头衔	访谈日期	所在城市	所在州
Art Linkletter	People Are FunNew York，House Party，Kids Say the Darndest Things 等电视节目主持人	2005.05.19	贝弗里山庄（Beverly Hills）	加州
A. Duane Litfin	惠顿学院（Wheaton College）院长	2004.10.08	惠顿	伊利诺伊
Bernard Loeffke	美国陆军少将；美军南方司令部总司令	2009.10.01	罗德代尔堡	佛罗里达
Erik Lokkesmoe	The Voice Behind 公司董事长；华尔顿传媒（Walden Media）副总；全国人文基金会（National Endowment for the Humanities）传播事务主任	2004.09.05	奥斯普瑞	马里兰
Terry Looper	Texon 公司总裁、CEO	2005.02.17	休斯敦	得克萨斯
Nancy Lopez	女子职业高尔夫协会职业球员	2004.08.25	库兹敦（Kutztown）	宾夕法尼亚
James Loy	国土安全部副部长；海岸警卫队司令员；Cohen 集团高级顾问	2011.03.02	华盛顿	华盛顿特区
Tom Luce	美国教育部负责规划、评价与政策发展事务的助理部长；全国数学与科学创新计划项目（National Math and Science Initiative）CEO	2011.04.19	达拉斯	得克萨斯
Luis Lugo	宗教与公共生活 Pew 论坛主任	2005.01.13	华盛顿	华盛顿特区
Gabe Lyons	Relevate 集团共同创建人	2005.09.16	奥斯普瑞	马里兰

姓　名	机构或头衔	访谈日期	所在城市	所在州
Hugh O. Maclellan Jr.	Maclellan 基金会主席	2004.10.01	学士峡谷	科罗拉多
Nicole Malachowski	美国空军雷鸟飞行队（Thunderbirds）首位女性飞行员	2009.12.08	阿灵顿	弗吉尼亚
Theodore Roosevelt Malloch	全球信托管理有限责任公司（The Global Fiduciary Governance LLC）董事长兼 CEO	2005.02.03	华盛顿	华盛顿特区
Richard Malloch	赫斯特商业传媒（Hearst Business Media）总裁；赫斯特公司（The Hearst Corporation）高级副总裁	2011.04.26	纽约	纽约
Joel Manby	美国 Saab 公司 CEO；贺森家庭主题游乐园（Herschend Family Entertainment）董事长、总裁兼 CEO	2005.02.28	诺克罗斯（Norcross）	佐治亚
Julissa Marenco	ZSG Station 集团总裁	2009.12.08	阿灵顿	弗吉尼亚
Bill Marriott	万豪国际集团（Marriott International）董事长、CEO	2011.05.19	贝塞斯达（Bethesda）	马里兰
Anthony Marx	阿姆赫斯特学院（Amherst College）院长	2011.02.22	电话采访	
Walter Massey	莫尔豪斯学院（Morehouse College）院长；美国银行（Bank of America）董事长	2011.03.05	那不勒斯	佛罗里达
Karen Mathis	美国律师协会主席；美国大哥大姐协会（Big Brothers Big Sisters of America）主席、CEO	20114.27	费城	宾夕法尼亚

姓　名	机构或头衔	访谈日期	所在城市	所在州
Mickey Maudlin	HarperOne 出版公司主任编辑、副总裁	2010.12.07	旧金山	加州
Mark Mays	清晰频道传播公司（Clear Channel Communications）总裁、CEO	2010.10.12	圣安东尼奥	得克萨斯
Robert J. Mazzuca	美国男童子军（Boy Scouts of America）总长	2010.12.23	欧文（Irving）	得克萨斯
John Mccarter	菲尔德博物馆（The Field Museum）主席、CEO；博思艾伦咨询公司（Booz Allen Hamilton）高级副总裁、合伙人	2009.09.14	芝加哥	伊利诺伊
Rich McClure	UniGroup 总裁；联合搬运公司与五月花运输公司（United Van Lines and Mayflower Transit）CEO	2011.03.15	芬顿（Fenton）	密苏里
Alonzo McDonald	白宫副幕僚长；麦肯锡咨询公司（McKinsey & Company）总经理；三一论坛创始董事长；Avenir 集团共同创建人、董事长、CEO	2004.07.08	伯明翰	密歇根
Stephen McEveety	艾肯影业（Icon Productions）电影 *The Passion of the Christ* 的制片人	2004.09.05	纽约	纽约
David McFadzean	电影 Home Improvement；staff writer，Roseanne 执行制片人	2004.09.27	帕萨迪纳	加州
Robert McFarlane	国家安全顾问	2009.08.27	阿灵顿	弗吉尼亚

姓 名	机构或头衔	访谈日期	所在城市	所在州
Gail McGovern	美国红十字会主席、CEO	2011.03.02	华盛顿	华盛顿特区
Harold McGraw III	麦格罗－希尔公司（McGraw-Hill Companies）总裁、董事长、CEO；商业圆桌论坛（Business Roundtable）主席	2011.05.18	纽约	纽约
Joel McHale	电视节目 The Soup 主持人；美剧 Community 演员	2004.11.08	洛杉矶	加州
Margaret McKeown	美国上诉法院（第 9 巡回法庭）法官；Perkins Coie 律师事务所合伙人	2009.10.21	华盛顿	华盛顿特区
Drayton McLane	McLane 集团董事长；McLane 公司董事长；休斯敦 Astros 棒球队董事长、CEO；沃尔玛副董事长	2011.05.05	休斯敦	得克萨斯
Burton McMurtry	技术风险投资公司（Technology Venture Investments）创始人、一般合伙人	2010.12.09	帕罗奥图	加州
Robert C. McNair	休斯顿得克萨斯人足球队（Houston Texans）老板、董事长、CEO	2011.04.15	休斯敦	得克萨斯
Mac McQuiston	CEO 论坛主席兼 CEO	2005.04.04	科罗拉多斯普林斯	科罗拉多
Curtis McWilliams	CNL 酒店资产公司总裁、CEO	2004.11.23	奥兰多	佛罗里达
Dana Mead	Tenneco 公司董事长、CEO；MIT 公司董事长	2009.10.15	休斯敦	得克萨斯

姓　名	机构或头衔	访谈日期	所在城市	所在州
Edwin Meese III	美国司法部长、总统顾问	2004.09.14	华盛顿	华盛顿特区
Doris Meissner	美国移民归化局专员	2009.10.20	华盛顿	华盛顿特区
Jim Mellado	Willow Creek 联合会主席	2004.06.18	电话采访	
Ken Melrose	Toro 公司董事长、CEO	2011.06.04	欧洛诺(Orono)	缅因
John Mendelsohn	得克萨斯大学安德森癌症中心（University of Texas M.D. Anderson Cancer Center）主任	2011.03.16	休斯敦	得克萨斯
Morton Meyerson	Perot Systems 董事长、CEO；Electronic Data Systems 总裁	2010.12.29	达拉斯	得克萨斯
Gayle Miller	Anne Klein II 公司总裁	2004.07.31	好莱坞	加州
Norman Miller	州际电池公司（Interstate Batteries）董事长、CEO	2004.10.14	达拉斯	得克萨斯
Jody Miller	Business Talent 集团创建人、CEO；AmericCast 执行副总裁、首席运营官	2010.02.09	太平洋帕利塞兹（Pacific Palisades）	加州
Billy Mitchell	Carter & Associates 董事长兼 CEO	2004.04.15	亚特兰大	佐治亚
Cindy Moelis	总统白宫学者项目委员会主任	2009.12.07	华盛顿	华盛顿特区
Wes Moore	花旗集团投资银行家	2009.11.10	纽约	纽约
Thomas Morgan	休斯供应公司（Hughes Supply Company）CEO	2004.11.22	奥兰多	佛罗里达
James C. Morgan	Applied Materials 公司总裁、董事长兼 CEO	2010.12.08	旧金山	加州

姓 名	机构或头衔	访谈日期	所在城市	所在州
John Morgridge	思科（Cisco Systems）公司董事长、CEO	2011.05.09	门罗公园	加州
Allen Morris	莫里斯公司（The Allen Morris Company）总裁、董事长、CEO	2004.10.19	科拉尔·盖博斯（Coral Gables）	佛罗里达
Malcolm S. Morris	斯图尔特信息服务公司（Stewart Information Services Corporation）、斯图尔特产权保险公司（Stewart Title Guaranty Company）董事长、总经理；斯图尔特产权公司（Stewart Title Company）董事长	2004.11.12	休斯敦	得克萨斯
William Mounger	Tritel 电信公司 CEO	2009.04.09	杰克逊	密西西比
Richard Mouw	富勒神学院（Fuller Theological Seminary）院长	2003.05.27	帕萨迪纳	加州
Ed Moy	美国铸币局局长；总统特别助理、总统人事办公室主任	2004.07.16	华盛顿	华盛顿特区
Anne Mulcahy	施乐公司（Xerox Corporation）董事长、CEO	2010.10.04	纽约	纽约
Ken Myers	马斯·黑尔音频杂志（Mars Hill Audio Journal）主持人、制作人	2005.09.23	电话采访	
John Naber	美国奥林匹克运动员联合会主席；奥林匹克游泳选手	2004.05.18	帕萨迪纳	加州

姓　名	机构或头衔	访谈日期	所在城市	所在州
Paul D. Nelson	福音派金融问责委员会（Evangelical Council for Financial Accountability）主席	2003.08.01	华盛顿	华盛顿特区
Larry Nelson	冠军巡回赛（Champions Tour）职业高尔夫球手	2004.07.08	迪尔伯恩（Dearborn）	密歇根
Steven R. Nelson	哈佛大学商学院 MBA 项目执行主任	2004.08.27	剑桥	马萨诸塞
Howard Nemerovski	Howard Rice Nemerovski Cannady Falk & Rabin 公司创始合伙人	2009.08.11	诺瓦图（Novato）	加州
David Neuman	迪斯尼网络电视公司（Walt Disney Network Television）总裁；试金石电视公司（Touchstone Television）总裁；CNN 首席制作人；数字娱乐网络公司（Digital Entertainment Network）总裁、CEO；Current TV 节目制作部门总裁；NBC 节目制作部门总裁；第一频道（Channel One）节目制作部门总裁	2009.11.03	好莱坞	加州
Greg Newman	C2B Technology 公司共同创建人兼负责市场与销售事务的高级副总裁；Founding Partner，Macromedia 创始合伙人；甲骨文公司（Oracle）网络技术高级总监	2004.05.19	伯林格姆（Burlingame）	加州

姓 名	机构或头衔	访谈日期	所在城市	所在州
Armand Nicholi	作家；哈佛大学医学院教授	2004.08.27	康科德	马萨诸塞
Jack Nicklaus	职业高尔夫球手	2010.01.06	北棕榈滩（North Palm Beach）	佛罗里达
Neil Nicoll	基督教青年会主席、CEO	2011.04.07	达拉斯	得克萨斯
David Novak	百胜公司（Yum！Brands）CEO	2010.12.22	路易斯维尔（Louisville）	肯塔基
Peter Ochs	Fieldstone Communities 创建人、董事长；First Fruit 股份有限公司联合创建人、董事长	2004.04.26	新港滩	加州
Steve Odland	欧迪办公家具公司（Office Depot）董事长、CEO；汽车地带公司（AutoZone, Inc.）总裁、董事长、CEO	2010.01.07	博卡拉顿（Boca Raton）	佛罗里达
Richard Ohman	宾夕法尼亚殖民地人寿保险公司（Colonial Penn Life Insurance）总裁、CEO；三一论坛主席	2004.08.26	汉考克（Hancock）	新汉普舍
Daniel Oliver	美国海军舰队副司令员；美国海军研究生院院长	2009.8.11	蒙特雷（Monterey）	加州
Gilbert Omenn	密歇根大学（University of Michigan）分管医学事务的常务副校长、密歇根大学卫生系统 CEO；美国科学促进会（American Association for the Advancement of Science）主席、董事长	2009.10.19	华盛顿	华盛顿特区

姓　名	机构或头衔	访谈日期	所在城市	所在州
Pierre Omidyar	eBay 创建人、董事长	2009.12.14	火奴鲁鲁（Honolulu）	夏威夷
Paul O’Neill	财政部长；Alcoa 公司董事长、CEO；预算与管理办公室副主任	2011.03.16	休斯敦	得克萨斯
John Ortberg	门罗公园长老会教会（Menlo Park Presbyterian Church）高级牧师；柳溪社区教会执教牧师	2005.05.16	帕萨迪纳	加州
M. Kenneth Oshman	Echelon 公司董事长、CEO	2011.05.11	阿瑟顿（Atherton）	加州
James Owens	卡特彼勒公司（Caterpillar）董事长、CEO	2011.03.15	皮奥里亚（Peoria）	伊利诺伊
Jim Padilla	福特汽车公司（Ford Motors）总裁兼首席运营官	2009.10.20	利斯堡（Leesburg）	弗吉尼亚
Greg Page	Cargill 公司总裁、CEO	2011.06.04	威札塔（Wayzata）	明尼苏达
Cary Paine	The Stewardship 基金会执行主任	2004.09.10	西雅图	华盛顿
Kevin Palau	路易斯·帕劳联合会（Luis Palau Association）主席	2004.10.02	学士峡谷	科罗拉多
Luis Palau	路易斯·帕劳联合会创建人	2006.10.06	休斯敦	得克萨斯
Earl Palmer	大学长老会教会（University Presbyterian Church）高级牧师	2003.10.14	普林斯顿	新泽西
Mark Palmer	国务院驻匈牙利大使	2011.05.20	华盛顿	华盛顿特区

姓 名	机构或头衔	访谈日期	所在城市	所在州
Richard Parsons	花旗集团董事长；时代华纳公司（Time Warner）董事长、CEO；国内政策委员会副主席、总统高级助理	2011.02.03	纽约	纽约
Jon Passavant	著名时装模特	2006.02.20	纽约	纽约
Rena Pederson	《达拉斯早间新闻报》（*The Daras Morning News*）副总裁兼社论版编辑	2004.11.13	达拉斯	得克萨斯
Michelle Peluso	世博控股（Sabre Holdings）执行副总裁；Travelocity 公司总裁、CEO	2009.11.11	纽约	纽约
Gordon Pennington	Tommy Hilfiger 公司市场总监	2004.09.07	纽约	纽约
John Pepper	迪斯尼公司董事长；宝洁公司董事长、CEO	2011.05.23	电话采访	
Ken Perez	Omnicell 公司主管市场营销的高级副总裁；Jacent Technologies 公司主管市场营销的副总裁	2004.05.20	山景城（Mountain View）	加州
Jane Cahill Pfeiffer	NBC 女主席	2009.10.01	维罗滩（Vero Beach）	佛罗里达
Kien Pham	VietNamNet 传媒集团 CEO	2009.10.23	华盛顿	华盛顿特区
Thomas L. Phillips	Raytheon 公司董事长、CEO	2004.08.30	波士顿	马萨诸塞
John Phillips	Phillips & Cohen 有限责任公司创始合伙人；总统白宫学者项目委员会主席	2010.02.16	华盛顿	华盛顿特区

姓　名	机构或头衔	访谈日期	所在城市	所在州
Percy Pierre	密歇根州立大学（Michigan State University）主管研究与研究生事务的副校长；Prairie View A&M 大学校长；霍华德大学（Howard University）工程学院院长	2009.12.17	新奥尔良（New Orleans）	路易斯安那
Eric Pillmore	泰科公司（Tyco）主管公司治理的高级副总裁	2005.05.10	普林斯顿	新泽西
William M. Pinson	德克萨斯浸礼会总会执行会长	2005.01.02	达拉斯	得克萨斯
Kevin Plank	安德玛公司（Under Armour）创建人、CEO	2010.10.29	巴尔的摩（Baltimore）	马里兰
Steve Poizner	加州保险专员；SnapTrack 股份有限公司创建人、CEO；Strategic Mapping 股份有限公司创建人、CEO	2009.11.19	洛斯加托斯（Los Gatos）	加州
C. William Pollard	ServiceMaster 公司 CEO	2004.05.24	惠顿	伊利诺伊
Roger Porter	哈佛大学肯尼迪政府学院 IBM 商学和政府学教授；总统经济与国内政策助理；白宫政策发展办公室主任；总统经济政策委员会执行主任	2009.08.14	波士顿	马萨诸塞
Donald E. Powell	联邦存款保险公司董事长	2006.02.19	华盛顿	华盛顿特区
Colin Powell	国务卿；国家安全顾问；美军参谋长联席会议主席	2009.08.26	亚里山德里亚（Alexandria）	弗吉尼亚
Larry Pugh	V. F. 公司总裁、董事长、CEO	2010.01.06	那不勒斯	佛罗里达

姓 名	机构或头衔	访谈日期	所在城市	所在州
James Purcell Jr.	助理国务卿；难民事务署署长	2011.05.19	华盛顿	华盛顿特区
John Pustay	美国空军中将	2009.12.08	斯特林(Sterling)	弗吉尼亚
Merrit Quarum	Qmedtrix Systems 股份有限公司 CEO	2004.07.31	卡拉巴萨斯(Calabasas)	加州
David Radcliffe	南方公司（The Southern Company）总裁、董事长、CEO	2004.04.12	亚特兰大	佐治亚
Michael Regan	Transzact Technologies 公司 CEO	2004.10.07	芝加哥	伊利诺伊
Steven Reinemund	PepsiCo 公司董事长兼 CEO	2004.11.13	达拉斯	得克萨斯
Brad Rex	迪斯尼 EPCOT 园区副总裁	2004.11.23	奥兰多	佛罗里达
Herbert Reynolds	贝勒大学校长	2004.03.26	韦科	得克萨斯
Mercer Reynolds	美国驻瑞典和列支敦士登大使	2004.06.09	辛辛那提	俄亥俄
Condoleeza Rice	国务卿	2010.12.08	帕罗奥图	加州
James Richardson	亚里山德里亚房产服务公司（Alexandria Real Estate Services）总裁	2004.05.19	帕罗奥图	加州
Rozanne Ridgway	美国驻芬兰和东德大使；负责欧洲和加拿大事务的助理国务卿	2011.03.01	亚里山德里亚	弗吉尼亚
Paul Robbins	今日基督教国际出版公司（Christianity Today International）总裁、出版人	2004.05.06	惠顿	伊利诺伊

姓　名	机构或头衔	访谈日期	所在城市	所在州
Pat Robertson	基督教广播网（The Christian Broadcasting Network）创建人、董事长；瑞金大学（Regent University）创建人、校长	2003.10.24	弗吉尼亚海滩（Virginia Beach）	弗吉尼亚
David obinson	圣安东尼奥马刺队 NBA 名人堂球员	2004.10.01	学士峡谷	科罗拉多
Joyce obinson	Marie Walsh Sharpe 基金会副主席兼执行主任	2004.10.04	科罗拉多斯普林斯	科罗拉多
Josue Robles Jr.	美国装甲兵协会主席、CEO；陆军少将	2010.10.12	圣安东尼奥	得克萨斯
Gerard R. Roche	Heidrick & Struggles International 公司资深董事长	2011.05.16	西棕榈海滩	佛罗里达
Mark Rodgers	Clapham 集团法人代表、共同创建人；Faith & Law 协会领导人；参议院共和党会议幕僚长；参议员桑托拉姆（Rick Santorum）幕僚长	2004.09.05	奥斯普瑞	马里兰
Gary Rogers	联邦储备银行旧金山分行董事长；Levi Strauss & Co. 董事长；Dreyer's 公司创建人、董事长兼 CEO	2010.03.03	奥克兰	加州
William L. Roper	北卡罗莱纳大学教堂山分校（University of North Carolina at Chapel Hill）医学院院长；负责医学事务的副校长、卫生保健系统 CEO；公共卫生学院院长	2010.01.02	教堂山（Chapel Hill）	北卡罗莱纳

姓 名	机构或头衔	访谈日期	所在城市	所在州
Matthew K. Rose	Burlington Northern Santa Fe 铁路公司总裁、董事长兼 CEO	2005.01.03	达拉斯	得克萨斯
Andrew Rosenthal	《纽约时报》社论版编辑	2011.02.17	纽约	纽约
Barry Rowan	Vonage 公司执行副总裁、首席财务官、首席行政官	2011.04.27	含德市（Holmdel）	新泽西
Robert Rubin	外交委员会主席；财政部长；国家经济委员会主任；花旗集团董事长	2011.05.17	纽约	纽约
George Rupp	莱斯大学校长；哥伦比亚大学校长；国际救援委员会主席	2008.05.10	休斯敦	得克萨斯
Skip Ryan	Park Cities 长老派教会创始牧师；美国长老派教会总会主席；救赎主神学院（Redeemer Seminary）院长、实践神学教授	2004.04.05	达拉斯	得克萨斯
Denny Rydberg	青年生命会主席	2005.04.04	科罗拉多斯普林斯	科罗拉多
John Sage	Pura Vida 共同创建人、CEO	2004.09.10	西雅图	华盛顿
David Sampson	商务部副部长	2004.12.06	华盛顿	华盛顿特区
Thomas Saponas	惠普公司（Hewlett-Packard）副总裁	2009.12.21	科罗拉多斯普林斯	科罗拉多
Paul Sarbanes	美国参议员（民主党，马里兰）	2010.02.18	华盛顿	华盛顿特区

姓　名	机构或头衔	访谈日期	所在城市	所在州
David Satcher	卫生局长；美国卫生与人力资源服务部负责卫生事务的助理部长	2010.08.16	亚特兰大	佐治亚
John Saxon	撒克森律师事务所（Saxon Attorneys）创始合伙人	2010.02.26	伯明翰	阿拉巴马
Lynn Schenk	众议员（民主党，加州）	2009.11.16	圣地亚哥	加州
Horst Schulze	Ritz-Carlton 公司总裁	2005.03.01	亚特兰大	佐治亚
Brent Scowcroft	国家安全顾问	2011.06.21	华盛顿	华盛顿特区
John Seffrin	美国癌症学会 CEO	2010.11.01	亚特兰大	佐治亚
Robert Seiple	世界宣明会（World Vision）主席；全球互动研究所（Institute for Global Engagement）主席；美国宗教自由巡回大使	2004.11.02	圣戴维斯（St. David's）	宾夕法尼亚
George Selden	Christian Embassy 理事	2005.03.20	阿灵顿	弗吉尼亚
Donna Shalala	迈阿密大学（University of Miami）校长；卫生与人力资源服务部部长；威斯康辛－麦迪逊大学（University of Wisconsin-Madison）校长	2010.01.05	科拉尔·盖博斯	佛罗里达
Harold Shapiro	普林斯顿大学校长；国家生物伦理顾问委员会主席	2010.10.05	普林斯顿	新泽西
Dal Shealy	基督教运动员协会主席、CEO	2004.12.01	电话采访	
John Shepherd	演员；电影 Bobby Jones：Stroke of Genius 制作人；Mpower Pictures 公司总裁	2004.05.19	洛杉矶	加州

姓 名	机构或头衔	访谈日期	所在城市	所在州
George Shultz	国务卿；财政部长；劳工部长；管理与预算办公室主任	2010.12.07	旧金山	加州
William Sick	商业资源国际公司（Business Resources International）董事长、CEO	2011.06.03	温内特卡（Winnetka）	伊利诺伊
Fred Sievert	纽约人寿保险公司（New York Life）总裁	2004.09.21	纽约	纽约
Alfred C. Sikes	联邦通讯委员会主席	2004.07.14	纽约	纽约
Karl Singer	AON 保险公司；Ryan 保险集团总裁	2004.04.12	达拉斯	得克萨斯
Paul Singer	Target 公司高级副总裁兼首席信息官	2005.05.31	明尼阿波利斯（Minneapolis）	明尼苏达
Frank Skinner	BellSouth 电信公司董事长兼 CEO	2005.02.25	亚特兰大	佐治亚
Robert Sloan	贝勒大学董事会主席、校长	2005.04.18	韦科	得克萨斯
Jeff Smisek	美联航（United Airlines）总裁、CEO；大陆航空公司董事长、总裁兼 CEO	2011.02.18	休斯敦	得克萨斯
Raymond Smith	Kirell Energy Systems 法人代表	2004.05.22	埃尔卡米诺（El Camino Real）	加州
Stan Smith	职业网球运动员	2004.09.07	纽约	纽约
Frederick Smith	联邦快递公司（FedEX Corporation）总裁、董事长、CEO	2011.06.09	孟菲斯（Memphis）	田纳西
Fred Smith，Jr.	The Gathering 组织主席	2004.04.05	达拉斯	得克萨斯

姓　名	机构或头衔	访谈日期	所在城市	所在州
Don Soderquist	沃尔玛高级副总裁兼首席运营官	2004.07.28	罗杰斯（Rogers）	阿肯色
Everett Spain	美军驻伊拉克指挥官彼得雷乌斯（David Petraeus）将军副官；陆军中校	2009.09.08	电话采访	
Roxanne Spillett	美国男孩女孩俱乐部（Boys & Girls Club）CEO	2010.08.16	亚特兰大	佐治亚
Nancy Stafford	电视剧 Matlock，St. Elsewhere 女演员	2004.11.09	玛丽安德尔湾（Marina del Ray）	加州
Ken Starr	司法部副部长；水门事件独立检察官；佩珀代因大学法学院（Pepperdine Law School）院长；贝勒大学校长	2005.05.19	马里布	加州
Richard Stearns	世界宣明会主席、CEO；Lenox 公司总裁、CEO；Parker Brothers 公司总裁	2004.09.09	贝尔维由（Bellevue）	华盛顿
Isaac Stein	Waverly Associates 主席；Maxygen 公司董事长；Alexza 公司首席董事	2011.05.09	门罗公园	加州
Thomas Steipp	Symmetricom 董事长、CEO	2005.08.11	圣何塞（San Jose）	加州
Randall Stephenson	AT&T 公司总裁、董事长、CEO	2010.12.23	达拉斯	得克萨斯
Stephen Strickland	总统白宫学者项目委员会副主任	2010.12.09	华盛顿	华盛顿特区
William Strong	摩根士丹利（Morgan Stanley）投行部副总裁	2009.10.06	堪萨斯市	密苏里

姓　名	机构或头衔	访谈日期	所在城市	所在州
John Surma，Jr.	美国钢铁公司（U.S. Steel）董事长、CEO	2011.05.18	纽约	纽约
Deanell Tacha	美国上诉法院第 10 巡回法庭联邦法官	2009.12.16	堪萨斯市	堪萨斯
Shane Tedjarati	好莱坞中国和印度市场 CEO	2011.02.15	电话采访	
John Templeton，Jr.	John Templeton 基金会主席	2005.04.15	费城	宾夕法尼亚
George Tenet	CIA 局长	2011.05.18	纽约	纽约
Cal Thomas	After Hours with Cal Thomas 栏目辛迪加专栏作家	2005.06.23	华盛顿	华盛顿特区
Frank Thomas	福特基金会主席	2011.04.25	纽约	纽约
Thomas J. Tierney	The Bridgespan 集团联合创建人、董事长；贝恩公司 CEO	2010.06.30	波士顿	马萨诸塞
Shirley Tilghman	普林斯顿大学校长	2010.10.07	普林斯顿	新泽西
Kimberly Till	Harris Interactive 公司总裁、CEO；TNS 北美 CEO；微软全球传媒与娱乐集团（Microsoft Worldwide Media and Entertainment Group）副总裁	2009.12.10	纽约	纽约
Glenn Tilton	联合大陆控股公司（United Continental Holdings）董事长；联合大陆控股公司总裁、董事长、CEO	2011.06.10	电话采访	
Michael Timmis	Talon 有限责任公司副董事长	2004.08.20	Grosse Pointe 农场	密歇根

姓　名	机构或头衔	访谈日期	所在城市	所在州
Richard Tompane	Gemfire 公司总裁、CEO	2003.10.31	洛斯阿尔托斯（Los Altos）	加州
Ron Tschetter	和平队（Peace Corps）督导	2011.06.03	白熊市（White Bear Township）	明尼苏达
James S. Turley	安永会计师事务所（Ernst & Young）董事长、CEO	2010.12.15	纽约	纽约
Ted Turner	特纳（Turner）股份有限公司董事长；联合国基金会（United Nations Foundation）董事长；时代华纳股份有限公司副董事长；特纳广播系统股份有限公司（Turner Broadcasting Systems, Inc.）总裁、董事长	2010.02.25	亚特兰大	佐治亚
Hatim Tyabji	Verifone 公司 CEO；Bytemobile 公司董事长	2011.05.09	圣塔克拉拉（Santa Clara）	加州
John Tyson	Tyson 食品公司董事长	2004.07.27	斯普林代尔（Springdale）	阿肯色
Myron Ullman	杰西潘尼（JCPenney）、梅西百货股份有限公司（Macy's, Inc.）、Moët Hennessy Louis Vuitton 公司董事长、CEO	2009.08.19	达拉斯	得克萨斯
James Unruh	Unisys 公司总裁、董事长、CEO	2004.10.28	斯科特斯代尔（Scottsdale）	亚利桑那
Chase Untermeyer	美国驻卡塔尔大全；总统人事办公室主任、总统助理	2011.02.15	休斯敦	得克萨斯

姓 名	机构或头衔	访谈日期	所在城市	所在州
Rollin van Broekhoven	法官；国防部律师	2004.12.07	华盛顿	华盛顿特区
Daniel Vasella	诺华制药公司（Novartis Pharmaceuticals）CEO	2011.02.03	纽约	纽约
Charles Vest	麻省理工学院（MIT）院长；国家工程院院长	2011.05.19	华盛顿	华盛顿特区
Daniel Vestal	Cooperative Baptist Fellowship 执行协调人	2005.04.19	韦科	得克萨斯
Phil Vischer	儿童剧 Veggie Tales 创作者	2005.11.12	惠顿	伊利诺伊
Paul Volcker	美联储主席；经济复苏顾问委员会主席	2011.04.25	纽约	纽约
Michael Volkema	Herman Miller 公司总裁、董事长兼 CEO	2004.11.17	纽约	纽约
Roderick von Lipsey	国家安全委员会总监	2010.06.13	华盛顿	华盛顿特区
Ken Wales	歌曲 Amazing Grace，Christy 制作人	2003.11.23	圣塔莫妮卡	加州
Debra Waller	Jockey 公司	2005.03.22	纽约	纽约
Jim Wallis	Sojourners 主席、社长；Call to Renewal 论坛创建人	2005.12.31	查尔斯顿	南卡罗莱纳
Patrick Walsh	美国海军舰队司令；美国太平洋舰队司令	2009.12.14	珍珠港（Pearl Harbor）	夏威夷
Diana Chapman Walsh	卫斯理学院院长	2011.02.12	波士顿	马萨诸塞
Joseph C. Walter III	瓦尔特石油公司（Walter Oil）CEO	2005.02.17	休斯敦	得克萨斯

姓　名	机构或头衔	访谈日期	所在城市	所在州
Kurt Warner	全国足球联盟运动员	2005.06.02	菲尼克斯	亚利桑那
Michael Warren	电视节目 Happy Days，Family Matters，Step by Step 制作人	2004.04.26	西湖村（Westlake Village）	加州
Neil Clark Warren	eHarmony 公司董事长、联合创建人	2010.07.01	肯尼邦克波特（Kenne-bunkport）	缅因
Sherron atkins	安然公司负责公司发展事务的副总裁	2005.02.21	休斯敦	得克萨斯
James Watt	国土资源部长	2004.10.28	威肯伯格（Wickenburg）	亚利桑那
David Weekley	维克利家园（David Weekley Homes）创建人、董事长	2004.11.12	休斯敦	得克萨斯
Peter Wehner	总统副助理与战略倡议主任	2004.08.04	华盛顿	华盛顿特区
Clifton Wharton	教师保险及年金协会（TIAA/CREF）主席、CEO；密歇根州立大学校长；副国务卿	2011.02.17	纽约	纽约
Edward E. Whitacre Jr.	通用汽车公司董事长兼CEO；AT&T 公司 CEO	2011.03.31	圣安东尼奥	得克萨斯
Jocelyn White	总统白宫学者项目委员会主任	2009.12.09	华盛顿	华盛顿特区
John Whitehead	世贸中心纪念基金会主席；高盛集团联合董事长与高级合伙人；纽约证券交易所所长；副国务卿	2010.10.04	纽约	纽约
Luder Whitlock	Excelsis 创建人；三一论坛执行主任	2004.11.22	奥兰多	佛罗里达

姓　名	机构或头衔	访谈日期	所在城市	所在州
Bill Wichterman	Faith & Law 创建人	2003.10.28	华盛顿	华盛顿特区
Don R. Willett	德克萨斯高等法院法官	2011.05.25	奥斯汀	得克萨斯
Don Williams	Trammell Crow 公司董事长、CEO	2005.07.25	达拉斯	得克萨斯
Martha Williamson	电视剧 Touched by an Angel 执行制片人	2004.04.23	圣玛丽诺（San Marino）	加州
Kathy Wills	美国自由服务队（Freedom Corps）副主任；总统特别助理	2004.07.16	华盛顿	华盛顿特区
David Wills	全国基督教基金会主席	2005.02.11	华盛顿	华盛顿特区
John Wilson	Books & Culture 杂志编辑	2004.10.27	菲尼克斯	亚利桑那
Ralph Winter	电影 X Men，Planet of the Apes，The Fantastic Four 制片人	2004.04.25	格兰岱尔	加州
Timothy E. Wirth	美国参议员（民主党，科罗拉多）；众议员（民主党，科罗拉多）；负责全球事务的副国务卿；联合国基金会主席	2009.12.07	华盛顿	华盛顿特区
Robert Wolf	瑞银集团美国分部（UBS Group Americas）董事长、CEO；瑞银投资银行（UBS Investment Bank）总裁	2010.12.06	纽约	纽约
Gregory Wolfe	Image：A Journal of the Arts & Religion 杂志出版人、编辑	2004.09.09	西雅图	华盛顿

姓　名	机构或头衔	访谈日期	所在城市	所在州
Robert Woody	Elgin Energy 有限责任公司创建人、董事长	2011.03.05	那不勒斯	佛罗里达
Mark Wrighton	华盛顿大学校长	2010.09.07	圣路易斯	密苏里
Bonnie Wurzbacher	可口可乐公司高级副总裁	2004.11.16	亚特兰大	佐治亚
Paul Wylie	奥林匹克及职业滑冰运动员	2004.08.30	海恩尼斯（Hyannis）	马萨诸塞
Michael Yang	mySimon.com 网创建人、董事长兼 CEO；become.com 网创建人、总裁兼 CEO	2004.10.11	蒙特雷	加州
David Young	Oxford Analytica 咨询公司创建人	2005.04.22	普林斯顿	新泽西
Diane Yu	纽约大学行政主管、校长助理；孟山都公司（Monsanto）副总顾问；加州律师协会总顾问	2009.12.10	纽约	纽约
John Zachry	札克里控股股份有限公司（Zachry Holdings，Inc.）CEO	2010.10.12	圣安东尼奥	得克萨斯
Jose Zeilstra	摩根大通全球金融部副总裁	2004.09.09	纽约	纽约

致 谢

此书是数百小时访谈、数百万英里旅程、无数的对话和超常工作量的产物。无数人贡献了他们的智慧和洞见，对此我们心怀感激。首先而且也是最重要的，没有那些为此书接受访谈的男女领袖，《顶层视野》一书不可能面世。我非常感谢这项研究的所有参与者所付出的真诚、所给予的引介和所花费的时间。特别是 Craig Calhoun，Makoto Fujimura，George Gallup Jr.，Frances Hesselbein，Clay Johnson III，Stanley Katz，Linda Lader，Doris Meissner，Steve Murdock，Jack Nicklaus，Steve Reinemund，George Rupp，John Siniff，Mike Ullman，Michael Useem，John Whitehead，以及 Michael Yang，他们愿意名列本项研究的全国顾问委员会，并提供了专业意见。此外，我要感谢 Jack LeCuyer，Bob Edmonds，Janet Eissenstat 以及 Diane Yu，他们通过总统白宫学者项目委员会、白宫学者基金会与联合会提供的帮助使我获得了对当前和以前的白宫学者进行访谈所必需的机会。

没有我的研究助理们的出色工作，此书也无法完成。他们是：Paul Abraham，Vivian Ban，Matthew Bonem，Myles Bugbee，Matthew Carey，Danny Cohen，Amanda Dworak，Alexandra Espinoza，Lu Frazier，Molly Goldstein，Patrick Kelly，Mary Mikell Lampton，Noemie Levy，Omar Metwalli，Thomas Mitchell，Michelle Nguyen，Payton Odom，Andrew

Patterson，Michelle Phillips，Julia Retta，Melissa Sheng，Ariela Schachter，Matthew Wasserman，Graham West，以及 Catherine Yuh. 他们都已经踏上新的征程，对于他们为这一项目所投入的时间和精力，我感念于心。这个团队在 Pat Hastings 和 William McMillan 的杰出领导下工作，而且我要特别感谢 Jon Endean 和 David Sorge，他们在我去戈登学院任职后仍然继续为书稿而劳作。

我要把特别的谢意送给我的同事们，他们是：Jennifer Bratter，Marie Cornwall，Justin Denney，Paul DiMaggio，Frank Dobbin，William Domhoff，Kevin Dougherty，Elaine Howard Ecklund，Michael Emerson，Robin Ely，Christy Gardner，Bridget Gorman，R. Marie Griffith，Wendy Griswold，Conrad Hackett，Suzanne Keller，Rachel Kimbro，Brayden King，Peter Kivisto，Bruce Kogut，Donald Light，Elizabeth Long，Scott Lynch，Rebekah Massengill，Joya Misra，Mark Mizruchi，Monica Najar，Francois Nielsen，David Nino，Jeremy Porter，Robert Putnam，Mark Regnerus，Sam Reimer，Amy Reynolds，Gabriel Rossman，Martin Ruef，Kristen Schilt，Brad Smith，Christian Smith，Steve Warner，Brad Wilcox，Jay Williams，Robert Wuthnow，Viviana Zelizer，以及 Ezra Zuckerman。在我提出本书中的许多想法的过程中，他们给予了额外的投入和反馈。

Meagan Alley，Lisa Birenbaum，Carlos Garcia，Ipek Martinez，Kelly Quin，Heather Stern，Shirley Tapscott，以及 Chris Zalesky 为这项研究慷慨地提供了行政和后勤方面的支持。

对本项研究的支持部分源于以下机构的拨款资助：莱斯大学（Rice University）教员创新基金、斯宾塞基金会（Spencer Foundation）、贝克公共政策研究所（James A. Baker III Institute for Public Policy）、纽约卡内基公司（Carnegie Corporation）、国家科学基金会、梅隆（Andrew W. Mellon Foundation）基金会、埃尔哈特（Earhart）基金会、科学研究宗教学会

(Society for the Scientific Study of Religion)、宗教研究协会(Religious Research Association)、阿斯彭研究所(Aspen Institute)、普林斯顿大学社会学系和宗教研究中心。我要特别感谢贝克研究所的 Edward P. Djerejian 大使和 Allen Matusow 教授，以及卡内基公司的 Geraldine P. Mannion。巴特基金会(H. E. Butt Foundation)慷慨地支持了本项研究，我深深感谢 Howard Butt，David Rogers，Mark Roberts，Terry Tigner，尤其是 Laura Sorrell，没有 Vester T. Hughes，Jack 和 Sherlie Rowe 夫妇及 Joanne 和 Malcolm Turner 夫妇的热情支持，本项研究也无法开展。虽然这些资金赞助为本研究提供了极为宝贵的支持和帮助，但对于本书中的分析和观点，作者文责自负。我真诚感谢莱斯大学校长 David Leebron，以及那里的同事 Lyn Ragsdale，Darrow Zeidenstein 和 Jeanette Zey，他们都在莱斯大学为此项研究提供了支持。由卓越的 Kurt Keilhacker 先生领导的戈登学院理事会接纳并支持我出版此书的愿景，对于他们在这项冒险尝试中的伙伴式关系我感激不尽。

同样，没有戈登学院这个共同体的热情支持，本书也无法完成。Marge Dwyer，Ted Wieber，Kate Arnold，Jackie Zagami，India Boland，Hilary Sherratt，Henry Hagen，David Hicks 和 Sam Stockwell 在整个写作过程中都提供了不可或缺的帮助。此外，戈登学院的学院传播团队对于以头脑风暴式的、创造性的方式传递本书中的宏大观点极为有益。我同样要感谢我戈登学院行政团队中的同事 Michael Ahearn，Janel Curry，Jennifer Jukanovich，Barry Loy，Paul Maurer，Rick Sweeney 和 Dan Tymann，感谢他们一路以来的帮助和鼓励。我还要感谢我的朋友 Andy Crouch，Brad Eubank，Arty Howard，David Jenkins，Kurt Keihacker，Walter Kim，Steve Nelson 和 John Rodgers，他们的领导艺术在本项研究过程中对我发挥了重要的影响。最后要感谢戈登学院的学生，他们每天都在激励着我。

我们要感谢 John Wiley & Sons 出版公司的 Richard Narramore，Peter Knox，Linda Indig 和 Tiffany Colon，以及来自 Leigh Bureau 的 Bill Leigh 对本书的热情支持。我们深深感激辛劳的编辑 Betsy Stokes，她通过明智细心的反馈不断地改进了我们的思考。

最后，我和 Mary Grace 要感谢 Bill，Jan 和 Will Hager 一家、Hannah 和 Hobie Wood 夫妇、Ann 和 Wally Ford 夫妇、Rebeckah Orsatti，Grady Pwell，Daniel 和 Lauren Goans 夫妇，以及来自 Highrock 的那些善良的人所给予的鼓励。感谢 David Ragsdale，你为我搭好了舞台；感谢 Pat Hastings 帮我得到这份工作；感谢 Jon Endean 自始至终的坚持。最为重要的是，感谢 Rebecca Hager，她保持了持久的耐心，为我祈祷、洗碗、做家务。最后，谢谢 Michael，你对我期待很多，同时也给予很多，你对我的信心也让我充满自信。

我将永远铭记贯穿这件事情的那段生命历程。这不仅是因为它包含着某种重要的专业成就，而且更重要的是，它与 Elizabeth，Caroline 和 Emily 的出生重叠在一起，她们的降临是对完成这项工作的鼓励。我要感谢我那个大家庭的成员 Anne Elizabeth，Ronnie，以及 Ron Ward，Margaret 和 Bill Duff 夫妇，我的祖母 Lucille Lindsay 和我的继母 Janet Lindsay，他们在我奔走于全国各地进行访谈的时候，以各种各样的方式帮助我的几个女儿。带着对他们及我的父母 Suan and Lindsay 夫妇，尤其是对我的太太 Rebecca 的深沉感激，我要将此书献给我的家人，他们每天都教导着我如何用爱去从事领导工作。